차근차근
데이터 분석과
인공지능
with 파이썬

류 현 수
박 진 영
최 리 사
최 지 영
최 미 지 음

YD 연두에디션
Edition

저자 소개

류현수
숭실대 겸임교수, 공룡컴 평생교육원 이사
전) (주)한화 S&C, 신성중고등학교 정교사

박진영
YBM COS PRO 강사
전) 삼양데이터시스템

최리사
YBM COS PRO 강사
전) 대우정보시스템

최지영
배재대학교 AI·SW중심대학사업단 산학협력중점교수
전) 한국전자통신연구원

최미선
충남대학교 소프트웨어중심대학사업단 산학협력중점교수
전) KBS기술연구소, SK Telecom 중앙연구원

차근차근
데이터 분석과 인공지능 with 파이썬

발행일	2022년 10월 15일 초판 1쇄
	2024년 03월 02일 초판 2쇄
지은이	류현수·박진영·최리사·최지영·최미선
펴낸이	심규남
기 획	염의섭·이정선
표 지	신현수 | **본 문** 이경은
펴낸곳	연두에디션
주 소	경기도 고양시 덕양구 삼원로 73 한일윈스타 지식산업센터 8층 809호
등 록	2015년 12월 15일 (제2015-000242호)
전 화	031-932-9896
팩 스	070-8220-5528
ISBN	979-11-92187-72-3
정 가	23,000원

이 책에 대한 의견이나 잘못된 내용에 대한 수정정보는 연두에디션 홈페이지나 이메일로 알려주십시오.
독자님의 의견을 충분히 반영하도록 늘 노력하겠습니다.
홈페이지 www.yundu.co.kr

※ 잘못된 도서는 구입처에서 바꾸어 드립니다.

본 교재는 과학기술정보통신부 및 정보통신기획평가원의 'SW중심대학사업' 지원을 받아 제작되었습니다.
본 결과물의 내용을 전재할 수 없으며, 인용할 때에는 반드시 과학기술정보통신부와 정보통신기획평가원의
'SW중심대학'의 결과물이라는 출처를 밝혀야 합니다.

PREFACE

우리는 편리한 세상에 살고 있습니다. 스마트폰에 "오늘의 날씨를 알려줘~"라고 말하면 바로 알려주는 것은 물론이고, 내가 듣고 싶은 음악, 먹고 싶은 음식을 추천해 달라고 하면 내가 좋아할만한 것들을 척척 알려주는 세상에 살고 있습니다.

19세기 후반 가솔린 자동차가 처음 나왔을 때 당시의 사람들은 '말이 끌지 않고도 달리는 마차'(자동차)를 보고 충격에 빠졌다고 합니다. 그런데 이제는 운전하는 사람도 없이 알아서 달리는 자율주행자동차를 보고도 사람들은 그냥 그런가보다 하는 시대가 되었습니다.

우리가 이런 편리한 시대를 살 수 있는 것은 바로 인공지능 기술 덕분입니다. 인공지능은 인간의 고유 영역이라고 생각되어 왔던 창작 분야까지 적용되고 있는데 실제 뉴욕 경매시장에서 인공지능 화가의 그림이 고가에 거래되었으며, 유튜브 구독자를 보유한 인공지능 아이돌이 등장하여 사람들의 열렬한 환호를 받기도 합니다.

이제 인공지능은 우리의 일상은 물론 산업 전반에 깊이 스며들어 우리의 삶과 뗄래야 뗄 수 없는 관계가 되었습니다. 그런데 인공지능이 우리와 밀접한 관련이 있음에도 불구하고 기본 개념이나 인공지능을 구현할 수 있는 방법을 간단하게라도 알고 있는 사람들은 많지 않습니다. 그리고 인공지능에 대해 알아보려고 해도 대부분의 인공지능 교재와 강의들이

수학, 통계, 코딩 등을 어렵게 설명하고 있어 일반인이 학습하기에 적합하지 않습니다. 이번에 출간되는 '차근차근 데이터 분석과 인공지능 with 파이썬'은 데이터 분석과 인공지능의 개념 및 원리를 쉽게 이해하면서 코딩 초보자들도 코드를 직접 따라해 볼 수 있도록 하는 것에 중점을 두었습니다.

끝으로 이 책이 세상에 나올 수 있도록 물심양면으로 도와주신 배재대학교 AI · SW중심대학사업단, 충남대학교 소프트웨어중심대학사업단, 그리고 연두출판사에 감사의 인사를 드립니다.

저자 일동

CONTENTS

인공지능 개요

C O N T E N T S

①⟩⟩•▬ 인공지능이란?

1.1 인공지능

(1) 인공지능이란?

인공지능(Artificial Intelligence, AI)이란 컴퓨터가 인간처럼 생각하고 학습하여 문제를 해결하도록 프로그램으로 구현한 기술이다. 즉, 인공지능은 인간의 학습 능력과 추론 능력을 컴퓨터가 실행할 수 있도록 만든 것으로 최근 들어 빠른 속도로 발전하고 있다. 이러한 인공지능 기술은 여러 분야에서 널리 활용되어 우리가 미처 깨닫지 못하는 사이에 생활 속에서 많은 영향을 끼치고 있는데 자율 주행 자동차, 자동 번역, 추천 시스템, 인공지능 스피커 등은 인공지능을 활용한 대표적인 서비스이다.

(2) 전통적인 프로그램과 인공지능의 차이점

전통적인 프로그램과 인공지능은 어떤 차이가 있을까?

전통적인 프로그램은 정해진 규칙을 직접 코드로 작성하는 방식으로 짜여져 있어 규칙이 바뀌면 해당 프로그램은 코드를 수정해야 한다. 이와 다르게 인공지능 프로그램은 인공지능 모델이 스스로 학습하는 방식이기 때문에 프로그램 코드를 수정할 일이 많지 않다.

전통적인 프로그램의 경우 프로그램 실행을 위해서 입력되는 데이터가 지정한 범위를 벗어나면 프로그램이 제대로 실행되지 않고 오류가 발생한다. 그러나 인공지능 프로그램은 제공된 데이터 간의 관계를 학습해서 결과를 도출하기 때문에 약속된 범위를 벗어나는 새로운 범위의 데이터가 들어와도 인공지능 모델에 기반해 결과를 도출해준다. 즉 새로운 범위의 데이터가 인공지능 프로그램에 입력되어도 오류 없이 결과를 예측하게 되는 것이다.

전통적인 프로그램은 정해진 규칙에 의해서 계산을 반복하고 단순히 자료를 저장하는 일을 주로 하는 반면 인공지능 프로그램은 제공되는 학습 데이터를 기반으로 학습, 추론, 판단, 예측하는 일을 주로 수행한다.

1.2 인공지능의 역사

(1) 인공지능의 시작 : 1940년대

　인공지능 기초 이론 연구는 1940년대부터 진행되었다. 컴퓨터 과학과 인공지능의 아버지라고 불리는 앨런 튜링은 1936년 수학 논문에서 가상기계인 튜링 기계에 대해 발표하였고, 1950년 "계산 기계와 지능" 논문에서는 기계가 지능을 갖고 있는지 판단하는 방법인 튜링 테스트에 대해 제안하였다.

　튜링 테스트는 테스트를 수행하는 사람이 현재 대화하고 있는 대상이 기계인지 사람인지 판단하지 못한다면 그 기계가 지능을 갖고 있다고 보는 것이다.

(2) 1차 붐의 시기 : 1950년대 ~ 1970년대

　인공지능(Artificial Intelligence)이라는 용어는 1956년 미국의 다트머스 대학교에서 열린 학회에서 처음으로 정의되어 사용되었다. 1950년대와 1960년대의 인공지능은 컴퓨터의 계산 능력을 바탕으로 모든 경우의 수를 계산해서 결과를 추론하고, 탐색을 통해서 문제의 답을 찾는데 주안점을 두었다. 또한, 사람의 신경망을 본뜬 퍼셉트론의 개념이 등장하면서 인공 신경망에 대한 연구가 시작되었다. 그러나 인공지능을 발전시키기 위한 데이터의 양과 컴퓨터의 성능이 부족하였으며, 이로 인해 현실의 복잡한 문제를 해결하는데 인공지능이 적용되지 못하고 침체기에 접어들게 되었다.

(3) 2차 붐의 시기 : 전문가 시스템, 1980년대

　침체되었던 인공지능에 대한 연구는 1970년대 전문가 시스템(Expert System)에 대한 관심이 높아지면서 다시 주목받기 시작했다. 전문가 시스템이란 특정 분야에 대한 전문 지식을 컴퓨터 시스템으로 구축해서 일반인도 전문 지식을 이용할 수 있도록 만든 것이다. 이와 더불어 1980년대에는 신경망 연구가 다시 시작되면서 인공지능에 대한 연구가 확산되었다. 그러나 데이터 부족과 컴퓨터 성능의 한계, 그리고 유지 보수의 어려움으로 인하여 인공지능에 대한 연구가 이번에도 다시 암흑기를 맞이하게 되었다.

(4) 3차 붐의 시기 : 인공지능의 부흥, 1990년대 중반~현재

1990년대 후반부터 인터넷이 발달하고 컴퓨터의 성능이 향상되기 시작하면서 인공지능에 대한 연구는 다시 활발해졌다. 1997년에는 추론과 탐색의 원리를 사용하는 IBM 인공지능 컴퓨터인 '딥블루(Deep Blue)'가 세계 체스 챔피언과의 대결에서 우승하는 성과를 거두었다. 그리고 인터넷을 활용하는 인구가 급증하면서 데이터의 양이 폭발적으로 증가했는데, 이렇게 축적된 데이터를 기초로 2000년대 초반 머신러닝 기반의 인공지능이 등장했다.

2011년 미국의 유명 TV 퀴즈쇼에서는 IBM이 개발한 인공지능 프로그램인 왓슨(Watson)이 인간 참가자를 제치고 우승을 차지했다. 왓슨은 인간의 언어를 이해하고 논리적 연산을 할 수 있는 인공지능 프로그램으로, 약 백만 권의 책 분량만큼의 데이터를 입력받았기 때문에 왓슨은 사회자가 읽어 주는 퀴즈 문제의 의미를 이해하고 그에 맞는 답을 3초 안에 찾아낼 수 있었다.

그 후에 머신러닝에서 발전한 기술로서 인간의 뇌를 모방한 신경망 구조로 이루어진 딥러닝(Deep Learning)이 등장하였다. 딥러닝은 영상 인식, 언어 인식, 기계 번역, 자율주행 자동차에 활용되고 있는데, 2015년에는 '이미지넷(ImageNet)'이라고 불리는 이미지 인식 대회에서 마이크로소프트 팀에 의해 개발된 딥러닝 알고리즘을 적용한 이미지 인식 프로그램이 무려 96%가 넘는 이미지 인식률을 기록하기도 했다. 그리고 2016년 딥러닝 기술을 사용한 구글 딥마인드(DeepMind)의 '알파고(AlphaGo)'가 바둑 기사 '이세돌'을 이기면서 인공지능 기술에 대한 관심과 기대가 전 세계적으로 커졌다.

함께 보면 좋은 자료

EBS과학다큐 : 인공지능 1부 인공지능 만들기	https://www.youtube.com/watch?v=AfYsM48bQMM https://www.youtube.com/watch?v=Bxjl2Lo8d1c https://www.youtube.com/watch?v=gd7SASH7b30
과학다큐 : 인공지능 2부 이미테이션 게임	https://www.youtube.com/watch?v=-Et1KKC5yzA https://www.youtube.com/watch?v=FlPqlOLmtrk&t=186s https://www.youtube.com/watch?v=-BhHaX27imY

1.3   인공지능의 분류

인공지능은 크게 약인공지능(Weak AI)과 강인공지능(Strong AI)으로 분류한다. 약인공지능은 정해진 규칙에 의해서 특정 분야의 문제를 해결하는데 사용되는 인공지능으로서 주로 인간의 업무를 보조하기 위해 활용되고 있다. 현재 대부분의 인공지능 시스템이 약인공지능에 속하는데, 우리가 사용하고 있는 인공지능 스피커, 추천 시스템, 기계 번역, 그리고 알파고가 바로 약인공지능에 속한다.

강인공지능은 약인공지능과 달리 정해진 분야뿐만 아니라 모든 상황에서 스스로 행동하고 학습하여 인간과 같거나 인간을 뛰어넘는 능력을 갖는 인공지능이다. 영화 '터미네이터'에 등장하는 '스카이넷'이나 '아이언맨'에 등장하는 '자비스'가 바로 강인공지능의 대표적인 사례이지만, 실제로 강인공지능 시스템은 아직 개발되지 못하고 있다.

약인공지능 (Weak AI)	• 정해진 규칙에 의해 특정 영역의 문제만을 해결하는 인공지능으로 인간의 한계를 보완하기 위해 활용 • 현재 대부분의 인공지능이 약인공지능에 속함 • 예) IBM의 왓슨, 아마존의 알렉사, 구글의 알파고 등
강인공지능 (Strong AI)	• 기계가 인간처럼 생각하고 문제를 해결할 수 있는 수준의 인공지능 • 약인공지능처럼 정해진 분야뿐만 아니라 모든 분야의 문제를 해결할 수 있는 범용 인공지능 • 영화 속에서 등장하는 인공지능 로봇이 대표적인 사례이나 현실에서는 아직 개발되지 못함

1.4   인공지능 기술 활용

(1) 머신러닝(Machine Learning)

머신러닝은 사람이 경험을 통해서 학습하는 것과 같은 인간의 학습 방식을 컴퓨터로 구현한 기술이다. 머신러닝 기반의 인공지능은 제공된 데이터의 패턴과 규칙을 스스로 찾아 학습해서 해당 데이터에 대한 예측 및 판단이 가능한 모델을 생성한다. 이렇게 생성한 모델에 새로운 데이터를 입력하면, 입력한 데이터에 대한 결과가 산출된다.

구글은 인공지능 기술을 실험적으로 체험할 수 있는 플랫폼인 AI Experiments(https://experiments.withgoogle.com/collection/ai)를 운영하고 있다.

AI Experiments에서 제공하는 서비스 중 '퀵 드로우(Quick Draw)'는 인공지능이 제시한 단어에 대해서 사용자가 그림을 그리면 인공지능은 기존의 그림 데이터를 기반으로 사용자가 그린 그림이 무엇인지 판단한다. 퀵 드로우는 단순하게 그림이 무엇인지 맞추는데 그치지 않고, 제시한 단어에 대해서 다른 사람들이 어떻게 그렸는지 보여준다.

퀵 드로우 사이트(https://quickdraw.withgoogle.com/)에 접속하면 머신러닝 기술을 활용한 이미지 인식 인공지능을 체험해 볼 수 있다.

- 퀵 드로우 사이트(https://quickdraw. withgoogle.com/)에 접속한 후에 [시 작하기]를 클릭한다.

- 제시하는 6개의 단어에 대한 그림을 그려서 인공지능이 제대로 인식하는 지 확인한다.

구글이 제공하는 또 다른 비슷한 사이트로 오토 드로우(https://www.autodraw.com/) 가 있다. 이 사이트는 내가 그린 그림을 인공지능이 인식하여 인공지능이 가지고 있는 전 문적인 이미지로 바꿔서 그림의 완성도를 높일 수 있다.

(2) 자연어 처리(NLP: Natural Language Processing)

자연어 처리는 사람의 언어를 컴퓨터가 이해할 수 있게 만드는 기술이다. 컴퓨터가 사람 의 음성이나 문자 언어의 의미를 이해하고, 이해한 내용을 지식화하거나 사람과의 의사소 통을 통해 문제를 해결할 수 있게 된다. 자연어 처리는 자동 번역, 음성 인식, 인공지능 스 피커, 챗봇 고객 상담, 문서 요약 및 분류 등에 활용되고 있다.

■ 한글 문장의 유사성 인식 : 공공 인공지능 API · DATA 서비스 포털

　공공 인공지능 API · DATA 서비스 포털(https://aiopen.etri.re.kr/)은 과학기술정보통신부의 R&D 과제를 통해서 개발된 인공지능 기술을 누구나 체험하고, 수집된 데이터를 연구 목적으로 사용할 수 있도록 구축된 사이트로, 공공 인공지능 API · DATA 서비스 포털의 [데모] 메뉴에서 자연어 처리 기술을 체험해 볼 수 있다.

• '공공 인공지능 API · DATA 서비스 포털'(https://aiopen.etri.re.kr/)에 접속한 다음 [API 데모] 메뉴에서 [언어처리] → [어휘관계 분석 기술] 항목을 클릭한다.

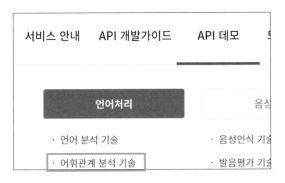

• [어휘관계 분석 기술]의 [문장 패러프레이즈 인식 기술 API] 항목이 선택된 상태에서 '문장 1'과 '문장 2'에 의미는 비슷하지만 형태나 구성이 다른 문장을 각각 입력한다.
(예시는 문장1에는 '봄이 왔습니다.' 문장 2에는 '지금은 봄입니다.'를 입력) 두 개의 문장을 입력한 후 [분석하기]를 클릭한다.

• 두 문장의 의미가 동등한지 판별한 결과가 화면 아래에 출력된다.

■ 영어 단어의 유사성 인식 : 시멘트리스(https://research.google.com/semantris/)

시멘트리스는 구글이 자연어 처리 기술을 적용하고 단어의 유사성을 이용해서 만든 인공지능 온라인 게임으로 단어를 입력해서 제시된 단어를 없애는 테트리스 게임 같은 구성을 갖고 있다.

이 게임에는 아케이드 모드와 블록 모드가 있는데, 아케이드 모드는 제시된 단어와 관련 있는 영어 단어를 입력하면 제시된 단어가 사라지면서 점수를 얻게 되고 화면 위까지 계속 단어가 쌓이면 게임이 종료된다. 블록 모드는 사용자가 입력한 단어와 관련 단어를 단어 블록들 중에서 인공지능이 찾아 없애게 되면 점수를 획득하고 경계선까지 단어 블록이 쌓이면 게임이 종료된다.

(3) 컴퓨터 비전(Computer Vision)

컴퓨터 비전은 사진이나 동영상으로부터 필요한 정보를 얻어낼 수 있도록 하는 컴퓨터의 시각 정보 처리 기술로서 증강 현실, 생체 인식, 컴퓨터 그래픽, 의료 영상 분석, 자율 주행 자동차 등의 분야에 활용된다.

- '공공 인공지능 API · DATA 서비스 포털'(https://aiopen.etri.re.kr/)에 접속한 뒤에 [API 데모]메뉴에서 [시각지능] → [이미지 인식 기술] 항목을 클릭한다.

- [이미지 인식 기술]의 [객체검출 API] 항목을 선택한 후에 제시된 이미지들 중에서 원하는 이미지를 선택한다.
- 이미지를 선택한 다음에 [분석하기]를 클릭한다.

- 분석 결과로 사진에서 인식한 객체가
  표시된다.

(4) 로봇 공학(Robotics)

로봇 공학은 인간의 업무를 돕거나 인간을 대신해서 작업할 수 있는 로봇에 관한 모든 기술을 연구하는 분야이다. 로봇을 설계하고 움직이게 만드는 것과 더불어 인간처럼 지능을 갖게 하기 위해서 로봇에 대한 인공지능 연구가 이루어져야 한다. 로봇 공학은 공장 설비나 운송, 농업과 같은 산업 분야뿐만 아니라 교육, 가사, 의료와 같은 서비스 분야로 활용 영역을 확장하고 있다.

1.5 인공지능의 영향력

(1) 긍정적인 영향

인공지능은 우리 생활의 여러 분야에 활용되면서 우리의 삶을 풍요롭게 만들고 있다. 산업 현장에서 인공지능을 활용함으로써 노동 생산성을 높이고 생산 비용을 절감할 수 있는데, 이러한 비용 절감을 통해서 질 좋은 제품이나 저렴한 서비스를 제공하여 해당 기업의 매출 향상과 소비자의 이익 증대에 기여하게 된다. 그리고 서비스 업종에서 인공지능 추천 시스템을 활용하면 고객별 맞춤 서비스를 제공할 수 있기 때문에 고객에게 보다 편리한 쇼핑과 서비스를 제공할 수 있다. 또한 가정에서 인공지능 기술이 탑재된 가전을 활용하게 되면 가사 노동 시간이 줄어들고 자율 주행 자동차와 같은 인공지능을 활용한 기술 덕분에 생활이 더욱 편리하게 발전할 수 있다.

(2) 부정적인 영향

자동으로 작성된 가짜 뉴스, 딥 페이크, 여론 조작 등과 같이 인공지능 기술을 악용해서 사회적 물의를 일으키는 경우도 있다. 또한 CCTV 영상에서 안면 인식 기술을 남용하거나, 인공지능 스피커와 같은 가정 내의 IoT 제품에 대한 해킹으로 인해 사생활이 침해되는 우려도 존재한다.

인공지능이 오작동했을 때 그 문제에 대해서 책임 소재를 밝히는 데에도 어려움이 있다. 특히 의료, 군사, 금융과 같이 민감한 분야에서 인공지능에 오류가 생기는 경우에는 심각한 문제가 발생할 수 있다. 또 인공지능이 학습한 데이터에 오류가 있거나 편향성을 갖게 되면, 인공지능이 잘못된 판단을 할 수 있고 이로 인해 불공정한 경우가 발생할 수 있다.

1.6 인공지능에 대한 의견

인공지능 기술의 발달에 대해서 많은 관심과 기대가 존재하고 있다. 인공지능이 발달하면서 인간의 일자리를 빼앗을 것이라는 우려가 있는 반면에 사라진 일자리만큼이나 인공지능과 관련된 새로운 일자리가 등장하기 때문에 걱정할 필요가 없다는 전문가도 있다. 그리고 몇몇 영화에서처럼 고성능의 인공지능이 인간을 지배할 수 있다는 두려움도 존재하는 등 인공지능에 대한 다양한 의견들이 전문가들 사이에서 제기되고 있다.

미래 학자인 '레이먼즈 커즈 와일'은 인공지능은 두려움의 대상이 아니고, 오히려 문제는 인공지능 기술이 아니라 인간 사회에 있다고 했다. 페이스북 창업자인 '마크 저커버그'는 '인공지능이 사람을 살리고 우주와 지표 아래를 탐사할 수 있게 해줄 것이다. 인공지능에 대해서는 낙관적이다.'라는 긍정적인 의견을 내고 있다.

이에 반하여 인공지능에 대해서 부정적인 의견을 내는 인사들도 있다. 물리학자 '스티븐 호킹'은 '100년 안에 인류가 인공지능을 갖춘 기계에 종속되고 결국 멸망할 것이다.'라고 말했다. 그리고 MS 창업자인 '빌 게이츠'는 '인공지능의 힘이 너무 세지면 인류에게 위협이

함께 보면 좋은 자료

마크 저커버그와 앨런 머스크의 인공지능에 대한 논쟁	https://www.youtube.com/watch?v=p2mbAAFrtEo
요수아 벤지오 교수의 충고 : 터미네이터보다 인간이 더 두렵다	https://tv.naver.com/v/11926343
인공지능 확산의 영향은? 일자리 위기 혹은 기회	https://tv.naver.com/v/5411344

될 수도 있다.'는 우려를 내비쳤다. 그리고 '모세 바르다'라는 컴퓨터 과학자는 '모든 업무에서 기계가 인간보다 훌륭한 성과를 내는 시대가 올 것이다.'라고 예측했다. 또 인공지능 연구소인 오픈AI를 설립한 미국 테슬라 창업자 '앨런 머스크'도 인공지능 개발을 방치하게 되면 인류에게 큰 위협이 될 수 있으니 인공지능 개발에 정부의 규제가 필요하다고 주장했다.

1.7　인공지능 윤리

(1) 인공지능의 딜레마

앞서 살펴본 대로 인공지능은 단순한 동작을 반복하는 기계가 아니라 주어진 데이터를 바탕으로 학습하여 규칙을 찾아 예측 및 판단하는 시스템이다. 그런데 인공지능이 판단을 내릴 때 판단 기준이 윤리적으로 명확한 경우도 있지만 그렇지 못한 경우가 생길 수도 있다. 이렇게 어떤 결정을 내릴 때 2가지 이상의 가치가 서로 부딪혀서 어느 쪽으로도 쉽게 결정할 수 없는 상황을 '딜레마'라고 한다. 딜레마의 유명한 예로 '트롤리의 딜레마'가 많이 언급되는데, 그 내용은 다음과 같다.

- 제동장치가 고장난 트롤리가 철로를 따라 달리고 있다.
- 트롤리가 진행하고 있는 철로 정면에 5명의 사람이 서 있다.
- 고장난 트롤리의 방향을 다른 쪽 철로로 바꾸려고 보니 다른 쪽 철로에 한 사람이 서 있다.
- 이때 트롤리의 진행 방향을 바꿀 수 있는 스위치를 잡고 있는 당신은 어떤 선택을 하겠는가?

인공지능이 도덕적 원칙에 따라서 학습하더라도 '트롤리의 딜레마'처럼 쉽게 결정할 수 없는 딜레마 상황을 만날 수 있다. 따라서 여러 딜레마 상황에서 인공지능이 어떤 윤리 기준으로 판단하도록 학습할 것인지에 대한 사회적인 논의가 필요하다.

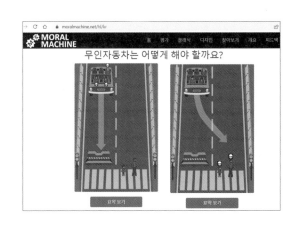

모럴 머신(https://www.moralmachine.net/hl/kr)은 인공지능의 윤리적 결정에 대한 사회적 인식을 수집하기 위한 플랫폼으로, 사이트에서 제시한 상황에 대해서 윤리적 선택을 하는 문제를 풀어볼 수 있다. 또한 윤리적 선택 상황을 디자인해서 다른 사람에게 배포한 후 응답 결과를 받을 수도 있다.

모럴 머신에 접속하여 제시된 윤리문제에 대한 응답을 마치면 응답 결과에 대한 통계를 보여주는데, 그 통계를 보면 본인의 응답에 대한 선호도가 다른 사람들의 응답 평균과 얼마나 다른지도 알 수 있다.

(2) 국가 인공지능 윤리 기준

인공지능은 해당 인공지능 알고리즘을 개발하는 과정에서 개발자의 윤리의식이나 편견, 가정이 반영될 수 있다. 그리고 학습에 사용된 데이터가 차별적 내용이나 비윤리적인 내용이 들어 있다면 생성된 인공지능에도 그 영향이 미치게 된다. 그러나 보통 일반인들은 많은 데이터를 바탕으로 생성된 인공지능이 더 객관적이고 공정할 것이라고 생각하고 따르게 되는데, 만일 인공지능이 차별적이고 비윤리적인 결과를 내놓는다면 많은 사회적 문제를 일으키게 된다. 그래서 우리나라 정부에서는 2020년 '국가 인공지능 윤리 기준'을 발표했다.

발표한 윤리 기준에는 인공지능이 지향하는 최고의 가치를 '인간성(Humanity)'에 두고, 이 가치를 실현하기 위해 3대 원칙과 10대 핵심 요건을 제시하고 있는데 그 내용을 간단히 요약해서 소개하면 다음과 같다.

■ 3대 원칙

인간성(Humanity)을 구현하기 위해서 인공지능을 개발하고 사용하는 모든 과정에는 아래의 3대 원칙을 지켜야 한다.

인간 존엄성의 원칙	인간은 최고의 가치가 있는 존재로 인공지능의 개발과 활용은 인간에게 해가 되지 않는 범위에서 실행해야 한다.
사회의 공공성 원칙	인공지능은 소외되기 쉬운 사회적 약자와 취약 계층의 접근성을 보장하며 공익 증진을 위해 개발되어야 한다.
기술의 합목적성 원칙	인공지능은 인간에게 도움이 되어야 하며, 인공지능이 개발 및 활용되는 전 과정도 윤리적이어야 한다. 또한 인류의 삶과 번영을 위해 개발 및 활용되어야 한다.

■ 10대 핵심 요건

위의 3대 원칙을 실천하고 지키기 위한 세부적인 요건은 다음과 같다.

인권 보장	인간의 권리와 자유를 보장하고 이를 침해하면 안 된다.
투명성	인공지능의 활용 내용과 유의 사항을 사전에 알려야 한다.
안전성	잠재적인 위험을 방지하여 안정성을 보장해야 한다. 또한 인공지능을 활용하는 과정에서 오류 또는 침해가 발생하면 그 작동을 제어할 수 있는 기능을 갖춰야 한다.
프라이버시 보호	인공지능을 개발하고 활용하는 과정에서 사생활을 보호하고 개인 정보 오용을 최소화해야 한다.
책임성	인공지능 개발자, 서비스 제공자, 사용자에 대한 책임 소재를 명확히 하여 만약에 발생할 수 있는 피해를 최소화해야 한다.
다양성 존중	성별이나 인종에 상관없이 인공지능이 인간을 공정하게 대할 수 있도록 개발하고 사용해야 한다. 또한 사회적 약자와 취약 계층도 인공지능 기술과 서비스에 쉽게 접근할 수 있도록 하여 인공지능이 주는 혜택이 모든 사람에게 골고루 돌아갈 수 있도록 한다.
데이터 관리	목적 외의 용도에는 활용 금지하고 데이터를 안전하게 보호해야 한다.
침해 금지	인간에 무해한 목적으로 활용하며, 일어날 수 있는 위험에 대응할 수 있는 방안을 마련하도록 노력해야 한다.
연대성	윤리적 인공지능 개발 및 활용에 국제 사회가 협력하도록 노력하고, 다양한 집단 간의 연대를 유지하며 인공지능 전 주기에 걸쳐서 다양한 사람들의 공정한 참여 기회를 보장한다.
공공성	인공지능은 사회 공통 이익을 위해 사용하며 긍정적인 사회 변화를 이끌도록 활용되어야 한다. 또 인공지능의 순기능을 극대화하기 위한 교육이 이루어져야 한다.

자료 출처 : 과학기술정보통신부 홈페이지 - 2020.12.23 '국가 인공지능(AI) 윤리 기준' 보도자료

함께 보면 좋은 자료

소프트웨어야 놀자 : 인공지능 윤리(AI Ethics)	https://tv.naver.com/v/15778227
사람 중심의 인공지능 윤리 기준	https://www.youtube.com/watch?v=JrakC2WohKE
세상의 모든 법칙 : 트롤리의 딜레마, 당신의 선택은?	https://youtu.be/xms3OOi6uHM

② ▸▸ 인공지능 기술의 활용

2.1 인공지능 기술이 적용되는 분야

인공지능 기술은 우리가 모르는 사이에 현재 우리 삶에 깊숙이 들어와 있다. 현재 다양한 분야에서 인공지능 기술이 활용되고 있는데, 몇 가지 분야를 간략하게 정리해 보면 아래 표와 같다.

분야	사례
교육	학생의 문제 풀이 내용을 파악하여 부족한 부분을 반복 학습하도록 개인별 맞춤 학습 제공
교통	인공지능 내비게이션이 실시간 교통정보를 수집하여 목적지까지 갈 수 있는 최적의 경로를 찾아 안내 자율주행자동차는 주변 상황을 인식하여 스스로 도로 주행이 가능
의료	환자들의 영상 기록을 토대로 질병을 예측하여 의사의 진단과 치료를 돕는 보조 역할을 수행 의료 데이터를 분석해서 신약 개발에 활용 웨어러블 디바이스를 이용하여 실시간 건강 관리
금융	고객의 활동 패턴을 분석하여 고객 맞춤 서비스를 제공하고 상품 개발에 활용 사이버 보안강화를 위한 금융 사기를 감지
제조	제품 수요와 매출을 예측 사물 인터넷을 활용하여 공장 설비 간에 데이터를 주고 받고, 그 데이터를 분석해서 제품 이상을 감지하여 설비에 발생할 장애 예측
문화	그림 그리기, 작곡, 시, 소설, 광고 카피와 신문 기사 작성과 같은 창작 분야까지 활용
가정 생활	인공지능 스피커를 이용하여 집 안의 스마트 가전을 제어하거나 음성 명령을 전달하여 실행

2.2 인공지능 기술이 적용된 구체적 사례

(1) 스티치픽스(Stitch Fix)

스티치픽스(https://www.stitchfix.com)는 미국과 영국에서 AI 기반으로 맞춤형 패션 스타일링을 온라인으로 서비스하는 회사이다. 개인의 키, 몸무게, 다리 길이, 어깨 넓이 같은 세세한 신체 사이즈와 옷 입는 스타일과 취향, 예산, 생활 스타일 같은 정보를 입력하면 빅데이터를 기반으로 학습한 인공지능이 입력한 고객 정보를 바탕으로 고객에게 어울리는 옷과 액세서리를 추천한다. 그러면 전문 스타일리스트는 인공지능이 추천한 제품들 중에서 5개를 선택해서 고객에게 배송하는데, 제품을 받은 고객은 그 중에서 마음에 드는 것을 선택해서 구매하고 나머지는 반품한다. 이렇게 스티치픽스에서 구매하거나 반품한 데이터가 쌓일수록 인공지능은 고객의 취향을 더 잘 알게 되어 고객에게 맞는 제품을 더 많이 추천하게 된다.

(2) 로레알의 페르소(Perso)

페르소(Perso)는 뷰티 회사로 유명한 로레알이 CES2020에 전시한 인공지능 뷰티 디바이스이다. 스마트폰 앱으로 얼굴을 스캔하면 인공지능이 피부 상태, 대기질, 공해, 트렌드를 분석하여 분석 결과에 최적화된 스킨 로션을 만들어 주는 가정용 개인 맞춤형 화장품 디바이스이다. 로레알은 이 페르소 시스템을 적용한 개인형 스마트 틴트 디바이스를 출시했는데, 사용자가 원하는 색을 사진으로 모바일 앱에 입력하면 인공지능의 색깔 인식 기능을 사용하여 입력한 색으로 립 컬러를 만들어 준다. 또 피부 색, 머리 색, 그날 입을 의상에 어울리는 색상을 인공지능이 추천해 줄 수도 있다.

〈페르소 기반의 스마트 틴트 – 출처 : 공식 온라인 몰(https://www.yslbeautykr.com/)〉

(3) 인공지능 화가 : 더 넥스트 렘브란트(the Next Rembrandt)와 딥 드림(Deep Dream)

예술적 창작 영역은 컴퓨터가 침범할 수 없는 인간의 고유 영역으로 인식되어 왔다. 그런데 이런 고정관념을 깨뜨리면서 인공지능이 점차 예술의 영역으로 적용되고 있는데 그 대표적인 사례가 인공지능 화가인 더 넥스트 렘브란트와 딥 드림이다. 더 넥스트 렘브란트(the Next Rembrandt)는 마이크로소프트가 렘브란트 미술관, 네덜란드 델프트 공대와 2

년간 공동 작업하여 만들었다.

더 넥스트 렘브란트는 렘브란트 작품 346점을 딥러닝 기법으로 학습했는데, 그림 이미지뿐만 아니라 3D 스캐너를 이용하여 물감이 캔버스에 남기는 요철까지 모두 데이터화하여 학습했다. 그래서 캔버스 위에 3D프린터로 그림을 그릴 때 렘브란트 작품 특유의 질감과 채색 방식까지 완벽하게 재현할 수 있기 때문에 더 넥스트 렘브란트에게 초상화를 그리도록 명령을 내리면 렘브란트가 그리는 화풍으로 그림을 그린다.

딥 드림(Deep Dream)은 구글이 개발한 인공지능 이미지 생성기인데 사용자가 이미지를 업로드 하면 딥 드림은 사용자가 원하는 스타일로 이미지를 변환, 합성해 준다. 딥 드림 사이트(https://deepdreamgenerator.com)에 회원 가입하면 무료로 이미지를 변형해 볼 수 있다.

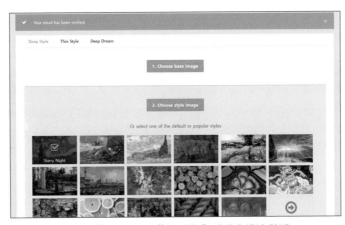

〈'딥 드림(Deep Dream)' 로그인 후 이미지 생성 화면〉

우리나라에도 카카오 브레인이 만든 '칼로'라는 인공지능 아티스트가 있다. '칼로'는 1억 2천만장의 텍스트와 이미지를 학습해서 그림을 그리라는 명령을 받으면 그 명령을 이해하여 그에 맞는 화풍과 스타일로 이미지를 만든다.

미술 영역뿐만 아니라 문학과 음악 분야에도 인공지능 기술을 활용하여 창작을 한 사례가 있다. 마이크로소프트는 중국에서 '샤오빙'이라는 인공지능 챗봇에게 500여명의 현대 시인의 작품 수천 편을 학습시켰다. 그 결과로 샤오빙이 쓴 만여편의 시 중에서 139편을 골라 시집으로 출간했다. 그리고, 일본 소니 연구소는 '플로우 머신즈' 인공지능 시스템을 활용하여 팝송을 작곡하여 유튜브에 공개하기도 했다. 이처럼 인공지능은 인간을 보조하던 역할에서 벗어나 스스로 창작할 수 있는 능력까지 갖추게 되었다.

(4) 무인 매장 : 아마존 고(amazon go)

아마존 고(amazon go)는 미국 전자 상거래업체인 아마존이 2018년에 처음 개설한 무인 매장이다. 아마존 고 회원으로 가입한 고객이 스마트폰 앱을 이용하여 매장에 입장한 후 원하는 상품을 골라 담고 문을 나서면 물건 값이 자동으로 계산되어 5초 후에 미리 등록된 신용카드로 자동 결제된다.

아마존 고는 사물 인터넷, 인공지능 카메라, 머신러닝, 컴퓨터 비전 등의 첨단 IT기술을 활용하여 만들어진 매장으로 계산대에서 계산하기 위해 줄을 서야 하는 번거로움이 사라 졌다. 아마존 고 매장 안의 인공지능 카메라는 고객의 동선을 추적하여 구매 목록을 확인 하고, 소비자의 동선을 데이터로 저장하여 개인 맞춤 서비스를 제공하는데 활용한다.

우리나라에도 아마존 고와 비슷한 시스템을 갖춘 매장인 '언커먼스토어(Uncommon Store)'가 서울 여의도에 등장했다. 아마존 고와 마찬가지로 인공지능 카메라, 사물 인터 넷, 머신러닝, 빅데이터 등의 첨단 기술을 활용해서 구축된 매장으로 아마존 고처럼 입장 하여 별도의 결제 절차 없이 상점을 나서면 자동으로 결제된다. 이 매장은 아마존 웹서비 스가 제공하는 여러 기술을 활용하여 고객 동선과 구매 패턴을 파악하고 매장 내의 기기를 관리한다.

(5) 인공지능 셰프 솔루션 : 비욘드 허니컴(Beyond Honeycomb)

비욘드 허니컴은 인공지능 셰프 솔루션을 개발한 우리나라의 푸드테크 스타트업으로 푸 드 센서와 쿠킹 로봇을 기반으로 마스터 셰프의 음식 맛을 구현하는 인공지능 셰프 솔루 션을 개발했다.

비욘드 허니컴이 개발한 인공지능 셰프 솔루션은 음식을 조리하는 과정에서 식재료가 변하는 것에 대해 분자 단위로 추출한 데이터를 이용하여 푸드 센서가 학습하고, 그 학습 한 내용을 기반으로 쿠킹 로봇이 요리를 해서 셰프의 음식 맛과 품질을 재현한다. 이 솔루 션을 이용하면 고객은 보다 저렴한 가격으로 유명 셰프의 음식을 맛볼 수 있다.

함께 보면 좋은 자료

CES2020에 전시된 페르소 소개	https://youtu.be/8s7WMO4nzsg
Introducing Perso - by Loreal USA	https://youtu.be/kfRGxkllF5M
the Next Rembrandt	https://youtu.be/luygOYZ1Ngo
플로우 머신즈가 작곡한 팝송 -Daddy's Car	https://youtu.be/LSHZ_b05W7o
현대미술 작가 고상우와 AI작가 칼로의 협업	https://youtu.be/LUnSBPWKtcM
인공지능 화가가 그린 그림의 우승논란을 소개한 뉴스	https://youtu.be/vcoi4aAJT1E
언커먼스토어 소개	https://youtu.be/AEOPw2bWGug
비욘드 허니컴 소개(in CES2022)	https://youtu.be/Q2owpNirC34

③ 인공지능과 데이터

3.1 데이터의 역할

(1) '데이터'란?

데이터는 단순한 사실 혹은 측정된 값을 말하는 것으로 파일, 자료, 문서 등의 의미로 사용된다. 데이터 자체는 단순한 사실이지만 필요에 따라서 데이터를 정제하면, 그것은 중요한 '정보'가 된다. 이렇게 다듬어진 데이터는 인공지능 개발에 있어서 중요한 요소가 된다.

(2) 빅데이터의 등장

빅데이터란 디지털 세상에서 생성되는 방대한 양의 데이터로 기존의 데이터보다 그 양이 많아서 기존의 방법이나 도구를 이용해서 저장하거나 분석하기 어려운 데이터들을 말한다. 빅데이터는 포털 사이트의 검색어, UCC의 영상들, SNS에 게시되는 글, 인터넷 쇼핑몰의 제품 구매 이력이나 소비자가 검색한 제품들처럼 짧은 시간 안에 다양한 형태로 생성된다. 이렇게 생성된 빅데이터는 분석 과정을 통해서 여러 방면으로 활용된다.

빅데이터를 사용하는 대표적인 사례가 인공지능이다. 인공지능은 빅데이터 안에 있는 일정한 패턴을 찾아 학습하고, 그 학습을 토대로 구축한 인공지능 모델을 이용해서 결과를 예측하여 실생활의 문제를 해결한다.

빅데이터는 흔히 3V라고 일컫는 세 가지 특징을 나타내는데, 3V는 데이터의 양(Volume), 속도(Velocity), 다양성(Variety)을 말한다. 빅데이터는 보통 수십 테라 바이트 이상의 규모로 생성되며, 이러한 데이터의 양은 빅데이터로 분류하는 중요한 특징이 된다. 빅데이터는 많은 양으로 빠르게 생산되기 때문에 이를 활용하려면 역시 빠르게 분석하여 그 결과를 저장해야 한다. 이렇게 생성된 빅데이터는 텍스트, 영상, 이미지 등 다양한 형태로 존재하는데 이런 이유로 빅데이터의 특징에 다양성이 포함되는 것이다.

3.2 빅데이터 활용 사례

(1) 서울시 심야 버스

대중교통이 끊기는 심야 시간에 장거리 이동을 해야 하는 시민들이 있지만 택시를 이용하는 것이 쉽지 않은 경우가 종종 있었다. 이런 불편을 해소하기 위해서 서울시에서는 심야 버스를 신설, 운영하여 많은 시민들의 호응을 얻고 있다.

서울시는 심야버스 노선을 만들기 위해서 자정부터 새벽 5시 사이에 이루어진 30억개의 KT 휴대폰 통화 데이터와 스마트 카드를 이용한 택시 승하차 데이터 500만 건을 분석했다. 이러한 데이터 분석을 통해서 심야 시간에 통화량이 많은 지점과 택시 승하차 지점을 파악하여 심야버스의 노선과 정류장, 그리고 배차 간격을 정할 수 있었다. 이렇게 설정한 심야버스 운영을 통해서 심야시간 시민들의 안전한 귀가와 교통비의 절감, 그리고 대중 교통 이용률을 높일 수 있었다.

(2) 조류 독감 확산 경로 파악

2014년 조류 독감이 확산했을 때 많은 전문가들이 조류 독감의 확산 매개체를 철새라고 확신했었다. 그래서 지자체들은 철새 서식지를 중점 관리해서 조류 독감 확산을 막으려 노력했지만, 그러한 노력에도 조류독감은 계속 확산되었다. 그런데 조류 독감이 발병했던 농가 데이터를 지도에 표시한 결과 주요 발병 지점이 철새 서식지 근처가 아니라 고속도로 근처임을 발견하게 되었고, 이런 특이점을 토대로 사료 운반, 방역을 위해 농가를 방문한 차량 데이터를 추적한 결과, 조류 독감의 확산 매개체가 철새가 아닌 축산 농가를 방문한 차량임을 발견하게 되었다. 이를 바탕으로 조류 독감 발생 지역의 80% 이상을 사전에 예측해서 방역에 활용하는 성과를 거두었다.

(3) 신용카드사의 데이터 활용

카드 수수료 인하, 시장 포화 등으로 인하여 수익성이 떨어진 카드사들은 빅데이터를 활용함으로써 새로운 수익을 만들고 있다. 비자(VISA)카드의 경우 고객의 신용카드 사용 이력을 통해서 구매 성향을 파악하여 근처 가맹점의 할인 쿠폰을 발송해 주는 서비스를 제공했는데 그 결과 카드 이용 건수와 신규 가맹점이 증가하는 효과를 거뒀다. 또한 고객의 카드 이용 패턴을 분석해서 카드 부정 사용을 차단하는 시스템을 개발하여 운영 중이다.

국내 카드사에서도 새로운 카드 상품 개발을 위해 빅데이터를 활용하고 있다. 고객의 카드 사용 데이터를 바탕으로 고객별 소비 패턴과 선호 트렌드를 파악하여 고객을 그룹화하고, 각 그룹별로 혜택을 최적화시킨 카드 상품을 출시하여 높은 판매 실적과 이용률을 보이고 있다.

(4) 패션 회사 '자라'의 빅데이터 활용

중저가 패션 기업으로 유명한 자라(Zara)는 광고비를 지출하지 않는 것으로 유명하다. 다품종 소량 생산을 판매 전략으로 삼고 있는 자라는 고객들의 패션 트렌드와 정보 파악을 위해서 소셜 미디어에서 수집한 데이터와 매장에서 가장 많이 팔린 제품에 대한 정보를 본사 데이터 센터에 저장한다. 이렇게 수집된 데이터를 신상품 디자인에 활용하고, 이렇게 디자인된 제품을 짧은 기간 동안 생산하고 매장에 입고시켜서 트렌드에 민감하게 대응한다. 또한 MIT 연구팀과 함께 빅데이터를 활용하여 최적의 재고 관리 시스템을 개발하여 효율적인 재고 관리를 실현하고 있다.

(5) 국민건강보험공단의 국민 건강 알람 서비스

건강보험공단은 진료 정보, 기상·환경 정보, 소셜 미디어에서 수집한 데이터를 바탕으로 주요 질병의 발생 위험도를 알려주는 '국민 건강 알람 서비스(http://forecast.nhis.or.kr)'를 운영하고 있다.

국민 건강 알람 서비스는 유행성 질환, 만성 질환, 영유아 질환으로 구분하여 자주 걸리는 질환들에 대한 발생 위험도를 전국 각 지역별로 표시하고, 질병 위험도에 따라 주의 사항과 사전 예방 캠페인을 진행한다. 또한 국민 건강 알람 서비스를 통해서 지역별 기상정보, 대기 정보, 진료 동향과 소셜 미디어 정보도 확인할 수 있다.

3.3 잘못된 데이터의 남용

다양한 채널을 통해서 생성된 데이터는 많은 정보를 담고 있지만 그 정확성에 대해서 검증되지 않거나 한 쪽으로 치우친 내용 때문에 문제를 야기하는 경우가 있다. 본 교재에서는 그러한 문제들 중에서 '데이터 편향성'에 대해서 알아보려고 한다.

(1) 데이터 편향이란?

데이터 편향이란 데이터가 어떤 대상을 고르게 다루지 않고 한 쪽으로 치우쳐서 균형이 잡히지 않은 상태를 말한다. 보통 데이터를 한쪽 영역에서만 수집하거나, 수집된 데이터를 가공하면서 특정 부분의 데이터를 삭제하면 데이터 편향이 발생하게 된다. 인공지능은 데이터를 학습한 결과로 인공지능 모델을 만들기 때문에 편향된 데이터를 사용하게 되면 편향된 결과를 산출하게 되어 불공정한 사례가 생기거나 사회적 문제를 초래할 수 있다.

(2) 데이터 편향 사례

■ 아마존의 이력서 평가

미국의 아마존은 전 세계적으로 70만명의 직원을 고용하고 있는 큰 기업이다. 새로 직원을 채용하는 데에 인공지능을 이용하기 위해서 과거 10년간 회사가 받은 지원자들의 이력서와 내부 자료를 학습 데이터로 사용하여 구직자의 이력서를 평가하는 인공지능 시스템을 개발하였다. 그런데 새로 개발한 인공지능 시스템은 이력서에 '여학교' 등의 여성과 관련된 단어가 있으면 지원자에 대해서 부정적으로 평가했다. 그 이유는 기존 지원자들 중에서 IT 직종에 여성 지원자가 소수였고, 이로 인해서 여성이라는 요소를 감점 요인으로 학습했기 때문이다. 결국 아마존은 해당 인공지능 시스템을 폐기했다.

■ 영국 경찰의 인공지능 범죄 예측 프로그램 : HART(Harm Assessment Risk Tool)

영국 더럼시 경찰은 용의자의 구금을 결정할 때 캠브리지 대학에서 개발한 HART(Harm Assessment Risk Tool)를 사용했다. HART는 용의자의 재범률을 높음, 보통, 낮음 이렇게 세 단계로 구분해서 구금 여부를 판단하고, 범죄가 발생할 시기와 장소를 예측했다. 그러나 소수 민족 용의자가 백인 용의자보다 두 배 이상 재범률이 높다고 판단할 뿐만 아니라 가난한 사람들이 범죄를 저지를 확률이 더 높다고 판단하는 편향을 보였고 이로 인해 범죄 여부와 무관하게 가난한 소수 민족에 대해 불리한 예측을 내놓는다는 비판을 받았다.

■ 자동차 충돌 실험

2019년 미국 버지니아 대학교 연구팀은 1998년부터 2015년 사이에 발생한 자동차 정면 충돌 사고 2만여건을 분석한 결과, 여성이 중상을 당한 확률이 남성보다 73%나 높은 사실을 발견했다. 그 이유는 자동차를 개발할 때 남녀의 신체 차이를 고려하지 않았기 때문이다. 특히 자동차 개발 과정에서 실시한 자동차 충돌 실험에서 성인 남성 평균 체형을 기준으로 만든 '더미'만 사용했고, 그로 인해서 남성 탑승자에 대한 사고 충격 데이터만 수집할 수 있었다. 그렇게 수집된 데이터를 자동차 안전 장치 개발에 반영했기 때문에 자동차 사고 시 여성 탑승자가 더 많이 다칠 수 밖에 없었다.

함께 보면 좋은 자료

데이터 분석으로 생명을 구한 나이팅게일	https://tv.naver.com/v/9758612
AI 면접관은 공정한가?	https://youtu.be/6xT2Rzgrt_0
흑인에게 가혹한 인공지능	https://youtu.be/8Qpfq8PHfLA

④ ▸▸ ● ◾ 데이터 분석과 파이썬

인공지능은 수집된 데이터를 학습하여 그것을 기반으로 결과를 도출한다. 정확도 높은 결과를 산출하기 위해서는 데이터 분석을 통해 잘 정제된 데이터를 인공지능 모델에 제공해야 한다. 데이터 분석은 데이터들 간의 패턴과 관계를 파악하여 데이터들을 이해하는 과정이며, 통계값 산출, 값의 변환, 값 추가, 값 삭제, 그래프를 그리는 시각화 작업을 통해 이루어진다.

데이터 분석과 인공지능을 위해 사용하는 프로그래밍 언어로는 자바, C, C++, 파이썬, 자바 스크립트, R 등이 많이 사용되고 있다. TIOBE(https://www.tiobe.com)와 PYPL (https://pypl.github.io)이 2022년 2월 발표한 프로그래밍 언어 순위에서 1위를 차지한 파이썬은 풍부한 라이브러리, 단순한 프로그래밍 규칙으로 인한 높은 생산성, 메모리 관리를 자동으로 하는 것이 장점이며 최근 들어 더욱 향상된 실행 속도 등으로 많은 인기를 끌고 있다.

파이썬은 인공지능 분야에 적용될 수 있는 많은 라이브러리와 프레임워크를 지원한다. 데이터 분석에 보편적으로 사용되는 넘파이(numpy)와 판다스(pandas), 시각화에 사용하는 맷플롯립(matplotlib)과 시본(seaborn), 머신러닝을 위한 사이킷-런(Scikit-learn), 자연어 처리에 사용되는 NLTK와 스페이시(Spacy)와 같은 라이브러리들을 사용할 수 있다. 또한, 딥러닝을 위한 프레임워크인 텐서플로(tensorflow)와 파이토치(pytorch) 등이 제공되고 있고, 프레임워크를 사용한 딥러닝 최신 알고리즘 논문들의 소프트웨어가 깃헙을 통해 공개되어 있다. 이와 같은 환경이 구축되어 있어 파이썬이 인공지능과 데이터 분석 분야에 있어 가장 인기 있는 언어로 사용되고 있는 것이다.

1. 인공지능 기술분야에 대해 바르게 설명한 것은?

　① 컴퓨터 비전은 사람의 언어를 컴퓨터가 이해하도록 만드는 기술이다.

　② 자연어 처리는 주어진 전제조건이나 정보를 바탕으로 새로운 결론을 도출하거나 처리하는 기술이다.

　③ 머신러닝은 제공된 데이터에서 규칙과 패턴을 찾아 학습해서 결과를 예측하고 판단하는 모델을 만든다.

　④ 로봇 공학은 사진이나 동영상에서 필요한 정보를 찾기 위해 컴퓨터가 시각 기능을 갖도록 하는 기술이다.

2. 인공지능의 역사에 대한 설명으로 바르지 못한 것은?

　① 인공지능이라는 단어는 1956년 다트머스 대학교에서 열린 학회에서 처음 사용되었다.

　② 퍼셉트론이라는 개념은 2000년대 딥러닝이 발전하면서 등장하였다.

　③ 전문가 시스템은 1980년대 일반인들이 전문 지식을 활용할 수 있도록 구축한 시스템이다.

　④ 2000년대 들어서면서 인터넷과 컴퓨터 성능의 향상으로 인공지능에 대한 연구가 가속화 되었다.

3. 우리나라에서 2020년 국가 인공지능 윤리 기준에서 정한 인공지능이 지향하는 최고의 가치는 무엇인가?

4. 3V라고 불리는 빅데이터의 세 가지 특징은 무엇인가?

## CHAPTER 2

데이터 분석을 위한 SW 설치 및 준비

CONTENTS

① ▸▸• 개발 도구 설치

파이썬만 설치해도 데이터 분석을 시작할 수 있지만, 파이썬에서 제공하는 기본 에디터를 사용하는 것보다 주피터 노트북을 설치해서 사용하면 편리하다. 주피터 노트북은 웹브라우저에서 실행되며, 파이썬 코드의 결과를 해당 코드 바로 밑에 보여주는 개발 도구로 데이터 분석과 머신러닝 모델 작업에 강력한 편의성을 제공한다. 주피터 노트북을 사용하기 위해서는 파이썬과 주피터 노트북만 설치하거나, 아나콘다를 설치해서 사용한다. 그리고 별도의 설치 없이 구글 로그인만 해서 코랩을 사용하는 방법이 있다. 이 방법들 중에서 자신이 사용할 컴퓨터 사양에 따라 선택하여 사용하면 된다.

아나콘다를 설치하면 데이터 분석과 관련된 다양한 기본 라이브러리와 주피터 노트북이 자동으로 설치된다. 그래서 아나콘다를 설치해서 사용하는 경우 컴퓨터의 리소스가 많이 필요하다.

사용하는 컴퓨터의 사양이 충분하지 않을 때는 파이썬과 주피터 노트북 설치를 권장하고, 사양이 좋은 경우에는 아나콘다를 설치해서 사용하면 된다. 마지막으로 설치가 어렵다면 코랩을 사용하는 것을 추천한다.

1.1   파이썬과 주피터 노트북 설치

(1) 파이썬 기본 패키지 설치

- https://www.python.org에 접속한 후 메뉴 항목에서 [Downloads]를 클릭한다.
- 윈도우를 운영체제로 사용 중이라면 화면에 보이는 파이썬 설치파일을 클릭해서 다운로드한다.

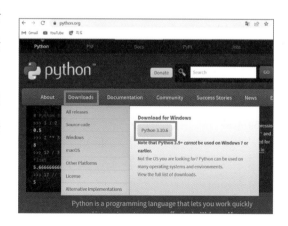

- 윈도우가 아닌 다른 운영체제를 사용
  중이라면 [Downloads] → [All releases]
  를 클릭해서 사용 중인 운영체제에 맞
  는 설치 파일을 다운로드한다.
- 다운로드한 설치 파일을 실행한 뒤에
  반드시 'Add Python 3.10 to PATH'를
  체크하고 [Install Now]를 클릭해서
  설치를 진행한다.

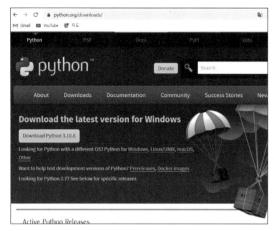

(2) 주피터 노트북 설치

- 명령 프롬프트 창을 연 뒤에 'pip install
  jupyter' 라고 입력하고 [Enter]키를 누른다.
  이때 컴퓨터는 인터넷에 연결되어 있어야 주
  피터 노트북을 설치할 수 있다.

(3) 주피터 노트북 실행

파이썬 기본 패키지를 설치한 뒤에 주피터 노트북까지 설치했다면 주피터 노트북을 실
행해서 파이썬 프로그램을 작성하고 작성한 프로그램이 정상적으로 작동하는지 확인한다.

- 명령 프롬프트 창을 연 뒤에 jupyter notebook
  라고 입력하고 [Enter]키를 누른다.

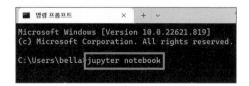

- 주피터 노트북을 실행할 브라우저를 선택하라는 창이 나타난다. 여기서는 크롬 브라우저 선택을 권장한다.

웹 브라우저가 실행되면서 주피터 노트북 화면이 나타난다. 이 화면이 나타나면 잘 설치된 것이다. 주피터 노트북 사용법은 뒤에서 살펴보자.

1.2 아나콘다 설치와 사용

(1) 아나콘다(Anaconda)

아나콘다(Anaconda)는 데이터를 분석하고 머신러닝 프로그래밍을 할 수 있도록 파이썬과 R의 여러 가지 오픈소스 패키지의 모음을 제공하는 배포판 프로그램으로 윈도우, 매킨토시, 리눅스 환경의 컴퓨터에 설치할 수 있다. 아나콘다를 설치하면 파이썬 기본 라이브러리, 주피터 노트북과 더불어 데이터 분석과 관련된 다양한 추가 라이브러리가 사용자의 컴퓨터에 기본적으로 설치되기 때문에 프로그램 사이즈가 크다. 따라서 컴퓨터 사양이 여유가 있다면, 주피터 노트북만 설치하는 것보다 아나콘다를 설치해서 사용하는 것을 추천한다.

(2) https://www.anaconda.com에 접속해서 설치 파일 다운로드

❶ 컴퓨터 사양이 높은 경우 [Download] 버튼을 클릭해서 설치 파일을 다운 받는다.

❷ 만일 사양이 조금 낮거나 매킨토시, 리눅스를 사용하고 있다면 [Get Additional Installers]를 클릭해서 사용 중인 컴퓨터에 맞는 설치 파일을 다운로드 받는다.

(3) 아나콘다 설치

• 다운받은 설치 파일을 더블 클릭해서 실행한 뒤에 [Next]를 클릭한다.

• [I Agree]를 클릭한다.

- [Just Me (recommended)]를 클릭한다.

- 설치 경로는 간단하게 지정하는데, 빈 칸이나 한글을 경로명에 사용한 경우 정상적으로 설치되지 않거나 주피터 노트북 실행에 어려움이 발생할 수 있으므로 주의해서 지정한다.

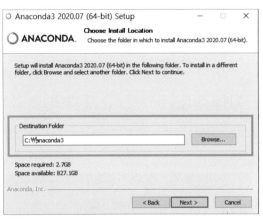

- 두 가지 옵션을 모두 체크하고 [Install]을 클릭한다.

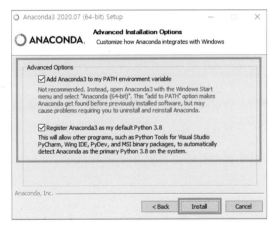

(4) 아나콘다의 주피터 노트북 실행

- 윈도우 [시작]메뉴 → [Anaconda3] → [Jupyter Note-book]을 클릭한다.

※ 혹은 윈도우 시작 메뉴에서 [검색] 항목에 jupyter
를 입력해서 나타나는 Jupyter Notebook 앱을 클
릭한다.

• 주피터 노트북을 실행했을 때 나타나는 검정색의 명령 프롬프트 창을 그대로 둔 채 사
용해야 한다. (이 창을 닫으면 주피터 노트북이 실행되지 않으니 주의해야 한다.)

※ 만일 주피터 노트북을 실행했을 때 웹 브라우저가 자동으로 열리지 않으면, 명령 프
롬프트 창에서 'localhost'로 시작하거나, '127.0.0.1'로 시작하는 주소 중 하나를 드
래그해서 복사(Ctrl+C) 한다.

복사한 주소를 웹 브라우저 주소창에 붙여넣기(Ctrl+V) 해서 접속한다.

② ▸▸ ● 주피터 노트북 사용법

(1) 주피터 노트북에서 파이썬 프로그램 만들기

- [New] → [Python3] 클릭

(2) 셀에 입력한 파이썬 코드 실행

파이썬 코드를 셀에 입력한 후 메뉴
바 하단의 ▶ Run 아이콘 혹은 [Ctrl] +
[Enter] 혹은 [Shift] + [Enter]를 누른다.

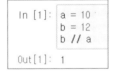

(3) 셀 편집

[Edit] 메뉴를 사용하거나 메뉴 바 하
단에 위치한 잘라내기/복사/붙여넣기
아이콘을 사용하여 셀을 잘라내기/복
사/붙여넣기 할 수 있다.

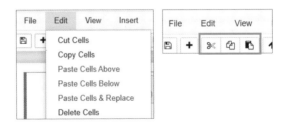

(4) 셀 추가

[Insert] 메뉴를 사용하거나 메뉴 바
하단에 위치한 추가 아이콘을 사용하여
원하는 위치에 셀을 추가할 수 있다.

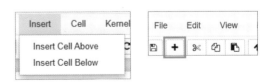

(5) 셀 이동

이동할 셀을 선택한 상태에서 메뉴 바
하단의 화살표 아이콘을 눌러 원하는 위
치로 셀을 이동할 수 있다.

(6) 텍스트 입력

셀을 선택한 상태에서 메뉴 바의 오른쪽 아래에 셀의 종류를 지정하는 것을 'Code' →
'Markdown'으로 바꾸면 선택한 셀에는 프로그램 실행과 상관 없는 텍스트를 입력할 수 있
다. 이 기능은 프로그램에 대한 추가 설명이나 참고 사항을 입력할 때 사용하면 유용하다.

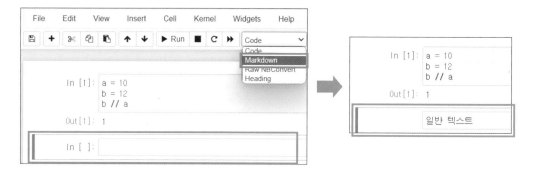

(7) 파일명 지정

화면 상단에 나타난 기본 파일명의 'Untitled'를 클릭한 후 원하는 이름으로 파일명을 바
꾸거나 [File] 메뉴 → [Save as] 항목을 이용해서 바꾼다.

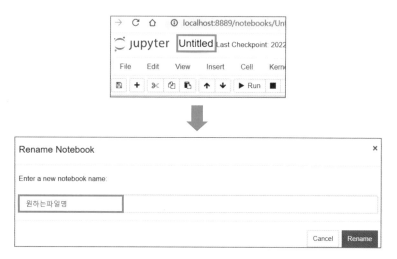

주피터 노트북에서 파이썬 파일을 만들 경우, 해당 파일은 'C:₩Users₩컴퓨터이름' 폴
더 안에 저장된다. 만일 다른 위치에 저장하고 싶다면 주피터 노트북의 첫 화면에서 폴더
를 만들어 사용해야 한다.

(8) 단축키 사용

[Help]에서 [Keyboard Shortcuts]를 클릭하면 주피터 노트북 에서 사용할 수 있는 단축키 목록을 확인할 수 있다.

대표적인 단축키는 다음과 같다. (대소문자 구분하지 않음)

상태	단축키	기능
명령 모드 (셀이 선택된 상태)	Enter	텍스트를 입력할 수 있는 입력 모드 상태로 전환
	A	선택한 셀의 위쪽에 새로운 셀 삽입
	B	선택한 셀의 아래쪽에 새로운 셀 삽입
	C	선택한 셀을 복사
	V	선택한 셀의 아래쪽에 붙여넣기
	D, D	선택한 셀 삭제
입력 모드 (텍스트를 입력할 수 있는 상태)	Shift-Enter	셀을 실행한 후 아래쪽 셀로 선택 이동
	Ctrl-Enter	셀을 실행
	Esc	입력 모드를 해제하고 명령 모드 상태로 전환
	Ctrl-/	선택된 텍스트의 코멘트 구문 전환 및 해지
	Shift-Tab	커서가 위치한 구문에 해당하는 도움말
	Ctrl-]	선택된 텍스트 들여쓰기
	Ctrl-[	선택된 텍스트 내어쓰기

③ 코랩(Colab) 사용법

사용자 컴퓨터에 설치를 원하지 않는 경우 코랩을 사용하면 된다.

3.1 코랩(Colab)의 특징

코랩(Colab)이란 Colaboratory를 줄인 말로 구글 리서치팀에서 제공하는 서비스이다. 코랩은 별도의 설치 과정 없이 브라우저를 통해 코랩 사이트에 접속하여 누구나 무료로 파이썬 코드를 작성하고 실행할 수 있는데, 한번 접속하면 최대 12시간까지 가상 머신에 연결해서 실행할 수 있다. 코랩은 머신러닝, 데이터 분석을 위해 필요한 파이썬 라이브러리와 빠른 연산 처리 능력을 가진 GPU를 기본으로 제공한다. 코랩으로 작성한 프로그램은 기본적으로 구글 드라이브에 저장되고, 실행되는 것 또한 구글 클라우드의 가상 서버에서 실행되기 때문에 사용자의 컴퓨터 사양과 상관 없이 구글의 하드웨어 자원을 활용하게 된다. 작업자가 코랩 실행을 위해 필요한 것은 크롬 브라우저를 실행할 수 있는 컴퓨터와 구글 계정이다. 따라서 구글 계정이 없다면 구글 계정을 생성한 후에 코랩에 접속해야 한다.

3.2 코랩(Colab) 시작

(1) 코랩(Colab)에 접속하기

Chrome 브라우저를 사용해서 검색창에 '코랩'을 입력하여 검색해서 접속하거나, 주소창에 https://colab.research.google.com을 입력해서 접속한다. 그러면 아래와 같은 코랩의 첫 페이지 화면이 나타난다.

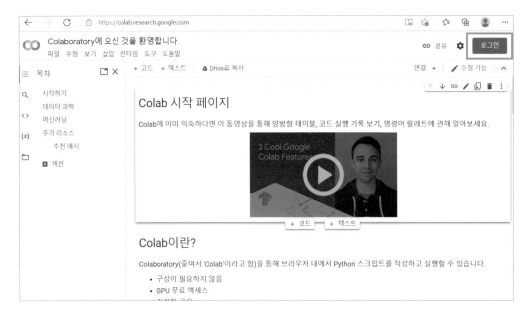

위의 그림과 같이 나타난 첫 페이지에서 [로그인] 버튼을 클릭한 후 구글 계정을 이용하여 로그인한다.

아래와 같은 화면이 나타날 때 [새 노트]를 클릭하면 새로운 노트 파일을 생성할 수 있는 코랩 메모장이 실행된다. 코랩에서는 프로그램을 작성한 파일을 '노트'라는 이름으로 부른다.

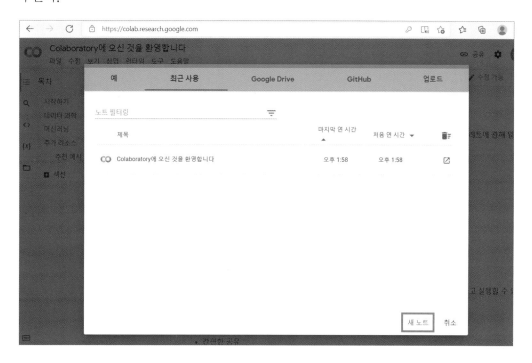

새 노트를 만들기 위해서는 오른쪽과 같이 코랩의 [파일] 메뉴에서 [새 노트]를 클릭해서 새 노트 파일을 생성할 수 있다. 참고로, 기존에 작성해 놓은 노트 파일을 열기 위해서는 [파일] 메뉴 → [노트 열기]를 클릭하고, 사용자 컴퓨터에 저장해 놓은 노트 파일을 코랩으로 업로드 하기 위해서는 [파일] 메뉴 → [노트 업로드]를 클릭한다.

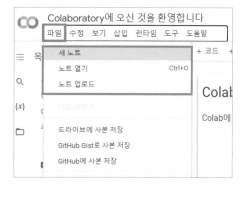

작성한 노트 파일은 구글 드라이브의 [내 드라이브] → [Colab Notebooks] 폴더 안에 저장된다. 노트 파일은 '파일명.ipynb' 형태로 저장된다. 이 파일 형태는 주피터 노트북과 같은 형식이므로 코랩으로 작성한 파일을 주피터 노트북으로 불러와서 작업할 수 있고, 주피터 노트북으로 작성한 파일을 코랩으로 불러와서 작업할 수도 있다.

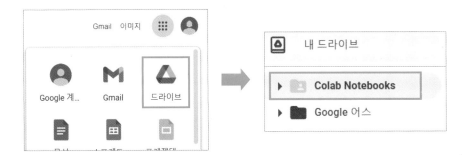

　　코랩으로 작성한 노트 파일은 [파일] → [다운로드] 메뉴를 이용하여 작업자의 컴퓨터로
저장할 수 있다.

(2) 코랩 화면 구성

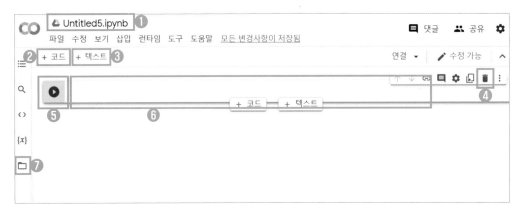

❶ 파일명을 표시하는 부분으로 원하는 파일명으로 변경해서 저장할 수 있다. [파일] 메뉴에서도 이름을 바꾸거나
　　사본을 저장할 수 있다.

❷ 커서가 위치한 셀 아래에 프로그램 코드를 입력할 수 있는 셀을 추가한다.

❸ 커서가 위치한 셀 아래에 텍스트를 입력할 수 있는 셀을 추가한다.

❹ 선택한 셀을 삭제한다.

❺ 선택한 코드 입력 셀에 작성된 프로그램 코드를 실행한다.

❻ 프로그램 코드를 입력할 수 있는 코드 입력 셀로서 실행 결과는 코드 입력 셀 아래에 표시된다. 코드 입력 셀 아
　　래에 있는 '+ 코드' 아이콘과 '+ 텍스트' 아이콘을 클릭하면 각각 코드 입력 셀과 텍스트 입력 셀을 현재 셀 아래
　　에 추가한다.

❼ 실행 중인 가상 서버의 폴더 내용을 보여준다. 프로그램 실행에 필요한 데이터 파일이 있다면 가상 서버 폴더에
　　저장해야 한다.

3.3 코랩으로 파이썬 프로그램 작성하기

(1) 파이썬 코드의 작성 및 실행

코드 입력 셀에 다음과 같이 입력한 다음 [셀 실행] 버튼을 클릭하거나 [Shift]+[Enter]키를 눌러 실행한다.

```
a = 10
b = 20
print(a+b)
```

(2) 실행 결과

```
30
```

코랩에 접속해서 프로그램을 작성한 후 처음 실행시킬 때는 가상머신을 초기화하기 때문에 시간이 조금 소요되지만, 두 번째 실행부터는 빠른 속도로 실행된다.

(3) 파일 저장

작성한 프로그램을 저장한 다음 [파일] 메뉴 → [드라이브에서 찾기]를 선택하면 해당 파일이 내 구글 드라이브(https://drive.google.com/)의 [Colab Notebooks] 폴더에 저장된 것을 확인할 수 있다.

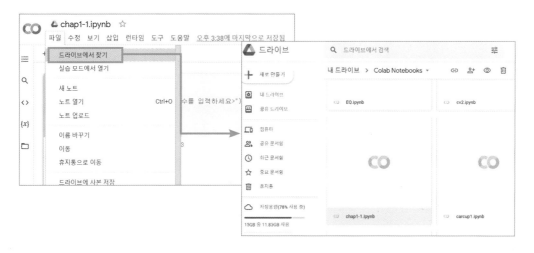

1. 다음 중 주피터 노트북에 대한 설명 중 잘못된 것은?

   ① 웹 브라우저 상에서 파이썬 코드를 작성하고 실행하는 도구이다.
   ② 파이썬 기본 패키지를 설치할 필요 없이 주피터 노트북만 설치해도 파이썬 프로그램 작성이 가능하다.
   ③ 작성한 파이썬 코드 바로 밑에 실행 결과가 나타난다.
   ④ 주피터 노트북으로 작성한 노트 안에는 파이썬 코드뿐만 아니라 일반 텍스트도 입력해서 저장할 수 있다.

2. 다음 중 아나콘다에 대한 설명으로 바르게 서술한 것은?

   ① 운영체제가 윈도우인 컴퓨터에만 설치할 수 있다.
   ② 아나콘다를 설치하려면 www.python.org에 접속한다.
   ③ 파이썬 기본 패키지와 주피터 노트북, 그리고 기본적인 데이터 분석과 관련된 라이브러리들이 포함된 배포판 프로그램이다.
   ④ 컴퓨터 사양이 부족한 경우에는 아나콘다를 설치하는 것이 유리하다.

3. 다음 중 코랩에 대한 설명으로 바르게 서술한 것은?

   ① 코랩은 마이크로소프트가 운영하는 서비스이다.
   ② 코랩에서 파이썬 프로그램을 작성해서 실행하려면 작업하는 컴퓨터에 파이썬을 설치해야 한다.
   ③ 코랩으로 파이썬 프로그램을 작성해서 실행할 때 해당 프로그램 실행에 필요한 데이터 파일이 있다면 사용자가 작업하는 컴퓨터의 [문서]폴더에 저장해야 한다.
   ④ 사용자의 컴퓨터 사양과 상관 없이 웹브라우저만 있다면 코랩에 접속해서 파이썬 코드를 실행하여 데이터 분석작업을 할 수 있다.

4. 주피터 노트북과 코랩을 비교 설명한 것 중에서 바르지 못한 것은?

   ① 코랩과 아나콘다를 사용하면 파이썬을 활용한 데이터 분석 작업이 가능하다.
   ② 코랩으로 작성한 노트 파일과 아나콘다로 작성한 노트 파일을 서로 불러와서 실행할 수 있다.
   ③ 아나콘다로 작성한 노트 파일은 작업자 컴퓨터에 저장할 수 있지만, 코랩으로 작성한 노트 파일은 작업자 컴퓨터에 저장할 수 없다.
   ④ 코랩은 구글의 가상 서버에서 실행하고 아나콘다는 작업자의 컴퓨터에서 작업하고 실행한다.

파이썬 기초 문법

C O N T E N T S

① ▸▸ ● 변수와 자료형

 교재 소스 파일 : 3장 / 파이썬 기초 문법.ipynb

1.1 파이썬 변수의 특징

파이썬은 변수의 자료형을 미리 선언하지 않고, 변수에 할당한 값에 따라 자료형(type)이 자동으로 결정된다. 변수명으로는 알파벳, 밑줄, 숫자와 한글로 된 변수명을 사용할 수도 있다. 변수명의 첫 글자는 숫자가 올 수 없으며, 알파벳, 한글, 밑줄로 시작해야 한다.

1.2 데이터 타입(자료형)

파이썬에 있는 정수, 실수, 문자열, 부울 데이터 타입에 대해서 알아보자.

자료형	예시
정수(integer)	1, 2, 3, 0, -1, -2, -3
실수(float)	3.1, 5.0, -1.0, 15.74
문자열(string)	'안녕', "안녕", 'hello', "3"
부울(Boolean)	True(1), False(0)

(1) 정수(integer)형

❶ a라는 변수에 3을 대입하고, b라는 변수에 5를 대입하였으므로 변수 a에는 3, 변수 b에는 5가 저장된다.

❷ 변수 a와 b의 합을 출력한 결과 8이 출력되고, 변수 a의 타입을 출력한 결과는 정수(int)이다. type(변수명)을 쓰면 해당 변수의 데이터 타입을 알려준다.

(2) 실수형

```
❶  a=3.0
   b=5.0
❷  print(a+b)
   print(type(a))
```

실행 결과
```
8.0
<class 'float'>
```

❶ 파이썬에서는 실수값을 저장하거나 계산에 의해 실수가 나오는 경우 자동으로 변수의 타입이 실수로 설정된다. 변수 a에 3.0, 변수 b에 5.0을 저장하였으므로 두 변수는 실수 타입이 된다.

❷ 실수인 두 변수의 합도 실수인 8.0로 출력되고, type( )에 의해서 변수 a의 타입이 실수(float)임을 확인해 볼 수 있다.

(3) 문자열형

```
❶  a='3'
   b='5'
❷  print(a+b)
   print(type(a))
```

실행 결과
```
35
<class 'str'>
```

❶ 문자열은 큰 따옴표(")혹은 작은 따옴표(')를 문자열 앞뒤에 사용하여 만들 수 있으며, 큰 따옴표와 작은 따옴표 중 어떤 것을 사용해도 상관없다.

❷ 문자열을 +로 더한 경우 덧셈이 아니라 두 개의 무자열을 붙여 주는 역할을 한다. '3'이라는 글자와 '5'라는 글자를 붙여서 '35'가 출력된다. 변수 a의 타입을 type( )을 이용해서 출력해 보면 문자열(str)임을 알 수 있다.

(4) 부울형

부울 혹은 불리언(Boolean) 타입은 논리 자료형이라고도 하며, 참(True)과 거짓(False)을 표현하기 위한 자료형이다.

1.3   강제 형 변환

파이썬에서는 변수의 데이터 타입이 자동으로 결정되지만 강제로 데이터 타입을 변환해야 할 경우도 있다. **타입변환함수명(변수)**과 같이 작성하면 변수의 데이터 타입이 변경된다.

```
❶  a='3'
    b=int(a)
❷  print(type(a), a)
    print(type(b), b)
```

실행 결과

```
<class 'str'> 3
<class 'int'> 3
```

❶ 변수 a에는 '3'을 대입했기 때문에 변수 a는 문자열(str) 타입이다. 변수 b에 변수 a를 int( ) 함수로 형 변환한 값을 대입했기 때문에 변수 b는 정수(int)가 된다.

❷ 변수 a와 변수 b의 값을 출력하면 똑같이 3으로 출력되어 정수인지 문자열인지 정확히 알 수 없기 때문에 두 변수의 type을 같이 출력해서 확인한다.

이 외에도 실수와 문자열에 대한 형 변환은 아래 표와 같이 실행한다.

함수	변환	예시	결과
int(x)	정수로	int('11')	11
		int(5.2)	5
float(x)	실수로	float('5')	5.0
		float(5)	5.0
str(x)	문자열로	str(5)	'5'
		str(3.5)	'3.5'

 주석(comment) 처리

프로그램 작성 시 코드 실행과 상관없는 설명을 넣고자 할 때 주석으로 처리할 수 있다. 한 줄만 주석 처리를 할 때는 해당 문장의 앞에 #을 붙이고, 여러 줄을 주석으로 하고자 할 때는 큰 따옴표 세 개(""")혹은 작은 따옴표 세 개(''')를 주석으로 처리하고자 하는 문장의 맨 앞과 맨 뒤에 붙여 준다.

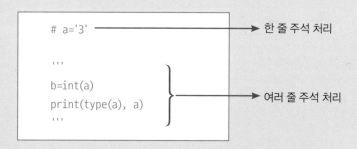

② ▸▸• 입력과 출력

2.1 입력

input() 함수를 사용하여 사용자로부터 데이터를 입력 받을 수 있다.

🔍 **사용법**

```
input([입력문자열])
```

실행화면에 [입력문자열]을 보여 주고 사용자로부터 입력받은 값을 가져오는 함수이다.

◢ **예제 1** 나이를 입력 받아서 출력하기

❶ a=input("당신의 나이는? ")

❷ print(a,"살 이군요.")
   print(type(a))

실행 결과

```
당신의  나이는? 20
20 살  이군요.
<class 'str'>
```

❶ 코드를 실행시키면 사용자 입력을 받을 수 있는 입력 창이 나타난다. 이 입력 창에 숫자 20을 입력하면 변수 a
에 입력한 값 '20'이 서상된다.

당신의 나이는? 20

❷ 입력창에는 숫자 20을 넣었지만, 입력받은 값을 저장한 변수 a의 타입을 출력하면 문자열(str)이라고 출력된
다. input() 함수를 사용해서 입력받은 값은 항상 문자열이라는 점에 유의해야 한다.

◢ **예제 2** 나이를 입력받고 내년의 나이를 계산하여 출력하기

❶ a=input("당신의 나이는?")

   print(a,"살 이군요.")
   print("내년엔",a+1,"살이 되네요")
   print(type(a))

실행 결과

```
TypeError: can only concatenate
str (not "int") to str
```

```
❷  a=int( input("당신의 나이는?") )

   print(a,"살 이군요.")
   print("내년엔",a+1,"살이 되네요")
   print(type(a))
```

실행 결과

```
당신의 나이는?20
20 살 이군요.
내년엔 21 살이 되네요
<class 'int'>
```

❶ input( ) 함수에서 입력받은 20은 숫자 20이 아닌 문자열 '20' 이기 때문에 a+1은 변수 a에 담긴 문자열과
　정수 1의 덧셈을 의미하게 된다. 문자열과 정수는 덧셈 연산을 할 수 없기 때문에 'TypeError'라는 오류가 발
　생한다. 위의 오류 메시지는 문자열과 정수를 연결하여 붙일 수 없다는 의미이다.

❷ ❶번 코드와 달리 input( ) 함수로 입력받은 값을 int( )를 이용하여 정수로 변환하여 변수a에 저장했다. 즉,
　input( ) 함수로 입력받은 값은 문자열이므로 산술연산을 하려면 반드시 숫자 타입으로 변환해야 한다. 정수
　로 변환하려면 int( ), 실수로 변환하려면 float( ) 함수를 사용하면 된다.

2.2 출력

위의 예시에서 보았듯이 print(a,"살 이군요.") 처럼 print( )할 때 변수와 출력 문자열
사이에는 콤마(,)를 이용해 구분해야 한다. 하지만 콤마(,)만으로는 원하는 대로 출력하기
가 어렵다. 출력 서식을 지정하는 다른 두 가지 방법을 알아보자.

(1) 출력 서식 - 서식 문자열

출력 서식을 지정하는 대표적 방법으로 서식 문자열을 사용하는 방법이 있다. 프린트 문
의 따옴표 안에 출력하고 싶은 문장을 적고, 그 따옴표 안의 문장에서 변수값이 출력되어
야 하는 위치에 서식 문자열을 적어준다. 이때 변수 타입에 맞춰 %s, %d, %f 중 골라서 적
는다. 아래 예시는 변수 a의 값이 %s가 적혀 있는 위치에 출력되도록 지정하는 것이다.

만일 두 개 이상의 변수를 출력할 경우에는 %(a,b)와 같이 변수들을 괄호로 묶어야 하
며, 따옴표 문장 안에 있는 서식 문자열의 순서대로 출력할 변수가 적용된다.

%10s 라고 적으면 문자열을 출력하되 총 10자리의 공간(총 자릿수)을 확보하여 출력을 조금 더 보기 좋게 할 수 있다. 정수와 실수도 문자열과 사용법은 동일하다. 아래의 예시를 살펴보면 총 자릿수를 지정하는 이유를 알 수 있다.

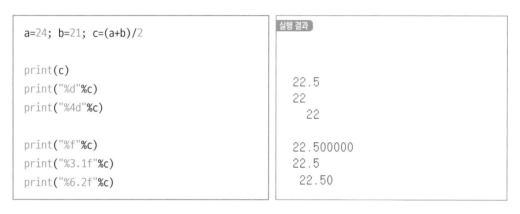

- **%4d** : 정수 4자리로 표현
- **%6.2f** : 실수 6자리 중 소수 이하는 2자리, 소수점도 한 자리를 차지하므로 (3자리.2자리)가 표현됨

예	기능
%s	문자열 출력
%10s	10자리 문자열. 오른쪽 정렬, 나머지 빈 칸
%-10s	10자리 문자열. 왼쪽 정렬
%5.3f	총 5자리 실수. 소수 이하는 3자리, 소수점도 1개의 자리 차지함
%10d	10자리 정수
%010d	10자리 정수. 남은 자리는 0으로 채움
%-10d	10자리 정수. 왼쪽 정렬. 나머지 빈 칸

(2) 출력 서식 - format

　출력 서식을 지정하는 또 다른 방법으로는 format()을 사용하는 방법이 있다. 출력할 위치에는 중괄호 {}만 표시하고 format() 안에 인수로 출력할 값을 순서대로 전달하면 된다. 아래의 예시를 살펴보자.

```
print("오늘은 {}월 {}일 입니다.".format(6,26))
```

실행 결과
오늘은 6월 26일 입니다.

　예시에서 보듯이 format( ) 안에 전달하는 인수 값이 앞의 문자열 안에 있는 중괄호{ } 위치에 순서대로 들어가게 된다.

```
print("오늘은 {:d}월 {:5.2f}일 입니다.".format(6,26))
```

실행 결과
오늘은 6월 26.00일 입니다.

　출력할 값에 대한 데이터의 타입을 정해 주고 싶은 경우 :d, :s, :f와 같이 출력할 값의 자료형을 지정한다. 그 외의 출력할 값의 자릿수를 정하는 사용법은 서식 문자열과 동일하다.

　리스트의 경우에는 아래의 두 가지 방법을 사용해서 출력할 수 있다.

```
a=['파이썬','머신러닝','딥러닝']
print('{} {} {}'.format(a[0],a[1],a[2]))
print('{0} {1} {2}'.format(*a))
```

실행 결과
파이썬 머신러닝 딥러닝
파이썬 머신러닝 딥러닝

③ ▸▸• 연산자, 문자열 슬라이싱

3.1 연산자

파이썬에서 주로 사용되는 산술 연산자, 비교 연산자, 논리 연산자에 대해 알아보자. 자세한 사용법은 별도의 설명 없이 연산자만 확인하기로 한다.

(1) 산술 연산자

연산자	의미
+ , -, *, /	더하기, 빼기, 곱하기, 나누기
//	나눈 몫
%	나눈 나머지
**	거듭제곱
문자열+문자열	두 문자열을 붙임
문자열*숫자	숫자만큼 문자열을 반복

(2) 비교 연산자

연산자	의미
==	같다
!=	같지 않다
>	크다
>=	크거나 같다
<	작다
<=	작거나 같다

(3) 논리 연산자

연산자	의미
조건1 and 조건2	조건1과 조건2가 모두 참이어야 참(True) 그렇지 않으면 거짓(False)
조건1 or 조건2	조건1과 조건2 중 하나만 참이면 참(True) 모두 거짓일 때만 거짓(False)
not x	x가 아니다.(즉, x가 참이면 거짓, x가 거짓이면 참)

3.2 문자열 자르기(Slice)

문자열을 원하는 길이만큼 잘라서 사용할 수 있는데 이를 문자열 슬라이싱이라고 한다.

(1) 문자열 인덱스

파이썬에서는 문자열의 글자 순서대로 인덱스 번호를 가지고 있다. 첫 번째 글자는 인덱스 0번, 두 번째 글자는 인덱스 1번과 같이 각각의 글자를 인덱스 번호를 이용해서 가져올 수 있다. 이때 왼쪽부터 시작하여 인덱스 번호를 매길 수도 있고, 맨 뒤인 오른쪽 끝부터 시작하여 번호를 매길 수도 있다.

■ 문자열 인덱스 예시 : 문자열이 'PYTHON' 인 경우

	P	Y	T	H	O	N
인덱스 번호 (앞에서 시작)	0	1	2	3	4	5
인덱스 번호 (뒤에서 시작)	-6	-5	-4	-3	-2	-1

위의 예시에서 보는 것처럼 문자열의 앞에서부터 인덱스 번호를 지정하는 경우에는 0번부터 시작해서 1씩 증가하고, 뒤에서부터 인덱스 번호를 지정하는 경우 −1부터 시작해서 1씩 감소한다.

(2) 문자열 슬라이싱

문자열 슬라이싱을 하는 방법은 아래와 같다.

📑 **사용법**

문자열 변수 이름[Start : Stop : Step]

- Start 인덱스부터 시작하여 Step 만큼씩 증가하여 Stop-1 위치까지 자른다.
- Start를 생략하면 문자열의 처음부터 가져오고, Stop을 생략하면 문자열의 끝까지 잘라온다. Step을 생략하면 1만큼씩 증가한다.

예제 | 문자열 'PYTHON'에 대한 슬라이싱

예시를 살펴보면 아래와 같다.

a = "PYTHON"	
a[2]	T
a[-4]	T
a[1:3]	YT
a[0:5:2]	PTO

④ ▸▸ 조건문

4.1 사용 형식

```
if 조건식1:
    실행문1
elif 조건식2:
    실행문2
elif 조건식3:
    실행문3

…
else:
    실행문n
```

- if문의 조건식1을 만족할 때 실행문1이 실행되고, elif문은 else if의 줄임으로 조건식1의 조건이 아니면서 조건식2의 조건을 만족할 때 실행문2가 실행되는 것이다.

- 실행문은 기본적으로 4칸 들여쓰기를 해야 한다. 파이썬은 들여쓰기가 문법으로 사용되기 때문에 이 문법을 지키지 않으면 엉뚱한 결과가 나오게 된다. 4칸 대신 들여쓰기 칸수를 설정에서 조정할 수 있으나 기본을 따르는 것을 추천한다.

4.2 예제 : 점수에 따른 결과 출력하기

```
    pt = int( input("점수를 입력하세요"))

❶  if pt >= 900 :
        print(pt, "점은 최상")
        print("축하합니다.")
❷  elif 600 <= pt < 900:
        print(pt, "점은 보통")
    else:
        print(pt,"점은 노력 요함")
```

실행 결과

점수를 입력하세요950
950 점은 최상
축하합니다.

❶ 포인트 점수(pt)가 900이상일 경우 실행되는 실행문이 한 줄이 아니라 여러 줄인 것을 알 수 있다. 같은 수준으로 들여쓰기가 되어 있는 부분을 같은 구역(block)이라고 생각하면 된다.

❷ 파이썬에서는 600 <= pt < 900과 같은 조건식이 가능하며 elif는 여러 개 사용할 수 있다.

⑤ ▶ ● 반복문

5.1 반복문 for

(1) 반복 범위가 숫자인 경우

```
for i in range(start, stop, step):
    print( i )
```

변수 i의 값이 start에서 시작하여 step 만큼씩 값이 증가되고, 그 값이 stop 미만인 동안 반복 후 종료된다. start 생략 시 0부터 시작하고, step 생략 시 1씩 증가한다. 반복해야 할 실행문들은 4칸 들여쓰기를 해야 한다. for문 예시는 아래와 같다.

	실행 결과

`#1에서 5미만까지 1씩 증가`
`for i in range(1, 5, 1):`
`    print( i )`
	1
	2
	3
	4

`#1에서 5미만까지 2씩 증가`
`for i in range(1, 5, 2):`
`    print( i )`
	1
	3

(2) 반복 범위가 문자인 경우

	실행 결과
`for x in '월화수':` `    print(x)`	월 화 수

반복 범위가 '월화수'처럼 문자열인 경우에는 문자열에 있는 글자를 한 개씩 순서대로 변수 x에 가져온다.

(3) 반복 범위가 리스트인 경우

```
for x in ['쉽고','재밌는','파이썬']:
    print(x)
```

실행 결과

쉽고
재밌는
파이썬

반복 범위가 ['쉽고','재밌는','파이썬']처럼 리스트인 경우에는 한 개의 항목씩 순서대로 가져와서 x 변수에 넣어 준다. 리스트인 경우에는 리스트에 있는 모든 항목을 순서대로 가져오기 때문에 리스트 요소의 총 개수가 몇 개인지 셀 필요가 없다는 장점이 있다.

5.2   반복문 while

```
while 조건식:
    실행문…
```

반복문 while은 '조건식'을 만족하는 동안 즉 조건식의 결과가 참(True)인 동안 while문 안의 모든 실행문을 반복한다.

예제   'x'가 입력될 때까지 반복 실행하는 while 문

```
❶    while True:
         a=input("종료하려면 x를 입력하세요 : ")
❷    if a=='x':
         print("종료합니다.")
         break
```

실행 결과

종료하려면 x를 입력하세요 : t
종료하려면 x를 입력하세요 : quit
종료하려면 x를 입력하세요 : x
종료합니다.

❶ while문에서 조건식 부분에 True를 쓰면 이 while문은 조건식 결과가 항상 참인 무한 반복문이 된다.
❷ 따라서 이 while문을 무한 반복하다가 input( )에 의해 입력된 값이 'x' 이면 반복을 종료한다. break 문은 break문에서 가장 가까운 반복문을 빠져나가도록 해 주는 명령문이다.

반복문의 종류는 for, while 두 가지가 있는데, 이 두 개의 반복문은 아무 것이나 사용해도 된다. 단지 반복하는 횟수가 정해져 있을 때는 for문을 사용하는 것이 간편하고, 반복 횟수가 정해져 있지 않고 특정 조건인 동안 계속 반복된다면 while 문을 사용한다.

5.3 반복문에서 사용하는 continue / break / else

반복문의 실행을 제어하는 명령들에 대해서 알아본다.

(1) continue

```
for i in range(5):
    if i%2 == 1:
        continue
    print(i)
```

실행 결과
```
0
2
4
```

반복문 안에서 continue를 만나면 continue 뒤에 있는 문장들은 실행하지 않고 반복문의 시작으로 돌아가서 다음 번 단계를 수행하게 된다. 따라서 위의 경우 변수 i가 짝수(i를 2로 나눈 나머지가 0)이면 if문의 조건에 부합하지 않으므로 if문 안의 continue는 실행하지 않고, 그 다음 실행문인 print(i)문을 수행하여 i 값을 출력한다. 만일 i가 홀수(i를 2로 나눈 나머지가 1)이면 if문 안의 continue를 만나게 되므로 그 뒤의 문장인 print(i)를 실행하지 않고 for문으로 돌아가서 다음 번 반복을 시작하게 된다. 다음 번 반복이란 i값을 1 증가하고 다시 if문 안으로 들어가게 되는 것을 말한다. 결국 이 프로그램을 실행하면 0이상 5미만의 수 중 짝수들만 출력하게 된다.

(2) break

```
for i in range(5):
    if i%2 == 1:
        break
    print(i)
```

실행 결과
```
0
```

반복문 안에서 break 문장을 만나면 break와 가장 가까운 반복문을 빠져 나가게 된다. 따라서 처음에 변수 i가 0일 때는 if문의 조건을 만족하지 않기 때문에 print(i)문을 만나 0을 출력하고, 다음 단계로 i가 1이 되면 if 조건을 만족시키므로 break문을 실행하게 된다. 이 break로 인해 for문 반복이 종료되기 때문에 위의 코드를 실행하면 0 만 한번 출력되고 종료하게 된다.

(3) else

```
for i in range(5):
    if i%2 == 1:
        continue
    print(i)
else:
    print("반복문 정상 종료")
```

실행 결과

```
0
2
4
반복문 정상 종료
```

```
for i in range(5):
    if i%2 == 1:
        break
    print(i)
else:
    print("반복문 정상 종료")
```

실행 결과

```
0
```

보통 else는 조건문(if)에서 많이 본 문법 구문일 것이다. 그러나 조건문(if)이 아닌 반복문(for, while)에서도 else 문을 사용할 수 있는데, 반복문에서 else는 반복문이 정상 종료되었을 때 실행된다. 특별한 문제 없이 반복문이 종료된 경우 else 문 아래에 있는 "반복문 정상 종료"가 출력된다. 만일 break 문을 만나거나 어떤 문제가 있어서 종료된 경우에는 else문 아래에 있는 명령문을 실행히지 않는다.

⑥ ▸▸ • 함수

6.1 함수의 정의

함수란 특정 기능을 수행하는 명령어들의 집합이다. 파이썬에서 제공하는 함수를 사용하기도 하고, 사용자가 직접 함수를 만들어 사용할 수도 있다.

파이썬에서 함수를 정의하는 문법은 다음과 같다.

```
def 함수명([매개변수1, 매개변수2, …]):
      실행문1
      실행문2
      …
      [return 결괏값1, 결괏값2, …]
```

함수명 뒤 괄호 안에 매개변수를 열거하고 마지막에는 반드시 콜론(:)을 적어야 한다.

반복문과 조건문을 사용할 때와 마찬가지로 함수에 속하는 실행문들은 4칸 들여쓰기로 적어야 하며, 함수의 실행문 마지막에는 return 명령을 사용해서 반환(리턴)할 값을 나열 한다. 반환되는 결괏값이 없다면 return 명령을 적지 않는다.

6.2 함수의 정의 및 실행

간단한 예시로 두 수를 매개변수로 받아 두 수의 합과 평균을 구해서 리턴하는 add( ) 함수를 정의하고 실행해 보자.

```
❶   def add(x,y):
        hap = x + y          ⎫
        avg = hap / 2        ⎬ 함수 정의
        return hap, avg      ⎭

❷   h,a = add(20,27)         ⎫
    print("합:",h, "평균:", a) ⎬ 메인 부분 : 함수 사용
```

❶ def 키워드 뒤에 함수명으로 add를 적고, 매개변수는 x, y 두 개를 갖도록 지정한다. 이 두 변수 x와 y의 합을 hap라는 변수에, 평균은 avg라는 변수에 넣은 다음 return 명령을 사용하여 두 개의 결괏값을 리턴하였다.

❷ 메인 부분의 add(20, 27) 명령을 통해서 20은 매개변수 x에, 27은 매개변수 y로 전달된다. 함수 정의 부분 의 내용대로 x와 y의 합과 평균값을 구해 hap와 avg 변수에 넣은 후 두 변수를 함께 리턴해 주게 된다.

메인의 add(20,27) 문장을 실행하고 나면 add 함수의 실행 결과가 그 자리에 그대로 오게 된다. 즉, h,a = add(20,27)가 h,a = 47, 23.5 와 같이 바뀌게 되는 것이다. 파이썬에서 2개의 변수에 값을 한꺼번에 줄 수 있기 때문에 메인 부분의 h변수에는 47이, a변수에는 23.5가 들어가게 된다.

※ 팁 : a, b = b, a

두 변수 a, b의 값을 맞교환해 준다. 파이썬에서 두 값을 서로 맞바꾸기 위해 많이 사용되니 알아두면 편리하다.

MISSION

왼쪽의 코드를 실행시켜 오른쪽과 같은 결과를 얻으려면 왼쪽의 코드를 어떻게 수정해야 하는가?

```
a = 1
while (  a <= 3  ):
    print('안녕', a)
```

실행 결과

```
안녕 1
안녕 2
안녕 3
```

1. 다음 중 파이썬 변수로 사용할 수 없는 것은?

   ① test1   ② _Test2
   ③ MYNUM   ④ 20My

2. 다음 연산식 중 파이썬 프로그램을 작성했을 때 정수 타입의 결괏값을 출력하는 것은 무엇인가?

   ① 13 + 1.2   ② 2.5 + 2.5
   ③ 7 // 2   ④ 30 / 2

3. 아래와 같이 파이썬 프로그램을 작성하고 실행했을 때 "첫 번째 수"의 입력값은 10 , "두 번째 수"의 입력값은 30으로 한 경우 출력되는 결과 값은 다음 중 무엇인가?

```
a = input("첫 번째 수:")
b = input("두 번째 수:")
print("결과 값: ", a + b )
```

실행 결과
```
첫 번째 수:10
두 번째 수:30
```

   ① 결과 값: 40   ② 결과 값: 40.0
   ③ 결과 값: 1030   ④ 결과 값: 1030.00

4. 다음 중 문자열을 5자리만큼 자릿수를 지정해 출력하기 위한 서식 문자열은 무엇인가?

   ① %5s   ② %5d
   ③ %05d   ④ %5f

5. 변수 a에 저장된 값을 아래와 같이 출력되도록 아래의 빈 칸을 채워 넣으시오.

```
a = 5.3927
print("출력 결과 : ____"%a)
```

실행 결과
```
출력 결과 : 5.39
```

6. 아래 프로그램은 1부터 10까지 수를 합하는 프로그램이다. 비어 있는 밑줄에 들어가야 할 알맞은 숫자를 적으시오.

```
total = 0
for  k  in  range(1, ___):
    total = total + k
print( total )
```

실행 결과

```
55
```

7. 숫자가 아닌 값이 입력값으로 들어오면 실행 종료가 되는 프로그램을 아래와 같이 작성 중이다. 입력값이 숫자가 아니면 반복문을 종료하도록 하기 위해 아래 빈 밑줄에 넣어야 할 코드를 적으시오.

```
while True:
    a = input('값을 입력하세요')
    if not a.isdigit( ):
        _____

print('실행 종료')
```

실행 결과

```
값을 입력하세요1
값을 입력하세요2
값을 입력하세요a
실행 종료
```

8. 아래 프로그램은 매개변수로 전달받은 두 숫자의 값을 더한 결과를 넘겨주는 함수 add( )를 정의하고 실행하는 프로그램이다. 밑줄에 알맞은 명령문을 적으시오.

```
def add ( n1, n2 ):
    r = n1 + n2
    _____

a = add(15, 12)
print('15 + 12 = ', a )
```

실행 결과

```
15 + 12 =  27
```

파이썬
자료구조 기초

CONTENTS

① ▸▸ ● 리스트 기초

리스트는 여러 개의 데이터 값을 하나의 변수로 묶어 사용할 수 있는 자료구조이다. 리스트의 사용법에 대해 알아보자.

 교재 소스 파일 : 4장 / 파이썬 자료구조 기초.ipynb

1.1 리스트 사용법 : 리스트 생성, 데이터 추가, 삭제

(1) 리스트 생성

▪ 초기값이 있는 리스트 생성

리스트를 생성할 때는 대괄호 안에 콤마(,)를 이용해 값을 열거해 준다. 파이썬에서는 정수, 실수, 문자열, 부울값 등을 혼용해서 넣을 수 있으며, 리스트 안에 리스트도 사용할 수 있다.

```
리스트 변수명 = [값1, 값2, 값3, … ]

예시
a = [10, 20, 30, 40]
a = ['one', 'two', 'three', 'four']
a = [10, 20, 'one', 'two']
a = [10, 20, ['one', 'two'] ]
```

예를 들어 a=[10, 20, 30, 40]의 경우 변수 a는 리스트 변수로 10, 20, 30, 40 총 4개의 데이터를 가지게 된다. 각각의 항목값들은 인덱스 번호를 이

index	0	1	2	3
	10	20	30	40

용해 사용할 수 있는데, 인덱스 번호는 맨 앞부터 0,1,2,3 번의 순서로 매겨진다. 즉 0번 인덱스에 들어 있는 10이라는 값은 a[0], 1번 인덱스에 들어 있는 20이라는 값은 a[1]과 같이 **변수[인덱스 번호]** 형태로 사용할 수 있다.

■ 빈 리스트로 생성

만일 위의 예시처럼 리스트 안에 값을 미리 초기화하지 않고, 빈 리스트를 선언하고자
할 때는 아래의 두 가지 방법 중 하나를 사용할 수 있다.

```
a = [ ]
a = list( )
```

파이썬에서 변수를 사용할 때는 선언할 필요가 없지만 빈 리스트의 경우 반드시 위의 코
드처럼 변수를 리스트로 쓸 것이라고 미리 선언해야 하는데, 이는 일반 변수인지 리스트
변수인지 구분하기 위해서이다.

(2) 리스트 활용하기

■ 리스트 데이터 항목 사용

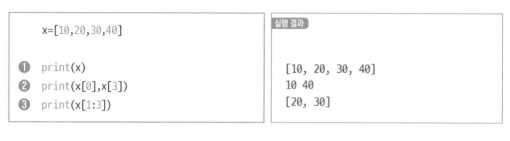

① 리스트 x 전체를 출력할 때는 리스트 변수 이름만 적는다.
② 인덱스 0번과 인덱스 3번 항목을 출력한다. 리스트x의 인덱스 0번 항목의 데이터를 가져오기 위해 x[0]과 같
이 **변수명[인덱스 번호]** 형태로 적는다.
③ **변수명[start:end]**를 이용해 start 인덱스 번호부터 시작해서 end 보다 작은 인덱스 번호(end-1)에 해당
하는 데이터를 가져온다. end는 포함하지 않는다는 것을 주의해야 한다. 따라서 x[1:3] 은 리스트 x의 인덱스
1 항목부터 인덱스 3미만 항목까지 가져온다.

■ 리스트 항목값 변경

```
    f=["배","사과"]
①  print(f)

②  f[0]="감"
    print(f)

③  f[2]="복숭아"
```

```
['배', '사과']


['감', '사과']


SyntaxError: invalid syntax
```

① 리스트 f 전체를 출력할 때는 리스트 변수 이름만 적는다.
② 특정한 항목값을 변경하고 싶을 때는 **리스트 변수명[인덱스 번호]=값** 형태로 값을 넣어주면 된다. f[0]="감"
   코드는 원래 f[0]에 있는 데이터인 "배"를 "감"으로 변경한 것이다.
③ SyntaxError: invalid syntax
   f[2]="복숭아"의 경우 잘못된 곳이 없어 보이지만 실행하면 에러가 발생한다. 리스트 f에 대해서
   f=["배","사과"]라고 리스트 f를 정의했기 때문에 리스트 f에는 인덱스 번호가 0과 1만 존재한다. 따라서 리
   스트 f에 존재하지 않는 인덱스 2 번 항목에 대해 값을 변경하는 명령문은 에러가 발생한다. 즉, 파이썬에서 존
   재하는 항목값을 수정할 때 **리스트 변수명[인덱스 번호]=값**을 사용할 수 있지만 존재하지 않는 항목의 값을
   수정할 수는 없다.

■ 리스트에서 사용하는 메소드 - 항목 추가

메소드 명	기능
append(값)	해당 값을 리스트 끝에 추가
insert(인덱스, 값)	인덱스 번호에 해당하는 위치에 값을 삽입
extend(리스트)	리스트 뒤에 인수로 전달된 리스트를 붙임

```
①  x=[20]
    print(x)

②  x.append(30)
    print(x)

③  x.insert(0,10)
    print(x)
```

```
[20]


[20, 30]


[10, 20, 30]
```

```
❹  x.extend([40,50])
    print(x)


    y=[1,2]
❺  z=x+y
    print(z)
```

실행 결과

```
[10, 20, 30, 40, 50]



[10, 20, 30, 40, 50, 1, 2]
```

❶ 20이라는 항목값 1개만 존재하는 리스트를 생성한다.

❷ append( ) 메소드는 리스트의 맨 뒤에 새로운 값을 추가하는 메소드이다. 따라서 x.append(30)을 하면 리스트 x의 맨 뒤에 30을 항목으로 추가한다.

❸ insert( ) 메소드는 특정 위치(인덱스)에 새로운 값을 삽입하는 메소드이다. x.insert(0,10)은 리스트 x의 0번 인덱스 위치에 10을 추가하고 원래 0번 자리에 있던 값부터 마지막 데이터는 하나씩 뒤로 이동한다.

❹ extend( ) 메소드는 리스트와 리스트를 붙여서 확장해 주는 메소드이다. x.extend([40,50])과 같이 extend 안에 있는 리스트 [40,50]을 리스트 x 뒤에 붙인다.

❺ **리스트의 더하기(+) 연산**은 리스트를 확장하는 extend( ) 메소드와 동일한 효과를 갖는다.

■ 리스트에서 사용하는 메소드 – 삭제

메소드 명	기능
pop(인덱스 번호)	해당 인덱스의 데이터를 삭제
remove(값)	해당 값을 삭제
clear()	리스트 전체를 삭제

```
    x=[10,20,30,40]

❶  x.remove(10)
    print(x)


❷  x.pop(2)
    print(x)


❸  x.clear()
    print(x)
```

실행 결과

```
[20, 30, 40]



[20, 30]



[]
```

❶ **remove(값)** 메소드는 괄호 안의 값에 해당하는 데이터를 리스트에서 삭제한다. 만일 동일한 값이 있을 경우 동일한 값을 모두 삭제하는 것이 아니라 맨 앞의 데이터 한 개만 삭제한다.

❷ **pop(인덱스 번호)** 메소드는 괄호 안에 적은 인덱스 번호에 해당하는 항목을 리스트에서 삭제한다.

❸ **clear( )** 메소드는 리스트에 있는 데이터 전체를 삭제한다.

※ 리스트의 항목값을 삭제할 때는 remove(값), 해당 인덱스 번호의 값을 삭제할 때는 pop(인덱스 번호)를 사용하면 된다는 것에 주의하자.

■ 리스트에서 자주 사용하는 메소드

메소드 명	기능
index(값)	리스트에서 값에 해당하는 인덱스 번호를 리턴
count(값)	리스트에서 해당 값이 존재하는 개수를 리턴

```
    x=[10,20,30,10,10]

❶  print(x.index(30))

❸  print(x.count(10))
```

실행 결과

2

3

❶ **index(값)** 메소드는 전달한 항목값의 인덱스 번호를 알고 싶을 때 사용한다. x.index(30)은 리스트 x에서 30이 들어 있는 인덱스 번호인 2를 리턴한다. 만일 같은 값이 여러 개라면 해당 값을 가진 첫 번째 인덱스 번호를 알려준다.

❷ **count(값)** 메소드는 해당 값이 몇 개 있는지 개수를 리턴한다. x.count(10)은 10이라는 값이 리스트 x에 존재하는 개수를 세어 리턴한다.

■ 리스트를 이용한 if문과 for문

```
    개설과목 = ['컴퓨터','파이썬','인공지능']

❶  if '파이썬' in 개설과목:
        print('파이썬 과목이 개설 되었습니다.')

❷  for 과목 in 개설과목:
        print(과목)
```

실행 결과

파이썬 과목이 개설 되었습니다.

컴퓨터
파이썬
인공지능

❶ if 문자열 in 리스트:

if '파이썬' in 개설과목: 개설과목이라는 리스트 변수 안에 '파이썬'이라는 문자열 항목이 있는지 조건을 체크하는 것이다. 따라서 **개설과목** 리스트 안에 '파이썬'이라는 문자열이 있으면 조건식의 결과가 True가 되어 print( ) 문이 실행된다. if문에서 '같다'를 의미하는 연산자 "==" 와 함께 '포함되어 있다'는 의미인 "in" 키워드도 많이 사용하니 잘 알아두자.

❷ for 변수명 in 리스트:

for 과목 in 개설과목: 개설과목 리스트에 있는 항목값이 하나씩 **과목**이라는 변수명에 전달된다. 이런 형태의 for 문을 실행하면 리스트에 있는 항목값을 하나씩 차례대로 가져와 반복하며 출력할 수 있다.

※ 참고 1 : 위의 예제처럼 파이썬에서 변수를 한글로 지정하는 것도 가능하다. 단 변수로 한글을 사용하는 경우에는 따옴표를 쓰지 않아야 하고, 띄어쓰기를 하면 안된다는 것을 주의해야 한다.

※ 참고 2 : 객체 지향 프로그래밍에서는 같은 함수이지만 특정 객체 안에서 정의되어 특정 객체에서만 쓸 수 있는 함수를 메소드라고 부른다. 메소드의 경우 **객체.메소드명( )** 형식으로 호출하고 일반 함수의 경우 **함수명( )**으로 호출한다. 이렇게 메소드는 앞에 **"객체."**이 붙는 점에 유의하자.

1.2 리스트에서 유용하게 사용하는 파이썬 내장 함수

(1) 리스트 항목들을 집계하는 함수

리스트에 대해서 자주 사용하는 파이썬 내장 함수로 최솟값(min), 최댓값(max), 합(sum), 길이(len) 함수 등이 있다.

함수명	기능
min(리스트)	최솟값 : 리스트 항목값 중 가장 작은 값을 리턴
max(리스트)	최댓값 : 리스트 항목값 중 가장 큰 값을 리턴
sum(리스트)	합 : 리스트 항목값의 합을 리턴
len(리스트)	길이(개수) : 리스트 항목의 개수를 리턴

```
a=[10,20,30]

print("최솟값:", min(a))
print("최댓값:", max(a))
print("합  계:", sum(a))
print("길이(개수):", len(a))
```

실행 결과

```
최솟값: 10
최댓값: 30
합  계: 60
길이(개수): 3
```

리스트 변수 a에 있는 모든 항목값들 중 최소, 최대, 합계, 길이(개수)를 구한 것이다. 이것은 메소드가 아니라 함수이므로 앞에 "객체."을 사용하지 않는다.

(2) 리스트 항목에 특정 함수를 일괄 적용할 수 있는 함수

map( ) 함수는 리스트에 있는 모든 항목들을 일괄적으로 변경하고자 할 때 사용한다.

함수명	기능
map(함수, 리스트)	리스트 안에 있는 모든 항목값에 원하는 함수를 일괄 적용시켜 그 결과를 돌려준다. 결괏값이 리스트가 아니므로 리스트로 형 변환시켜야 한다.

예제 1 숫자로 구성된 문자열을 항목으로 갖는 리스트의 합계 구하기

아래의 코드는 문자열을 항목으로 갖는 리스트 변수 a의 모든 값들을 합하는 예제이다.

```
a = ['10','20','30']

print(sum(a)) #에러 발생
```

실행 결과
```
TypeError: unsupported operand
type(s) for +: 'int' and 'str'
```

위와 같이 코드를 작성하고 실행하면 리스트 a의 항목들이 숫자가 아니고 문자열이기 때문에 합계를 구할 수 없다는 에러가 나온다. 이런 경우 각각의 요소를 숫자 타입으로 변환해야 한다.

int(a[0]), int(a[1]), int(a[2])와 같이 리스트의 모든 항목의 타입을 변환해야 한다. 항목값이 많다면 불편하고 번거로운 작업이기 때문에 반복문을 이용해 하나씩 변환할 수도 있을 것이다. 하지만 반복문을 사용하지 않고 map( ) 함수를 이용하면 한번에 리스트의 모든 항목의 타입을 숫자형으로 바꿀 수 있다.

```
a = ['10','20','30']

a=map(int,a)
print(sum(a))
```

실행 결과
```
60
```

map(int, 리스트)라는 형태로 map( ) 함수를 사용하면 리스트에 있는 모든 항목을 int로 변환한다. 여기서 map( ) 함수를 사용할 때 적용할 함수명을 첫 번째 인수로 적어주는데, 이때 함수명 뒤에 소괄호를 빼고 적는다. 이렇게 map( ) 함수를 이용해서 변환한 것을 다시 리스트 변수 a에 넣어주면 모든 값이 숫자로 변경되어 [10,20,30]이 된다.

> **예제2** 숫자로 구성된 문자열을 항목으로 갖는 리스트의 항목을 정수로 변환해서 출력하기

위에서 map( )을 이용해 정수로 변환한 리스트 a의 항목들을 확인하기 위해 변수 a를 출력했더니 예상했던 [10, 20, 30]이 출력되지 않고 이상한 값이 출력된다.

```
print(a)
```

실행 결과
```
<map object at 0x000002584472C910>
```

map( ) 함수를 사용한 경우에는 해당 리스트가 특별한 object 타입이기 때문에 출력이 되지 않는다. 이 경우에는 다시 list( ) 함수를 이용해 리스트 구조로 변경해 주어야 각각의 데이터를 볼 수 있다.

```
a = ['10','20','30']
a=list(map(int,a))
print(a)
print(sum(a))
```

실행 결과
```
[10, 20, 30]
60
```

1.3 리스트 컴프리헨션(표현식)

리스트의 여러 항목에 초기값을 한꺼번에 주는 여러 가지 표현식이 있는데, 매우 유용하니 자주 사용하는 몇 가지를 살펴보자.

(1) 값을 이용한 표현식

```
리스트 변수 = [값] * 개수
```

```
x=[0]*5
print(x)
```

실행 결과
```
[0, 0, 0, 0, 0]
```

크기가 5인 리스트의 모든 데이터의 초기값을 0으로 하려면 [0,0,0,0,0]과 같이 적어야 한다. 이렇게 0을 5번 열거하는 대신 **[값]*개수**를 이용하면 쉽게 여러 값을 초기화한 리스트를 생성할 수 있다.

(2) for 문과 값을 이용한 표현식

```
리스트 변수 = [값 for 변수 in range(반복 범위) ]
리스트 변수 = list(값 for 변수 in range(반복 범위) )
```

❶   x = [0 for i in range(5)]
    print(x)

❷   x = [0 for _ in range(5)]
    print(x)

실행 결과
[0, 0, 0, 0, 0]
[0, 0, 0, 0, 0]

❶ 반복 범위에 해당하는 개수만큼 같은 값으로 초기화된 리스트가 생성된다. 맨 앞의 값이 0이고 이것을 range(5) 즉 5번 반복한다는 의미이므로 0이 5개가 있는 리스트가 생성된다. 이는 '**[0]*5**' 한 것과 동일한 효과를 가지며, for문 안에 사용하는 변수 이름 i는 아무 것이나 적어도 상관 없다.
또한 x = list(0 for i in range(5))처럼 대괄호[ ]가 아니라 list( ) 함수를 사용해도 동일한 결과를 얻을 수 있다.

❷ 위의 ❶번에서 for 문 뒤에 변수 i 와 같이 변수명을 적어도 되지만, 변수명을 특별히 사용하지 않으므로 변수명을 적는 대신 언더바(_)로 대체 가능하다. 또한 x= list(0 for _ in range(5)) 처럼 list( ) 함수를 사용해도 동일한 결과를 얻을 수 있다.

(3) for문과 식을 이용한 표현식

위에서는 리스트의 초기값으로 숫자 혹은 문자를 같은 값으로 넣었다. 이번에는 같은 값이 아니라, 0,5,10과 같이 어떤 규칙을 갖는 값으로 초기화하려면 다음과 같은 표현식을 사용한다.

```
변수 = [식 for 변수 in range(반복 범위) ]
변수 = list(식 for 변수 in range(반복 범위) )
```

```
❶  x = [i for i in range(5)]
    print(x)

❷  x =list(i+5 for i in range(5))
    print(x)

❸  x = [str(i*5) for i in range(0,10,3)]
    print(x)
```

실행 결과

```
[0, 1, 2, 3, 4]


[5, 6, 7, 8, 9]


['0', '15', '30', '45']
```

❶ for i in range(5)에 의해서 변수 i가 0에서 5미만까지 변하는 값들로 리스트를 생성하므로 x는 [0, 1, 2, 3, 4]라는 데이터를 갖는다.

❷ for i in range(5)에 의해서 변수 i가 0에서 5미만까지 값을 갖는데, i+5을 계산한 값으로 리스트를 생성하므로 x는 5에서 9까지의 데이터를 가지게 된다.

❸ for i in range(0,10,3)에 의해서 변수 i가 0,3,6,9를 값으로 갖는데, 이 값에 str(i*5)라는 수식을 적용한 값으로 리스트를 생성하므로 x는 ['0', '15', '30', '45']라는 데이터를 갖게 된다.

② ▸▸ ● 2차원 리스트

2.1 2차원 리스트

(1) 특징

행과 열이 있는 테이블 구조로 이루어져 있으며, 리스트의 항목으로 리스트가 있는 구조 즉 리스트 안에 리스트가 있는 형태라고 볼 수 있다.

(2) 2차원 리스트 예시

한 학교의 학년별, 반별 인원을 2차원 리스트로 작성해 보자.

보통 2차원 리스트는 표와 같은 형태로 생각하면 되는데, 표에서 가로 방향 데이터 한 줄을 행(row) 혹은 레코드(record)라고 부르고, 세로 방향 데이터를 칸, 열(column), 필드(field)라고 부른다. 아래의 표에서 학년은 행으로 구분하고, 반은 열로 구분해서 학년별 인원 데이터를 정리한 것이다.

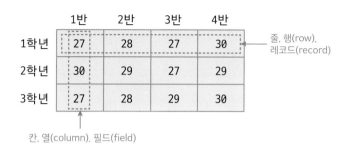

1학년 모든 반의 인원 수는 첫 번째 줄 즉 행에 대한 인덱스 번호 0번에 존재하고, 각 학년의 1반 인원 수는 첫 번째 칸 즉 열에 대한 인덱스 번호 0번에 존재하게 된다.

1학년 전체 데이터와 2학년 3반의 데이터를 가져오는 방법을 알아보자.

	1반	2반	3반	4반
1학년	[0][0]	[0][1]	[0][2]	[0][3]
2학년	[1][0]	[1][1]	[1][2]	[1][3]
3학년	[2][0]	[2][1]	[2][2]	[2][3]

1학년, 2학년 혹은 1반, 2반과 같은 타이틀은 개념적으로만 생각할 뿐 실제 코드에서는 구현하지 않는다. 위의 표로 제시한 데이터를 2차원 리스트로 구현하면 아래와 같이 작성할 수 있다.

```
score= [[29, 28, 27, 30],
        [30, 20, 27, 29],
        [23, 25, 29, 30]]

❶ print(score[0])
❷ print(score[1][2])
```

실행 결과
```
[29, 28, 27, 30]
27
```

❶ 2차원 리스트 score에서 score[0]을 출력하면 0번 행에 있는 모든 데이터가 출력된다. 이것은 개념적으로 1학년 각 반의 인원수를 모두 출력한 것이 된다.

❷ score[1][2]를 출력하면 1행, 2열에 있는 2학년 3반의 인원수인 27이 출력된다.

(3) 2차원 리스트를 출력하는 여러 가지 방법

■ 한 줄(row)씩 출력하기

```
score= [[29, 28, 27, 30],
        [30, 20, 27, 29],
        [23, 25, 29, 30]]

for sc in score:
    print(sc)
```

실행 결과

```
[29, 28, 27, 30]
[30, 20, 27, 29]
[23, 25, 29, 30]
```

for **변수** in **2차원 리스트** : 2차원 리스트 안에 있는 1차원 리스트를 차례대로 하나씩 변수 sc로 전달한다. 따라서 sc 라는 변수에 [29, 28, 27, 30]이 제일 처음 오게 되고 for 문 반복을 실행하면서 그 다음 한 줄(행, 레코드)씩 출력한다.

■ 항목 하나씩 가져와 출력하기

2차원 리스트 안에 있는 데이터를 하나씩 꺼내서 출력하는 방법은 여러 가지가 있다. 중첩 for 문의 range를 사용해서 각각의 항목을 하나씩 가져올 수도 있고, 리스트 항목을 for 문의 반복 범위로 지정해서 가져올 수도 있다.

예제 1 중첩 for 문의 range( ) 이용

```
score= [[29, 28, 27, 30],
        [30, 20, 27, 29],
        [23, 25, 29, 30]]

for r in range(3):
    for c in range(4):
        print(score[r][c], end=" ")
    print()
```

실행 결과

```
29 28 27 30
30 20 27 29
23 25 29 30
```

줄(행)은 총 3줄이므로 첫 번째 for 문을 이용하여 r을 3회 반복하고, 칸(열)이 4개이므로 for문 안에 중첩 for문을 사용해 4번 반복하도록 한다. r(행)이 0일 때 c(열)이 0에서 4 미만까지 값을 전달받으며 반복 실행하기 때문에 score[0][0], score[0][1], score[0][2], score[0][3]이 하나씩 순서대로 출력된다. 다음으로 다시 r이 1이 되어 score[1][0], score[1][1], score[1][2], score[1][3]과 같이 출력된다.

예제 2 "for 변수 in 리스트" 문장 이용

```
score= [[29, 28, 27, 30],
        [30, 20, 27, 29],
        [23, 25, 29, 30]]

for sc in score:
    for c in sc:
        print(c, end=" ")
    print()
```

실행 결과

```
29 28 27 30
30 20 27 29
23 25 29 30
```

for sc in score: 문장에 의해서 2차원 리스트 안에 있는 1차원 리스트들이 하나씩 sc 변수에 오게 된다. 처음에는 [29, 28, 27, 30]이 sc 변수로 전달되고 다시 중첩 for문인 for c in sc:에 의해서 sc변수에 있는 [29, 28, 27, 30]의 첫 번째 항목인 29부터 하나씩 c 변수로 전달하며 반복 실행한다. 실행하면 예제1과 같은 결과가 나온다.

예제 3 "for 변수1,변수2.. in 2차원 리스트" 문장 이용

■ 파이썬 코드

```
score= [[29, 28, 27, 30],
        [30, 20, 27, 29],
        [23, 25, 29, 30]]

for c1,c2,c3,c4 in score:
    print(c1, c2, c3,c4)
```

실행 결과

```
29 28 27 30
30 20 27 29
23 25 29 30
```

for c1,c2,c3,c4 in score: 에 의해서 2차원 리스트 안에 있는 1차원 리스트의 개별 항목 4개를 차례대로 c1, c2, c3, c4 변수에 할당하며 반복 실행한다.

③ ▸▸ ● 튜플, 딕셔너리

파이썬의 많은 자료 구조 중 튜플과 딕셔너리에 대해 살펴보자.

3.1 튜플(tuple)

(1) 특징

리스트와 유사한 자료 구조이지만, 리스트와 달리 항목값을 변경할 수 없다. 소괄호를 이용해서 정의하지만, 기본 사용법은 리스트 사용법과 유사하다.

```
튜플명 = (값1, 값2, … )

 예시
basket = ('사과','배','감')
basket = ('사과', )
basket = ( )
```

※ 튜플에 하나의 항목값만 지정하여 생성하는 경우 괄호를 사용하는 다른 수식과 혼동하지 않도록 튜플 항목값 뒤에 쉼표(,)를 적어주는 규칙이 있으므로 주의해야 한다.

(2) 튜플 활용 예시

```
    t1=()
    t1=('사과','배')

❶  print(t1[0])
❷  print(t1)
❸  t1[0] ='감' #에러: 튜플은 데이터를 변경할 수 없음
```

```
 실행 결과

사과
('사과', '배')
TypeError
```

❶ 튜플의 개별 항목을 가져올 때도 리스트와 동일하게 대괄호 안에 인덱스를 지정해서 가져온다. t1[0] 라고 쓰면 t1의 0번 인덱스 항목을 가져온다.

❷ 튜플 전체를 출력한다.

❸ 이 코드를 실행하면 `TypeError : "tuple" object does not support item assignment'` 라는 오류 메시지가 나타난다. 튜플의 데이터는 한번 지정하면 변경할 수 없기 때문이다. 그래서 튜플은 한번 생성한 데이터를 변경하면 안 될 때 사용하면 좋은 자료구조이다.

3.2 딕셔너리(dictionary)

(1) 특징

딕셔너리는 리스트와 같이 여러 개의 자료를 저장하기 위한 자료구조의 하나로 중괄호 { }를 사용한다. 리스트에서는 인덱스를 이용해 데이터를 가져오는데 인덱스 번호가 쉽고 편리하기는 하지만 데이터의 의미를 알 수 없다. 반면에 딕셔너리는 표의 타이틀(필드명)처럼 데이터의 의미가 들어 있는 키(key)를 사용해서 데이터를 저장하는 형태이다. 즉 딕셔너리는 키(Key)와 이 키에 대한 값(value)의 쌍으로 이루어진 구조이다. 딕셔너리의 키(key)는 중복되는 값을 가질 수 없고, 변경할 수 없으며, 인덱스 번호를 가지고 있지 않다는 특징이 있다.

딕셔너리명 = { 키1:값1, 키2:값2, … }

※ 딕셔너리의 키(key)로 리스트는 사용할 수 없다.

(2) 딕셔너리 활용 예시

다음과 같은 반별 인원을 저장하는 딕셔너리를 생성하는 경우를 생각해 보자. 여기서 각 반을 키(Key)로 활용한다.

키(Key)	1반	2반	3반
값(Value)	20	28	27

■ 딕셔너리 생성

```
❶  st = {"1반":20, "2반": 28, "3반":27}
❷  print(st)
❸  print(st["3반"])
```

실행 결과
```
{'1반': 20, '2반': 28, '3반': 27}
27
```

❶ 각 반을 키로 하고, 각 반에 해당하는 인원수를 값으로 하여 st라는 딕셔너리 타입의 변수를 생성한다. 키와 값의 사이에는 구분자로 ":"을 사용하며 키와 값은 숫자, 문자 전부 허용된다.

❷ st 변수 전체를 출력한 것이다.

❸ st[키] 와 같이 딕셔너리 변수 뒤에 대괄호를 이용해 키(Key)를 적으면 그 키에 해당하는 값이 출력된다. 즉, st["3반"]을 출력하면 "3반"에 해당하는 값(인원수)이 출력된다.

■ for문을 이용한 딕셔너리 출력

이렇게 딕셔너리 형태로 출력한 st라는 변수를 for문을 이용해 출력해 보면, 반복 구문 안의 변수 n에는 키와 값의 쌍이 들어오는 것이 아니라 키(Key)만 들어온다는 것을 알 수 있다.

```
for n in st:
    print(n)
```

실행 결과
```
1반
2반
3반
```

따라서 키와 값을 같이 출력하려면 다음과 같이 st[n]을 사용하여 출력하면 된다.

```
for n in st:
    print(n, st[n])
```

실행 결과
```
1반  20
2반  28
3반  27
```

MISSION

빈 jumsu 리스트 변수를 사용하여 학생들의 점수를 입력받는다. 입력받은 점수가 숫자가 아닌 문자이면 입력을 종료하고, 모든 학생들의 합계, 총인원수, 평균을 출력해 보자.
아래 프로그램의 실행 결과를 참고하여 작성해 보자.

```
학생의 점수를 입력하세요.90
학생의 점수를 입력하세요.70
학생의 점수를 입력하세요.30
학생의 점수를 입력하세요.x
입력 데이터 출력 : [90, 70, 30]
합계 :  190
인원수 :  3
평균 :  63.333333333333336
```

1. 빈 칸을 입력 받기 전까지 계속해서 이름을 입력 받아서 리스트 name의 맨 뒤에 추가한 후 name 리스트에 있는 항목들을 한 줄씩 출력하는 프로그램을 작성 중이다. ⓐ와 ⓑ 빈 칸에 들어갈 코드를 작성하시오.

```
name=[]

while True:
    n = input("이름을 입력하세요>>")
    if n=="":
        break
    name.    ⓐ

for x in        ⓑ        :
    print(x)
```

실행 결과

```
이름을 입력하세요>>이썬
이름을 입력하세요>>용이
이름을 입력하세요>>빅이
이름을 입력하세요>>
이썬
용이
빅이
```

2. 리스트 a의 항목을 모두 출력하는 프로그램으로 바르지 못한 것은?

```
a=['파이썬','빅데이터','인공지능']
```

①
```
for i in range(len(a)):
    print(a[i])
```

②
```
for i in a:
    print(i)
```

③
```
i=0
while i < len(a):
    print(a[i])
    i+=1
```

④
```
for i in a:
    print(a[i])
```

3. 변수 c에 아래와 같이 긴 문자열이 저장되어 있을 때 두 번째 문자부터 시작하여 하나씩 건너뛰어 'bdfhj' 총 5개의 문자를 가져오는 방법이 아닌 것은?

①
```python
c="abcdefghijklmn"
print(c[1:10:2])
```

②
```python
c="abcdefghijklmn"
print(c[1::2])
```

③
```python
c="abcdefghijklmn"
for i in range(1,10,2):
    print(c[i], end='')
    i+=1
print()
```

④
```python
c="abcdefghijklmn"
for i in range(10):
    if i%2 ==1:
        print(c[i], end='')
print()
```

4. 다음 2차원 리스트에서 데이터 '6'을 가져오기 위한 코드로 옳은 것은?

```python
N = [[1, 2, 3], [4, 5, 6], [7, 8, 9]]
```

① N[1,2]   ② N[1][2]
③ N[2,1]   ④ N[2][1]

5. 튜플에 대한 설명 중 바르지 못한 것은?

① 리스트와 유사하지만, 값을 변경할 수 없다는 특징이 있다.
② 항목이 1개인 튜플은 항목 뒤에 콤마(,)를 적어야 한다.
③ 소괄호( ) 사이에 값을 나열하여 튜플을 생성한다.
④ 한번 생성되면 변경, 삭제가 불가능하지만 항목의 추가는 가능하다.

6. 아래와 같이 딕셔너리 변수 a를 생성한 후에 딕셔너리에 저장된 값인 '과자'를 출력하려고 한다. print(   ) 함수 안에 적어야 할 내용으로 알맞은 것은 다음 보기 중 무엇인가?

```python
a= { 1:'김밥',  2:'떡볶이',  3:'과자',  4:'사탕' }
print(     )
```

① a[2]   ② a[3]
③ a['2']   ④ a['3']

넘파이
(NumPy)

CONTENTS

①⟩⟩● 넘파이 개요

1.1 넘파이(NumPy) 란?

넘파이(NumPy: Numerical Python)는 다차원 배열 구조로 데이터를 표현하기 위한 객체를 제공하고, 이를 효율적으로 처리하기 위해 다양한 통계함수, 삼각함수, 로그함수들을 제공하는 파이썬 라이브러리(모듈이라고도 함)이다. 또한, 다양한 함수들을 제공하기 때문에 수치 연산을 쉽게 다룰 수 있어 판다스(Pandas), 맷플롯립(matplotlib), 사이킷런(scikit-learn)과 같은 데이터 분석 관련 파이썬 라이브러리 안에서도 많이 활용되고 있다.

numpy 모듈이 설치 되어 있지 않은 경우에는 아래 문장을 입력하여 설치한다. 주피터 노트북의 셀에 아래와 같이 명령문을 실행하면 된다.

```
pip install numpy
```

넘파이 모듈 설치 파일은 PYPI 라고 불리는 파이썬 라이브러리 저장소에서 다운로드 후에 설치를 시작하기 때문에 작업용 컴퓨터는 인터넷에 연결되어 있어야 한다.

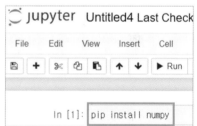

모듈을 설치하는 방법은 두 가지가 있는데, 첫 번째로 주피터 노트북에서 [New] → [Python3]를 눌러 파이썬 코드를 할 수 있는 창에서 명령어를 입력한 후 실행(shift+enter)하면 자동으로 설치된다.

두 번째로 윈도우의 [명령 프롬프트] 창에서 넘파이 설치 명령을 입력 후 enter를 치면 똑같이 모듈 설치작업이 실행된다.

앞으로도 파이썬의 모듈을 설치하려면 pip install 모듈명 만 적고 실행하면 되니 설치법을 잘 알아두자.

1.2 넘파이(NumPy)의 특징

넘파이는 배열을 사용하여 여러 개의 데이터를 묶어서 처리하는 작업을 쉽게 할 수 있어 파이썬의 복합 자료구조인 리스트와 함께 여러 개의 데이터를 처리할 때 자주 사용한다. 파이썬의 리스트는 한 리스트 안에 여러 자료형의 데이터들을 가질 수 있지만 넘파이 배열은 한 배열 안에 하나의 자료형 데이터들만을 가질 수 있다. 넘파이 배열은 하나의 자료형을 처리하기 때문에 리스트보다 효율적이고 빠른 처리가 가능한 프로그램을 작성할 수 있다.

파이썬 리스트	• 한 리스트 안에 다른 타입의 데이터를 항목으로 가질 수 있음 • 생성된 리스트의 항목 개수 변경 가능
넘파이 배열	• 한 배열 안의 항목들은 모두 같은 타입의 데이터를 가져야 함 • 생성된 배열의 항목 개수 변경 불가 • 넘파이 배열에 대한 연산 함수들은 C 언어로 구현되었기 때문에 파이썬 리스트보다 연산 속도가 빠름

■ 넘파이 배열은 일정 규칙을 가진 수열을 배열로 생성할 수 있다.

0에서 10까지 2만큼 증가하는 항목을 갖는 파이썬 리스트는 다음과 같이 range( ) 함수를 이용해서 생성할 수 있다.

```
# 리스트 : 0 ~ 10까지 2만큼 증가하는 항목을 갖는 리스트
n = list(range(0,11,2))
n
```

실행 결과
```
[0, 2, 4, 6, 8, 10]
```

range( ) 함수는 정수만을 인수로 사용한다. 따라서 다음과 같이 0에서 1까지 0.2만큼 증가하는 항목을 갖는 리스트를 생성하기 위한 코드를 작성하고 실행하면 아래 예시와 같이 오류가 발생한다.

```
# 리스트 : 0 ~ 1까지 0.2만큼 증가하는 항목을 갖도록 작성하면 오류 발생
n = list(range(0,1.1,0.2))
n
```

```
-------------------------------------------------------------------
TypeError                                 Traceback (most recent call last)
~\AppData\Local\Temp/ipykernel_2680/3342657941.py in <module>
----> 1 n = list(range(0,1.1,0.2))
      2 n

TypeError: 'float' object cannot be interpreted as an integer
```

0에서 10까지 2만큼 증가하는 항목을 갖는 넘파이 배열은 다음과 같이 arange( ) 함수를 이용해서 생성할 수 있다.

```
# 0 ~ 10까지 2만큼 증가하는 항목을 갖는 넘파이 배열
import numpy as np

arr = np.arange(0,11,2)
arr
```

실행 결과

```
array([ 0,  2,  4,  6,  8, 10])
```

그런데, 파이썬 range( )와 달리 넘파이의 arange( )는 실수도 인수로 사용할 수 있기 때문에 0에서 1까지 0.2만큼 증가하는 항목을 갖는 넘파이 배열을 생성할 수 있다.

```
# 0 ~ 1까지 0.2만큼 증가하는 항목을 갖는 넘파이 배열
import numpy as np

arr = np.arange(0, 1.1, 0.2)
arr
```

실행 결과

```
array([0. , 0.2, 0.4, 0.6, 0.8, 1. ])
```

※ 코드를 실행했을 때 'ModuleNotFoundError: No module named ...' 와 같은 에러가 발생한다면 반드시 해당 모듈을 설치해야 한다.

■ 넘파이 배열은 단일 수의 연산을 간단하게 처리할 수 있다.

리스트 항목 전체에 일정한 값을 연산해야 할 경우 다음과 같이 for 문 반복을 이용하여 리스트의 항목을 차례대로 가져와 연산을 수행해야 한다.

```python
# 0 ~ 10 까지 2씩 증가하는 리스트 n 생성
n = list(range(0,11,2))

# n의 각 항목을 2만큼 증가
for i in range(len(n)):
    n[i] = n[i] + 2
n
```

실행 결과

```
[2, 4, 6, 8, 10, 12]
```

그런데 넘파이 배열 항목 전체에 일정한 값을 연산해야 할 경우 다음과 같이 배열에 해당 연산자를 이용한 수식을 작성해서 실행하면 원하는 값을 구할 수 있다. 또한 같은 형태의 배열끼리 연산할 때도 연산자를 이용한 수식을 이용해서 값을 구할 수 있다.

```python
import numpy as np

arr1 = np.arange(0,1.1,0.2)     # 0부터 1까지 0.2씩 증가하는 항목을 갖는 배열
arr2 = np.ones(6)               # 6개의 1을 갖는 배열

print(arr1 + 0.1)               # arr1 배열 항목 전체를 0.1만큼 증가한 값
print(arr1 + arr2)              # arr1 배열과 arr2 배열에서 같은 위치 항목값끼리 덧셈
```

실행 결과

```
[0.1 0.3 0.5 0.7 0.9 1.1]
[1.  1.2 1.4 1.6 1.8 2. ]
```

■ 넘파이 배열에서는 다양한 수학, 통계, 공학 함수를 제공한다.

넘파이는 배열에 대해서 파이썬 기본 패키지보다 더 다양한 수학, 통계, 공학 함수를 제공한다. 아래와 같이 넘파이에서 제공하는 함수를 이용하면 넘파이 배열에 대한 통계를 쉽게 구할 수 있다.

```python
import numpy as np

arr = np.arange(0, 1.1, 0.2)
arr = arr + 0.1
print('합:       ', np.sum(arr))
print('평균:     ', np.mean(arr))
print('최대:     ', np.max(arr))
print('최소:     ', np.min(arr))
print('분산:     ', np.var(arr))
print('표준편차:', np.std(arr))
```

실행 결과
```
합:       3.6
평균:     0.6
최대:     1.1
최소:     0.1
분산:     0.1166666666666667
표준편차: 0.34156502553198664
```

② 넘파이 배열 만들기

2.1 넘파이 배열 생성하기

 교재 소스 파일 : 5장/넘파이.ipynb

(1) 파이썬 리스트(튜플)를 넘파이 배열로 생성 : array( )

넘파이의 array( )를 사용해서 파이썬 리스트 혹은 튜플을 넘파이 배열로 만들 수 있다. 배열의 개별 항목은 정수, 실수와 같은 숫자값이 될 수도 있고 문자열이 될 수도 있다.

📋 **사용법**

array(파이썬 리스트 or 튜플, dtype=항목의 데이터 타입)

- 인수로 전달받은 리스트 or 튜플을 넘파이 배열로 생성
- dtype을 지정하면 배열의 각 항목을 지정한 타입으로 변환

예제   넘파이의 array( )를 사용하여 넘파이 배열 생성하기

정수 배열, 실수 배열, 2차원 배열을 만들기 위해 다음과 같이 코드를 작성하고 실행한다.

```
❶  import numpy as np
❷  arr1 = np.array([1,2,3])
❸  arr2 = np.array((1.2, 2.3, 3.5))
❹  arr3 = np.array([[1,2,3],[4,5,6]])
   print(arr1)
   print(arr2)
   print(arr3)
```

실행 결과
```
[1 2 3]
[1.2 2.3 3.5]
[[1 2 3]
 [4 5 6]]
```

❶ 넘파이를 사용하기 위해 import를 쓰고 별명(alias)으로 np라고 지정한다.

❷ array( )함수에 1차원 파이썬 리스트 [1,2,3]을 인수로 전달하여 1차원 넘파이 배열을 생성한다.

❸ array( )함수에 1차원 파이썬 튜플(1.2, 2.3, 3.5)을 인수로 전달하여 1차원 넘파이 배열을 생성한다.

❹ array( )함수에 2차원 파이썬 리스트[[1,2,3], [4,5,6]]을 인수로 전달하여 2차원 넘파이 배열을 생성한다.

※ 참고 : 파이썬 함수인 type( )을 사용하면 리스트와 넘파이 배열의 타입을 확인할 수 있다.

```
import numpy as np

lst =[1,2,3]
arr = np.array(lst)

print(type(lst), lst)
print(type(arr), arr)
```

실행 결과
```
<class 'list'> [1, 2, 3]
<class 'numpy.ndarray'> [1 2 3]
```

(2) 범위 안에서 일정한 간격을 갖는 넘파이 배열 생성 : arange( ) / linspace( )

arange( )와 linspace( )를 사용하면 정해진 범위 내에서 일정 간격으로 값을 갖는 배열을 만들 수 있다. arange( )는 시작값부터 시작하여 종료값보다 작은 동안 값이 증가하는 배열을 만들기 위해 배열 항목의 증감분을 지정하는 반면, linspace( )는 시작값부터 종료 값까지의 값을 주어진 개수만큼 등분한다는 차이점이 있다.

📷 **사용법**

arange(시작값, 종료값, 단계값)

- 시작값부터 종료값보다 작은 값까지 단계값만큼 증가하는 항목을 갖는 배열 생성

linspace(시작값, 종료값, 개수, dtype=데이터 타입)

- 시작값부터 종료값까지 주어진 개수만큼 등분하는 배열 생성

▶ **예제** 넘파이의 arange( ) / linspace( )를 사용하여 넘파이 배열 생성하기

넘파이의 arange( )와 linspace( )를 사용해서 일정 범위를 갖는 배열을 만들어 그 항목 값을 비교해 보자.

```
import numpy as np

① arr1 = np.arange(1,10)
② arr2 = np.arange(1,10,2)
③ arr3 = np.linspace(0,0.9,4)

print(arr1)
print(arr2)
print(arr3)
```

실행 결과

```
[1 2 3 4 5 6 7 8 9]
[1 3 5 7 9]
[0.  0.3 0.6 0.9]
```

※ arange( )로 생성한 배열의 항목에는 지정한 범위의 종료값이 포함되지 않지만, linspace( )로 생성한 배열의 항목에는 종료값이 포함된 것을 확인할 수 있다.

① 1부터 10보다 작은 수까지 1씩 증가한 정수를 항목으로 갖는 배열을 생성한다.
② 1부터 10보다 작은 수까지 2씩 증가한 정수를 항목으로 갖는 배열을 생성한다.
③ 0부터 0.9까지 같은 간격으로 4등분한 실수를 항목으로 갖는 배열을 생성한다.

(3) 일정한 값으로 초기화된 넘파이 배열 생성 : zeros( ) / ones( ) / empty( )

항목 전체가 같은 값을 갖는 배열을 만들 때 zeros( )와 ones( )를 활용한다. 그와 달리 배열을 만들 때 배열의 각 항목을 특정 값으로 지정하지 않아도 된다면 empty( )를 사용해서 원하는 배열의 형태만 인수로 전달하여 배열을 만들 수도 있다.

```
zeros(shape, dtype=데이터 타입)
```

- shape 만큼 0으로 초기화된 배열 생성

```
ones(shape, dtype=데이터 타입)
```

- shape 만큼 1로 초기화된 배열 생성

```
empty(shape, dtype=데이터 타입)
```

- shape 형태로 초기화 하지 않은 배열 생성

예제 넘파이의 zeros( ) / ones( ) / empty( )를 사용하여 넘파이 배열 생성하기

```
import numpy as np

❶ arr1 = np.zeros(3)
❷ arr2 = np.zeros([2,3], dtype=int)
❸ arr3 = np.ones([2,2])
❹ arr4 = np.empty(2)

print(arr1)
print(arr2)
print(arr3)
print(arr4)
```

실행 결과
```
[0. 0. 0.]
[[0 0 0]
 [0 0 0]]
[[1. 1.]
 [1. 1.]]
[7.28554434e+256 3.67385402e-302]
```

❶ 항목값이 모두 0이고, 3개의 항목을 갖는 1차원 배열을 생성한다.
❷ 항목값이 모두 0이고, 2행 3열 형태인 2차원 배열을 생성하는데 개별 항목값의 데이터 타입은 정수이다.
❸ 항목값이 모두 1이고 2행 2열 형태인 2차원 배열을 생성한다.
❹ 값을 초기화하지 않은 2개의 항목을 갖는 1차원 배열을 생성한다. arr4를 출력한 결괏값은 메모리에 있는 임의의 값이 출력되기 때문에 위의 결과와 다를 수 있다.

(4) 임의의 값을 항목으로 갖는 넘파이 배열 생성 : rand( ) / randn( ) / randint( )

임의의 값은 머신러닝이나 확률 계산 등의 작업을 할 때 많이 사용된다. 넘파이에서는 임의의 값 즉 난수를 항목으로 갖는 배열을 생성하기 위해 넘파이의 random 모듈에서 제

공하는 randn( ), rand( ), randint( )를 사용한다. randn( )과 rand( )가 만드는 배열은 실수를 항목값으로 갖고, randint( )는 정수를 항목값으로 갖는다.

📑 **사용법**

random.rand(shape)

- shape 형태로 0부터 1사이의 균일한 분포로 난수를 생성해서 그 값을 항목으로 갖는 배열 생성

random.randn(shape)

- shape 형태로 평균은 0, 표준편차가 1인 정규 분포로 난수를 생성해서 그 값을 항목으로 갖는 배열 생성

random.randint(시작값, 종료값, size=shape)

- shape 형태로 시작값부터 종료값 사이의 임의의 정수를 항목으로 갖는 배열 생성

예제 | 넘파이의 rand( ) / randn( ) / randint( )를 사용하여 넘파이 배열 생성하기

```
import numpy as np

❶  arr1 = np.random.rand(2)
❷  arr2 = np.random.randn(2)
❸  arr3 = np.random.randint(1,10,size=3)
❹  arr4 = np.random.randint(10,size=(2,2))

    print(arr1)
    print(arr2)
    print(arr3)
    print(arr4)
```

실행 결과
```
[0.06970851 0.10066492]
[ 1.26989249 -0.90409634]
[2 7 4]
[[8 6]
 [5 7]]
```

❶ 0과 1 사이에서 균일한 분포로 생성한 난수 2개를 항목으로 갖는 1차원 배열을 생성한다.

❷ 평균=0이고 분산=1인 정규분포로 생성한 난수 2개를 항목으로 갖는 1차원 배열을 생성한다.

❸ 1과 10 사이의 임의의 정수 3개를 갖는 1차원 배열을 생성한다.

❹ 0과 10 사이의 임의의 정수를 이용하여 2행 2열 형태의 2차원 배열을 생성한다.

2.2 배열의 속성 출력

생성된 넘파이 배열에 대한 정보를 활용한 작업을 할 때 다음에 소개하는 배열 속성값을 갖고 있는 필드를 사용하면 해당 배열에 대한 속성 정보를 알 수 있다.

📷 **사용법**

배열명.shape

- 배열의 형태

배열명.size

- 배열의 총 항목 개수

배열명.ndim

- 배열의 축의 개수(혹은 차원의 개수)

배열명.dtype

- 배열의 각 개별 항목의 데이터 타입

▌ **예제** │ 항목값이 모두 1인 2차원 배열을 생성하고 그 배열의 속성값 출력하기

3행 4열 형태의 2차원 배열을 생성한 후에 생성한 배열의 속성을 출력하여 값을 확인해 보자.

```
import numpy as np

❶ arr1 = np.ones([3,4])

print(arr1)
❷ print('size :', arr1.size)
❸ print('dtype :', arr1.dtype)
❹ print('shape :', arr1.shape)
❺ print('ndim :',arr1.ndim)
```

실행 결과
```
[[1. 1. 1. 1.]
 [1. 1. 1. 1.]
 [1. 1. 1. 1.]]
size : 12
dtype : float64
shape : (3, 4)
ndim : 2
```

❶ 모든 값이 1인 3행 4열 형태의 2차원 배열을 생성해서 arr1에 할당한다.
❷ arr1의 개별 항목 개수를 출력한다.
❸ arr1의 개별 항목의 데이터 타입을 출력한다.
❹ arr1의 배열 형태를 출력한다.
❺ arr1의 축의 개수(차원의 개수)를 출력한다.

2.3 배열의 인덱싱과 슬라이싱

배열에서 필요한 항목만 가져와서 데이터 분석 작업을 하거나 머신러닝의 학습 데이터로 활용하는 경우가 종종 발생한다. 이렇게 배열에서 필요한 항목들을 가져오기 위해서는 배열의 인덱스 번호를 지정하거나 슬라이싱을 이용하는데, 이 방법들은 많이 사용되기 때문에 반드시 익혀두어야 한다.

🔍 **사용법**

배열명[인덱스 번호]

- 배열에서 인덱스 번호에 해당하는 항목

배열명[시작 번호 : 끝 번호]

- 인덱스가 시작 번호부터 (끝 번호-1)까지인 항목

배열명[시작 번호 :]

- 끝 번호를 생략하면 마지막 항목까지, 시작 번호를 생략하면 처음부터 (끝 번호-1)까지 항목만 가져옴

배열명[배열명에 대한 조건식]

- 조건식을 만족하는 배열의 일부분만 추출

예제   2차원 배열을 생성하고 인덱싱과 슬라이싱을 사용하여 배열의 일부분만 출력하기

```
import numpy as np

❶  arr1 = np.array([[1,2,3],
                    [4,5,6],
                    [7,8,9]])

❷  print(arr1[0])
❸  print(arr1[0,2])
❹  print(arr1[1:])
❺  print(arr1[arr1 > 5])
```

실행 결과
```
[1 2 3]
3
[[4 5 6]
 [7 8 9]]
[6 7 8 9]
```

❶ 3행 3열 형태의 2차원 배열을 생성한다.
❷ 0번 인덱스 행 전체를 출력한다.
❸ 0번 인덱스 행, 2번 인덱스 열에 해당하는 항목을 출력한다.
❹ 1번 인덱스 행부터 마지막 행까지 출력한다.
❺ arr1 배열의 항목 중 5보다 큰 항목들만 출력한다.

2.4   배열의 변형 : transpose( ), reshape( ), flatten( )

머신러닝이나 데이터 분석 작업을 할 때 주어진 배열의 형태를 바꿔야 하는 경우가 종종 발생한다. transpose( ) or T는 배열 항목의 행과 열을 서로 바꿔 항목의 위치를 조정한 배열을 만들고, reshape( )는 해당 배열을 인수로 전달된 형태대로 배열을 새로 만든다. 이때 주의해야 할 점은 원본 배열의 총 항목 개수와 reshape( )를 이용해서 새로 만드는 배열의 총 항목 개수가 같도록 reshape( )에 전달하는 인수를 지정해야 한다. flatten( )는 다차원 배열을 1차원 배열로 바꾼 배열을 생성한다.

📷 **사용법**

배열명.transpose( ) / 배열명.T

• 배열 항목의 행과 열을 서로 바꾼 배열을 리턴

배열명.reshape(차원값)

• 전달된 차원값으로 재구성한 배열을 리턴

배열명.flatten( )

- 1차원 배열로 변형한 배열을 리턴

예제 배열 항목의 행/열을 서로 교환한 배열, 3행 2열 형태로 재구성한 배열, 1차원 배열로 재구성한 배열을 생성하여 출력하기

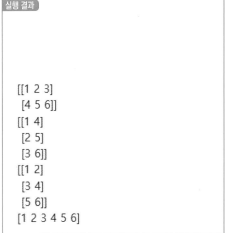

주어진 배열	transpose( )	reshape( )	flatten( )
1 2 3 4 5 6	1 4 2 5 3 6	1 2 3 4 5 6	1 2 3 4 5 6

```
     import numpy as np

❶   arr = np.array([[1,2,3], [4,5,6]])

❷   arr_T = arr.transpose()
❸   arr_R = arr.reshape(3,2)
❹   arr_F = arr.flatten()

❺   print(arr)
     print(arr_T)
     print(arr_R)
     print(arr_F)
```

실행 결과
```
[[1 2 3]
 [4 5 6]]
[[1 4]
 [2 5]
 [3 6]]
[[1 2]
 [3 4]
 [5 6]]
[1 2 3 4 5 6]
```

❶ 2행 3열 형태의 2차원 배열을 생성한다.

❷ arr 배열 항목의 행/열 인덱스를 서로 바꿔 구성한 것을 arr_T에 저장한다.

❸ arr 배열의 형태를 3행 2열 형태의 2차원 배열로 바꿔 구성한 것을 arr_R에 저장한다.

❹ arr 배열을 1차원으로 바꿔 구성한 것을 arr_F에 저장한다.

❺ arr 배열과 arr 배열의 형태를 바꾼 것을 출력한다.

③ ▸▸ ● 넘파이 배열 활용하기

이번 장에서는 배열에 저장된 데이터들에 대해 덧셈이나 뺄셈과 같은 산술연산을 실행하고 연산 결과 확인을 통하여 배열 간의 연산 원리를 알아본다. 또한 배열의 데이터들에 대한 평균이나 분산 등의 통계 연산에 대해서도 함께 알아보기로 한다.

3.1 연산자에 의한 기본 연산

📷 **사용법**

- 같은 형태의 배열끼리 기본 연산을 하면 각각의 배열에서 같은 위치의 항목끼리 기본 연산을 수행한다.
- 배열과 단일 숫자를 기본 연산하면 배열의 개별 항목과 주어진 숫자와의 기본 연산을 수행한다.

예제 1 두 배열에 대한 덧셈, 뺄셈, 크기 비교 연산 결과를 출력하기

형태가 같은 두 배열에 대해서 산술 연산이나 비교 연산을 하는 경우 같은 위치의 항목끼리 연산하여 두 배열과 같은 형태로 결과를 산출한다.

```
import numpy as np

❶ arr1 = np.arange(1,5)
❷ arr2 = np.ones(4)

❸ print(arr1, arr2)
❹ print(arr1 + arr2)
  print(arr1 - arr2)
❺ print(arr1 > arr2)
```

실행 결과

```
[1 2 3 4] [1. 1. 1. 1.]
[2. 3. 4. 5.]
[0. 1. 2. 3.]
[False  True  True  True]
```

❶ 1,2,3,4를 항목으로 갖는 1차원 배열을 생성한다.
❷ 4개의 1을 항목으로 갖는 1차원 배열을 생성한다.
❸ 생성한 두 개의 배열을 출력한다.
❹ 두 배열의 덧셈과 뺄셈을 수행하고 결과를 출력한다.
❺ arr1 배열의 개별 항목 크기가 같은 위치의 arr2 배열 항목보다 큰 지 확인하여 결과를 출력한다.

예제 2   배열에 2를 더하고, 2를 곱한 결과를 출력하기

배열과 단일 숫자 간의 연산을 하는 경우 배열의 각 항목에 대해서 똑같은 단일 숫자 연산을 실행하고 그 결과를 배열과 같은 형태로 산출한다.

``python
import numpy as np
 	
❶ arr1 = np.random.randint(11, size=4)
 	
❷ print(arr1)
❸ print(arr1 + 2)
   print(arr1 * 2)
``
	실행 결과
	
	[8 9 9 0]
	[10 11 11 2]
	[16 18 18 0]

❶ randint( ) 함수를 이용하여 0 이상 10 이하의 임의의 정수 4개를 항목으로 갖는 배열을 생성한다.
❷ 생성한 배열을 출력한다.
❸ 배열의 개별 항목에 2를 더하고, 2를 곱한 연산을 수행하여 결과를 출력한다.

3.2   유니버설 함수

넘파이에서 제공하는 유니버설 함수를 이용하면 배열 항목들에 대한 합계, 최댓값, 최솟값 같은 집계 기능 외에도 산술평균, 분산, 표준편차 같은 기본적인 통계값도 복잡한 연산 과정 없이 편리하게 구할 수 있다.

📷 **사용법**

mean( ), abs( ), sqrt( ), isnan( ), rint( ), floor( ), sum( ), min( ),
max( ), var( ), std( ) 등과 같은 함수

• 유니버설 함수는 넘파이 배열에 대해서 수학 연산을 수행하도록 만들어진 함수들이다.

예제 배열의 항목들 중에서 최솟값과 최댓값을 출력하고, 항목들의 합계와 산술평균, 분산, 표준편차를 계산한 결과 출력하기

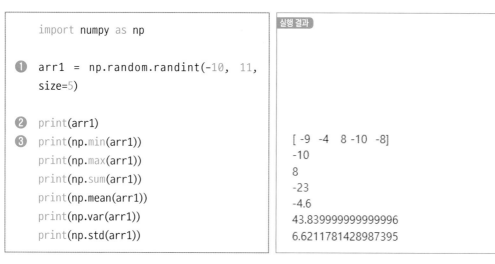

```
import numpy as np

❶ arr1 = np.random.randint(-10, 11,
   size=5)

❷ print(arr1)
❸ print(np.min(arr1))
   print(np.max(arr1))
   print(np.sum(arr1))
   print(np.mean(arr1))
   print(np.var(arr1))
   print(np.std(arr1))
```

실행 결과
```
[ -9  -4   8 -10  -8]
-10
8
-23
-4.6
43.839999999999996
6.6211781428987395
```

❶ -10 이상 10 이하 임의의 정수 5개를 갖는 1차원 배열을 생성한다.

❷ 생성한 배열을 출력한다.

❸ 넘파이가 제공하는 유니버설 함수인 min( ), max( ), sum( ), mean( ), var( ), std( )을 이용하여 최솟값, 최댓값, 합계, 산술평균, 분산, 표준편차를 구하여 출력한다.

3.3 넘파이 배열의 연산 연습

세 명의 학생에 대한 국어, 영어 점수가 오른쪽 표와 같이 주어질 때 국어 점수와 영어 점수를 각각 '국어'와 '영어'라는 이름의 넘파이 배열로 생성한다.

구분	0번	1번	2번
국어	20	30	60
영어	60	40	90

```
import numpy as np

❶ 국어 = np.array([20,30,60])
❷ 영어 = np.array([60,40,90])

   print(국어)
   print(영어)
```

실행 결과
```
[20 30 60]
[60 40 90]
```

❶ 파이썬 리스트 [20,30,60]을 넘파이 배열로 생성해서 '국어'라는 변수에 저장한다.

❷ 파이썬 리스트 [60,40,90]을 넘파이 배열로 생성해서 '영어'라는 변수에 저장한다.

위에서 생성한 배열을 이용하여 각 학생별 국어 점수와 영어 점수를 더한 값을 '총점'이라는 이름의 넘파이 배열로 생성하고, '총점' 배열을 이용하여 각 학생별 평균을 구한 것을 '평균'이라는 배열로 생성한다.

코드	실행 결과
❶ 총점 = 국어 + 영어 ❷ 평균 = 총점/2 　print(총점) 　print(평균)	[80 70 150] [40. 35. 75.]

❶ 두 배열에서 같은 위치에 있는 항목끼리 덧셈을 한 결과가 '총점'이라는 새로운 넘파이 배열로 저장된다.
❷ '총점'배열의 각 항목을 2로 나눈 결과가 '평균'이라는 새로운 넘파이 배열로 저장되어 출력된다.

　모든 학생들의 국어 점수 평균을 구하여 출력한다.

코드	실행 결과
❶　print(np.mean(국어))	36.666666666666664

❶ '국어' 배열을 mean( ) 함수로 전달하면 '국어' 배열 항목 전체에 대한 산술평균을 구하게 된다.

1. 아래 코드를 실행하여 생성된 배열 arr2의 결과를 적어 보시오.

```python
arr2 =np.array([[1,2,3],[4,5,6]])
arr2=arr2.flatten() * 2
print(arr2)
```

2. 넘파이 배열의 특징으로 옳은 것은?

   ① 생성된 배열의 항목 개수는 변경할 수 없다.
   ② 한 배열 안의 항목들은 다른 타입의 데이터를 가질 수 있다.
   ③ 파이썬 리스트보다 느린 연산 속도를 갖는다.
   ④ 파이썬 리스트와 비교했을 때 더 많은 메모리를 차지한다.

3. 오른쪽과 같은 형태의 넘파이 배열을 생성하려고 한다. arange( ) 함수의 빈 칸을 채우시오.

```python
import numpy as np


arr = np.arange(          )
arr
```

실행 결과
```
array([ 5, 10, 15, 20, 25, 30])
```

4. 넘파이의 zeros( )를 사용하여 배열 arr1을 생성하였다. 배열 arr1의 속성값을 구한 결과가 아래
   와 같을 때 보기 중 생성된 배열 arr1으로 올바른 것은 무엇인가?

```python
print(arr1.shape)
print(arr1.ndim)
print(arr1.dtype)
print(arr1.size)
```

실행 결과
```
(2, 3)
2
int32
6
```

   ① [[0. 0. 0.]
      [0. 0. 0.]]

   ② [[0 0]
      [0 0]
      [0 0]]

   ③ [[0 0 0]
      [0 0 0]]

   ④ [[0. 0.]
      [0. 0.]]

5. 다음과 같은 배열 arr1을 생성하고, 배열 arr1의 일부분만 출력하기 위해 인덱싱과 슬라이싱을 이용한 파이썬 코드를 작성하였다. 코드의 실행 결과를 각각 적어 넣으시오.

```
arr1 = np.array([[1,2,3],
                 [4,5,6],
                 [7,8,9]])
print(arr1)
```

실행 결과
```
[[1 2 3]
 [4 5 6]
 [7 8 9]]
```

```
print(arr1[1])

print(arr1[2,2])

print(arr1[1:3])

print(arr1[arr1 <= 5])
```

판다스
(Pandas)

C O N T E N T S

① ‣‣ ● 판다스 개요

1.1 판다스(Pandas)란?

판다스는 데이터 분석을 위해 많이 사용되는 파이썬 라이브러리로 넘파이를 기반으로 만들어졌기 때문에 대용량 데이터를 빠른 속도로 분석할 수 있다. 판다스는 1차원 배열 형태인 시리즈(Series)와 2차원 배열 형태인 데이터프레임(DataFrame)을 기본 데이터 구조로 갖고 있으며, 이 데이터 구조를 바탕으로 다양한 함수를 사용해서 통계, 재무, 공학, 사회 과학 등 여러 분야의 데이터 분석에 많이 활용되고 있다.

보통 코랩에서는 pandas 모듈이 기본적으로 제공되지만, 설치 되어 있지 않은 경우에는 아래 문장을 입력하여 설치한다. 주피터 노트북의 셀에 아래와 같이 명령문을 실행하면 된다.

```
pip install pandas
```

1.2 판다스의 특징

(1) 가변적인 데이터 구조

판다스의 2차원 배열 형태인 데이터프레임의 경우 칼럼이나 행을 추가하거나 삭제할 수 있고 순서도 바꿀 수 있다. 데이터프레임의 각 칼럼은 서로 다른 타입의 데이터를 저장할 수 있고 처음에 지정했던 칼럼의 데이터 타입을 다른 타입으로 변경하는 것도 가능하다. 그리고 데이터프레임의 일부를 분리하거나 병합하는 작업도 쉽게 할 수 있다.

(2) 쉬운 데이터 처리

판다스는 값이 누락된 결측치 처리 작업도 쉽게 할 수 있고, 데이터 집계와 변환 작업을 하기 위해서 특정 칼럼을 기준으로 그룹화하는 기능도 제공한다. 인덱스 번호나 칼럼명을 지정하는 방법 외에도 슬라이싱과 조건 연산식을 사용해서 원하는 데이터만 가져올 수도 있다. 또 원하는 대로 데이터를 정렬하거나 통계 결과를 쉽게 산출할 수 있고, 날짜 데이터 같은 경우는 주어진 날짜에서 년, 월, 일, 요일을 추출하는 등의 다양한 함수를 제공하기 때문에 넘파이보다 훨씬 효율적으로 데이터를 처리할 수 있다.

② ▸▸● 판다스 데이터프레임 만들기

데이터 분석을 할 때 주로 사용되는 판다스 데이터 구조는 데이터프레임이다. 이번 장에서는 데이터프레임을 생성하는 여러 가지 방법과 데이터프레임의 데이터를 조회하는 방법에 대해서 알아보려고 한다. 본 교재에서는 사용 빈도가 높은 것을 주로 소개하고 있는데 보다 자세한 내용은 판다스 홈페이지(https://pandas.pydata.org/)에 게시되어 있다.

2.1 데이터프레임의 구조

데이터프레임은 2차원 배열 형태의 자료구조이다. 예를 들어 개인별 이름, 나이, 지역 데이터를 수집해서 판다스 데이터프레임으로 생성하는 경우 아래 그림과 같은 표 형태로 데이터를 저장한다.

	이름	나이	지역 ④
0	Kim	20	서울 ❶
❸ 1	Lee	22	경기 ❷
2	Park	25	제주
3	Choi	19	강원
4	Song	23	인천

❶ **레코드(Record)**: 표에서 실제 데이터의 가로 줄 즉 행으로 표현되는 것으로, 하나의 단위로 취급되는 데이터의 집합을 말한다.

❷ **칼럼(Column)**: 표에서 실제 데이터의 세로 줄로 표현되는 것으로 레코드 내에서 개별 항목을 지칭할 때 사용하는 명칭이다.

❸ **행 번호**: 데이터프레임을 생성할 때 사용자가 행 번호에 대해서 별도로 지정하지 않으면, 각각 레코드에 0번부터 순서대로 행 번호가 자동으로 부여된다. 데이터프레임에 있는 개별 레코드를 가져올 때 행 번호를 사용해서 가져온다.

❹ **칼럼명**: 데이터프레임을 생성할 때 칼럼명을 지정하면 레코드의 각 칼럼을 가리키는 이름으로 사용할 수 있다. 데이터프레임을 생성할 때 칼럼명을 지정하지 않으면 행 번호처럼 0부터 번호가 부여된다.

※ 참고 : 칼럼을 지칭할 때 여러 가지 용어를 혼용해서 사용하지만 의미는 같다.

칼럼, 열 (Column)	속성 (Attribute)	필드 (Field)	변수 (Variable)	특징 (Feature)

2.2 파이썬 리스트를 데이터프레임으로 생성

2차원 리스트는 행과 열의 형태로 구성할 수 있기 때문에 판다스 데이터프레임으로 만들 수 있다. 2차원 리스트를 이용해서 판다스 데이터프레임을 만드는 방법은 다음과 같다.

🔍 사용법

DataFrame([[값11, 값12, ...], [값21, 값22, ...], ...])

- 2차원 리스트에 저장된 값을 이용해서 데이터프레임을 생성한다.
- 2차원 리스트 안의 1차원 리스트가 하나의 레코드가 된다. 2차원 리스트 안의 모든 1차원 리스트들의 항목 개수가 같아야 한다.

예제 파이썬 2차원 리스트를 이용하여 판다스 데이터프레임 생성하기

```
❶  import pandas as pd

❷  df = pd.DataFrame([ ['Kim',27,92],
                       ['Lee', 33,98],
                       ['Park',19, 87] ])
❸  df
```

실행 결과

	0	1	2
0	Kim	27	92
1	Lee	33	98
2	Park	19	87

→ 데이터프레임의 칼럼명을 별도로 지정하지 않았기 때문에 칼럼명이 0, 1, 2가 된다.

❶ 판다스를 사용하기 위해 import를 쓰고 별명(alias)으로 pd라고 지정한다.
❷ 2차원 배열을 DataFrame( )의 인수로 전달하고, 그 결과로 생성된 데이터프레임을 df에 저장한다
❸ df를 출력한다.

2.3 파이썬 딕셔너리를 데이터프레임으로 생성

딕셔너리의 키를 칼럼으로 사용하고 각 키에 대한 값은 리스트로 지정하여 데이터프레임을 생성할 수 있다. 이렇게 하면 각 키가 갖는 리스트의 항목 개수만큼 레코드(행)를 갖는 데이터프레임을 생성하게 되므로 각 키가 갖는 리스트의 항목 개수가 동일해야 한다.

📷 **사용법**

```
DataFrame( { '키1' : [값11, 값12, ... ], '키2' : [값21, 값22, ...],  ...  } )
```

- 딕셔너리의 키를 칼럼명으로, 리스트로 된 딕셔너리의 값을 칼럼값으로 사용해서 표 형태의 데이터프레임을 생성한다.

예제 파이썬 딕셔너리를 이용하여 판다스 데이터프레임 생성하기

❶ `import pandas as pd`

❷ `df = pd.DataFrame({'name':['Kim','Lee','Park'],`
`                    'age':[27, 33,19],`
`                    'score':[92,98,87]})`

❸ `df`

실행 결과

	name	age	score
0	Kim	27	92
1	Lee	33	98
2	Park	19	87

→ 칼럼명이 지정된 것을 확인할 수 있다.

❶ 판다스를 사용하기 위해 import를 쓰고 별명(alias)으로 pd라고 지정한다.
❷ 'name' 칼럼에 대한 값, 'age' 칼럼에 대한 값, 'score' 칼럼에 대한 값을 파이썬 딕셔너리 형태를 사용하여 DataFrame( )의 인수로 전달하고, 그 결과로 생성된 데이터프레임을 df에 저장한다.
❸ df를 출력한다.

2.4 파일을 읽어서 데이터프레임 생성 : csv 파일

일반적으로 데이터 분석을 위해서 데이터프레임을 만들 때는 앞서 연습한 것처럼 프로그램 코드 안에서 데이터를 하나씩 입력하여 데이터프레임을 만들지 않는다. 보통은 데이터가 저장된 파일을 읽어 데이터프레임을 만드는데, 데이터 파일로 많이 사용하는 것 중 하나가 csv 파일이다.

csv(comma separated value) 파일은 쉼표를 기준으로 데이터의 항목을 구분해서 저장한 파일이다. 이번에는 간단한 csv 파일을 직접 만들어 보고 그 파일을 이용해서 데이터프레임을 만들어 보려고 한다.

(1) CSV 파일 만들기

- 윈도우 [메모장] 프로그램을 실행하여 오른쪽과 같이 첫 줄에는 항목명을 적고 그 다음부터는 각 항목별 데이터를 쉼표로 구분하여 입력한다.

- [파일] → [다른 이름으로 저장]할 때, 파일 형식은 '모든 파일 (*.*)'로 , 파일 이름은 'data.csv'로 입력하고 인코딩은 'UTF-8'로 선택 후 저장한다. (만일 ANSI로 그냥 둔 경우 인코딩문장을 사용하지 않아도 된다.)

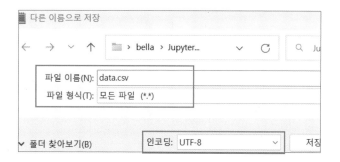

(2) 파일 이동 : 주피터 노트북을 사용하는 경우

- 주피터 노트북을 사용하는 경우 작성할 프로그램과 같은 폴더로 data.csv 파일을 옮겨 놓는다. 이렇게 하면 파일명만 지정하여 data.csv를 열어 작업할 수 있다.

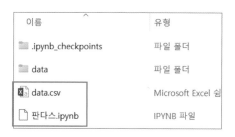

(3) 파일 이동 : 코랩을 사용하는 경우

- 코랩을 사용하는 경우에는 코드 입력란 왼쪽의 [폴더] 아이콘을 클릭하여 세션 저장소 폴더 상태가 보이도록 한다.

- 윈도우 탐색기에서 data.csv 파일을 찾아 세션 폴더로 드래그해서 복사한다.

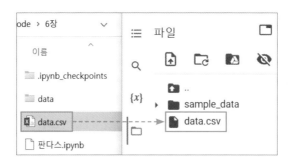

- 혹은 코랩의 코드 입력셀에 아래와 같이 코드를 입력하고 실행한 후 [파일 선택] 버튼을 눌러 업로드할 파일(data.csv)을 선택하여 업로드하는 것도 가능하다.

```python
from google.colab import files
files.upload()
```

※ 참고 : 코랩에 업로드한 파일은 일정 시간이 지나면 사라진다.

(4) csv 파일로 데이터프레임 만들기

```
read_csv('csv 파일명', encoding='인코딩 타입')
```

• .csv 파일을 읽어서 파일 데이터의 첫 번째 줄을 칼럼명으로 갖는 데이터프레임을 생성한다.
• read_csv( )를 이용하여 파일을 읽을 때 한글 데이터를 제대로 가져오지 못하는 경우, 인코딩 타입을 지정해야 한다.

```
    import pandas as pd

❶ df = pd.read_csv('data.csv', encoding='UTF-8')
❷ df
```

	name	age	score
0	Kim	27	92
1	Lee	33	98
2	Park	19	87

❶ 'data.csv' 파일의 데이터를 읽어 데이터프레임을 생성한 것을 df에 저장한다. 만일 csv 파일 저장시 윈도우에서 ANSI로 둔 경우 인코딩 문장을 쓰지 않아도 된다. 하지만 컴퓨터 환경에 따라 에러 나는 경우 UTF-8로 저장하고 인코딩 문장을 쓰는 것을 추천한다.
❷ df를 출력한다.

2.5 파일을 읽어서 데이터프레임 생성 : xlsx 파일

데이터 분석을 할 때 사용하는 또다른 데이터 파일이 엑셀 통합 문서인 xlsx 파일이다. 이번에는 교재에서 제공하는 xlsx 파일을 이용하여 데이터프레임을 만들어 보려고 한다.

```
read_excel('xlsx 파일명')
```

• .xlsx 파일을 읽어서 파일 데이터의 첫 번째 줄을 칼럼명으로 갖는 데이터프레임을 생성한다.

▎**예제**▎ 엑셀 파일로 데이터프레임 만들기

- 제공된 파일들 중에서 '6장/data.xlsx'을 열어보면 아래 그림과 같이 데이터가 저장되어 있다. 1번 행은 데이터프레임 생성 시 칼럼명으로 사용된다.

	A	B	C	D	E	F	G
1	반	이름	성별	국어	수학	응시여부	확인여부
2	A반	구이서	남	90	89	응시	확인
3	B반	김이정	여	78	45	응시	확인
4	A반	오지수	남			응시	확인
5	B반	김선후	남	33	44	응시	
6	A반	하진희	여	0	85	응시	
7	A반	강현진	남				
8	B반	김진솔	남	90	89	응시	확인
9	B반	박서준	여	78	45	응시	확인
10	A반	김성희	남				확인
11	B반	이지서	여	86	100	응시	확인
12							

- 주피터 노트북을 사용하는 경우 작성하는 프로그램과 같은 폴더로 data.xlsx 파일을 옮겨 놓는다. 코랩을 사용하는 경우에는 세션 저장소에 data.xlsx 를 저장해야 한다.

```
import pandas as pd

❶ df = pd.read_excel('data.xlsx')
❷ df
```

▎**실행 결과**▎

	반	이름	성별	국어	수학	응시여부	확인여부
0	A반	구이서	남	90.0	89.0	응시	확인
1	B반	김이정	여	78.0	45.0	응시	확인
2	A반	오지수	남	NaN	NaN	응시	확인
3	B반	김선후	남	33.0	44.0	응시	NaN
4	A반	하진희	여	0.0	85.0	응시	NaN
5	A반	강현진	남	NaN	NaN	NaN	NaN
6	B반	김진솔	남	90.0	89.0	응시	확인
7	B반	박서준	여	78.0	45.0	응시	확인
8	A반	김성희	남	NaN	NaN	NaN	확인
9	B반	이지서	여	86.0	100.0	응시	확인

→ data.xlsx에서 값이 없는 빈 셀이 데이터 프레임에서는 NaN으로 표시된다.

❶ 'data.xlsx' 파일의 데이터를 읽어 데이터프레임으로 생성한 것을 df에 저장한다.

❷ df를 출력한다.

2.6 데이터프레임의 데이터 보기

(1) 데이터프레임의 상위/하위 데이터 몇 개만 보기 : head( )/tail( )

데이터프레임을 생성한 뒤에는 제공한 데이터가 데이터프레임으로 잘 생성되었는지 확인해야 한다. 그 작업을 위해서 데이터프레임 전체를 출력하지 않고 상위/하위 데이터 몇 개만 출력할 때 사용하는 메소드가 head( )/tail( )이다. head( )/tail( ) 메소드는 데이터프레임에서 몇 개의 데이터만 출력하여 데이터프레임의 칼럼과 값의 형태를 확인할 수 있기 때문에 많이 사용된다.

📇 **사용법**

데이터프레임명.head(개수) / 데이터프레임명.tail(개수)

- 데이터프레임에서 원하는 개수 만큼 상위/하위 데이터들을 출력한다.
- 출력할 개수를 지정하지 않으면 기본적으로 5개를 출력한다.

▌ **예제** ▏ 데이터프레임(df)에서 상위 3개 데이터만 보기

```
df.head(3)
```

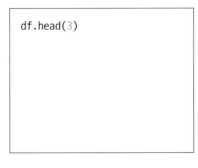

실행 결과

	반	이름	성별	국어	수학	응시여부	확인여부
0	A반	구이서	남	90.0	89.0	응시	확인
1	B반	김이정	여	78.0	45.0	응시	확인
2	A반	오지수	남	NaN	NaN	응시	확인

(2) 데이터프레임에 대한 정보 보기 : info( )

생성한 데이터프레임에 대해서 데이터 분석을 실행하려면 해당 데이터프레임에 대한 기본적인 정보를 확인한 뒤에 데이터를 분석할 방법을 정할 수 있다. 데이터프레임이 갖는 레코드의 개수와 칼럼 개수를 비롯하여 칼럼명과 각 칼럼별로 값을 갖고 있는 개수, 그리고

칼럼이 갖는 데이터 타입을 확인하기 위해서는 다음과 같이 데이터프레임에 대한 info( ) 메소드를 사용한다.

🔍 사용법

데이터프레임명.info( )

- 데이터프레임의 칼럼들과 칼럼의 데이터 타입, 데이터 개수 등의 기본 정보를 출력한다.

예제   데이터프레임(df)의 정보 출력하기

❶   df.info()

실행 결과

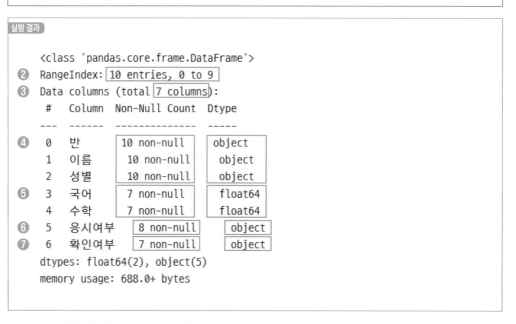

```
    <class 'pandas.core.frame.DataFrame'>
❷   RangeIndex: 10 entries, 0 to 9
❸   Data columns (total 7 columns):
     #   Column  Non-Null Count  Dtype
    ---  ------  --------------  -----
❹    0   반       10 non-null     object
     1   이름      10 non-null     object
     2   성별      10 non-null     object
❺    3   국어      7 non-null      float64
     4   수학      7 non-null      float64
❻    5   응시여부   8 non-null      object
❼    6   확인여부   7 non-null      object
    dtypes: float64(2), object(5)
    memory usage: 688.0+ bytes
```

❶ 데이터프레임인 df의 정보를 출력한다.

❷ 데이터프레임이 갖는 레코드는 10개이고 각 레코드의 행 번호는 0~9이다.

❸ 데이터프레임의 칼럼 개수는 7개이다.

❹ '반', '이름', '성별' 칼럼은 값을 10개 갖고 있으며 타입은 object(문자열을 의미)이다.

❺ '국어', '수학' 칼럼은 값을 7개 갖고 있으며 타입은 float64(실수)이다.(10개 중 3개는 NaN이다.)

❻ '응시여부' 칼럼은 값을 8개 갖고 있으며 타입은 object이다.(10개 중 2개는 NaN이다.)

❼ '확인여부' 칼럼은 값을 7개 갖고 있으며 타입은 object이다.(10개 중 3개는 NaN이다.)

(3) 데이터프레임의 특정 칼럼의 데이터 보기

데이터 분석을 하거나 머신러닝 모델을 생성할 때 데이터프레임에서 원하는 칼럼만 지정해서 사용하는 경우가 있다. 하나의 특정 칼럼 혹은 여러 개의 특정 칼럼을 가져올 수 있는 방법은 다음과 같다.

🔍 사용법

> 데이터프레임명.칼럼명 / 데이터프레임명['칼럼명']

- 지정한 칼럼 한 개의 데이터를 가져온다.

> 데이터프레임명[['칼럼명1', '칼럼명2', ...]]

- 리스트로 지정한 여러 개의 칼럼 데이터를 가져온다.

예제 1 데이터프레임(df)에서 '이름' 칼럼의 데이터만 보기

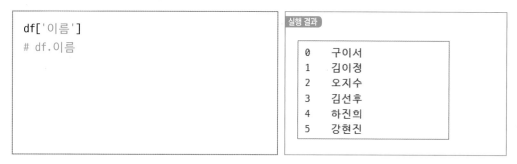

```
df['이름']
# df.이름
```

실행 결과

```
0    구이서
1    김이정
2    오지수
3    김선후
4    하진희
5    강현진
```

예제 2 데이터프레임(df)에서 '이름' 칼럼과 '성별' 칼럼의 데이터만 보기

```
df[['이름','성별']]
```

실행 결과

	이름	성별
0	구이서	남
1	김이정	여
2	오지수	남
3	김선후	남
4	하진희	여
5	강현진	남

(4) 데이터프레임의 행 범위를 지정해서 데이터 보기

데이터프레임에서 특정 칼럼만 지정해서 데이터를 가져오는 것처럼 특정 행을 지정해서 가져올 수 있다. 또 데이터프레임의 특정 행에서 특정 칼럼의 데이터만 가져올 수도 있다.

📁 **사용법**

데이터프레임명[시작 행 번호 : 종료 행 번호]

- 시작 행 번호부터 종료 행 번호 이전까지의 레코드를 가져온다.

데이터프레임명['칼럼명'][시작 행 번호 : 종료 행 번호]

- 지정한 칼럼에서 시작 행 번호부터 종료 행 번호 이전까지의 데이터를 가져온다.

📑 **예제 1**   데이터프레임(df)에서 0번~2번 행 데이터 전체 보기

```
df[0:3]
```

실행 결과

	반	이름	성별	국어	수학	응시여부	확인여부
0	A반	구이서	남	90.0	89.0	응시	확인
1	B반	김이정	여	78.0	45.0	응시	확인
2	A반	오지수	남	NaN	NaN	응시	확인

📑 **예제 2**   데이터프레임(df)의 '이름' 칼럼에서 행 번호 0번~2번의 데이터 보기

```
df['이름'][0:3]
```

실행 결과

```
0    구이서
1    김이정
2    오지수
Name: 이름, dtype: object
```

(5) 데이터프레임에서 행과 칼럼을 지정하여 데이터 보기

데이터프레임의 특정 행과 칼럼을 지정해서 데이터를 가져올 때 loc[ ]과 iloc[ ] 메소드를 사용해서 가져올 수도 있다. loc[ ]은 행 번호와 칼럼 이름을 사용해서 지정한 행과 칼럼이 가리키는 데이터를 가져오는데 반해서 iloc[ ]은 0부터 시작한 행 순서값과 열 순서값을 이용해서 원하는 위치의 데이터를 가져온다.

> **🔍 사용법**
>
> - 데이터프레임명.loc[행 번호, ['칼럼 이름']]
> - 데이터프레임명.iloc[0부터 시작한 행 순서값, 0부터 시작한 칼럼 순서값]
>
> - 행과 열을 지정하여 데이터프레임의 일부 데이터만 가져와서 출력한다.

예제 1 데이터프레임(df)에서 행 번호가 2인 데이터 전체 출력하기

	반	이름	성별	국어	수학	응시여부	확인여부
0	A반	구이서	남	90.0	89.0	응시	확인
1	B반	김이정	여	78.0	45.0	응시	확인
2	A반	오지수	남	NaN	NaN	응시	확인

```
df.loc[2]
```

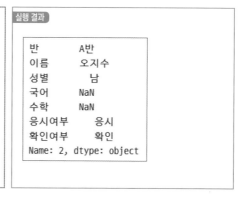

실행 결과
```
반            A반
이름          오지수
성별            남
국어          NaN
수학          NaN
응시여부        응시
확인여부        확인
Name: 2, dtype: object
```

예제 2 데이터프레임(df)에서 행 번호 0번~3번인 데이터 중에서 '이름' 칼럼의 데이터만 출력하기

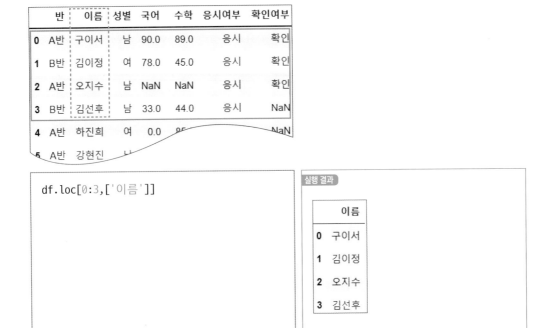

```
df.loc[0:3,['이름']]
```

실행 결과

	이름
0	구이서
1	김이정
2	오지수
3	김선후

loc을 사용하면 종료행으로 지정한 3번 행까지 포함해서 데이터를 가져온다.

예제 3 데이터프레임(df)에서 0부터 시작한 행 순서값이 1이고, 0부터 시작한 칼럼 순서값이 2인 데이터를 출력하기

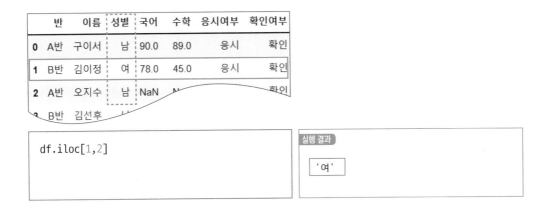

```
df.iloc[1,2]
```

실행 결과

'여'

예제 4 데이터프레임(df)에서 행 순서값이 0 ~ 2까지이고, 칼럼 순서값이 0 ~ 1까지인 데이터
를 출력하기

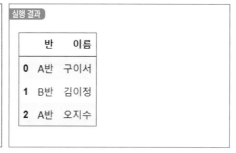

	반	이름	성별	국어	수학	응시여부	확인여부
0	A반	구이서	남	90.0	89.0	응시	확인
1	B반	김이정	여	78.0	45.0	응시	확인
2	A반	오지수	남	NaN	NaN	응시	확인
3	B반	김선후	남	33.0			
	A반	하지회					

```
df.iloc[0:3,0:2]
```

실행 결과

	반	이름
0	A반	구이서
1	B반	김이정
2	A반	오지수

loc과 달리 iloc은 가져오는 데이터의 범위로 지정한 종료값을 포함하지 않는다.

(6) 데이터프레임에 대한 조건 연산 결과 출력하기

데이터프레임의 특정 칼럼에 대해 조건식을 만족하는 것과 그렇지 않은 것을 True/
False 산출하는데, 지정한 칼럼에 대한 조건연산 결과를 행 단위로 출력한다.

사용법

- 데이터프레임명이 df인경우
- df['칼럼명']에 대한 조건식

- df에서 해당 칼럼 데이터에 대한 조건연산의 결과를 표시한다.

예제   데이터프레임(df)의 각 레코드에서 '국어' 칼럼의 값이 80 이상인지 결과 출력하기

```
df['국어']>=80
```

실행 결과

```
0      True
1     False
2     False
3     False
4     False
5     False
6      True
7     False
8     False
9      True
Name: 국어, dtype: bool
```

df의 각 레코드에 있는 '국어' 칼럼값이 80보다 크거나 같은지 확인하는 비교 연산을 수행해서 각 레코드별로 연산 결과를 출력한다.

(7) 데이터프레임에서 조건에 맞는 데이터 보기

데이터프레임의 특정 항목들에 대해 원하는 조건을 충족하는 데이터만 출력하거나 그 데이터만 따로 가져와서 새로운 데이터프레임을 만들 때 사용한다.

🗂 사용법

- 데이터프레임명이 df인경우
- df[df['칼럼명']에 대한 조건식]
   또는 df.query('칼럼명에 대한 파이썬 조건식 문자열')
- df[(df['칼럼명']에 대한 조건식1) 논리연산자 (df['칼럼명']에 대한 조건식2)]

- 지정한 칼럼에 대한 조건을 만족하는 데이터만 df에서 가져온다.
- 두 개 이상의 조건식을 논리 연산자로 묶어서 사용할 때는 각 조건식을 소괄호로 묶어야 한다.
- 논리 연산자 기호 : and 연산자 ⇨ & , or 연산자 ⇨ |

▌**예제 1**　데이터프레임(df)에서 '국어' 칼럼값이 80 이상인 레코드만 출력하기

```
df[df['국어']>=80]
# df.query('국어>=80')
```

실행 결과

	반	이름	성별	국어	수학	응시여부	확인여부
0	A반	구이서	남	90.0	89.0	응시	확인
6	B반	김진솔	남	90.0	89.0	응시	확인
9	B반	이지서	여	86.0	100.0	응시	확인

df의 '국어' 칼럼값이 80보다 크거나 같은 레코드만 출력한다. 주석 처리한 코드도 같은 결과를 출력한다.

조회한 데이터를 아래와 같이 새로운 변수 df1에 할당하면 df에서 '국어' 칼럼 값이 80보다 크거나 같은 레코드만 가져와서 새로운 데이터프레임 df1을 생성한다.

```
df1 = df[df['국어']>=80]
df1
```

▌**예제 2**　데이터프레임(df)에서 '국어' 칼럼의 값이 80 이상이고 '수학' 칼럼의 값이 90이상인 레코드만 출력하기

```
df[(df['국어']>=80) & (df['수학']>=90)]
# df.query('국어>=80 and 수학>=90')
```

실행 결과

	반	이름	성별	국어	수학	응시여부	확인여부
9	B반	이지서	여	86.0	100.0	응시	확인

df의 '국어' 칼럼값이 80보다 크거나 같고 '수학' 칼럼값이 90보다 크거나 같은 레코드만 출력한다. 주석 처리한 코드도 같은 결과를 출력한다

예제 3   데이터프레임(df)에서 '국어' 칼럼의 값이 80 이상이거나 '수학' 칼럼의 값이 90이상인 레코드만 출력하기

```
df[(df['국어'] >= 80) | (df['수학'] >= 90)]
# df.query('국어>=80 or 수학>=90')
```

실행 결과

	반	이름	성별	국어	수학	응시여부	확인여부
0	A반	구이서	남	90.0	89.0	응시	확인
6	B반	김진솔	남	90.0	89.0	응시	확인
9	B반	이지서	여	86.0	100.0	응시	확인

df의 '국어' 칼럼값이 80보다 크거나 같거나 혹은 '수학' 칼럼값이 90보다 크거나 같은 레코드를 출력한다. 주석 처리한 코드도 같은 결과를 출력한다.

(8) 데이터프레임의 데이터 정렬 : sort_values()

사용법

```
데이터프레임명.sort_values(by=['칼럼명'], ascending=True/False,
                          inplace =True/False)
```

- 지정한 칼럼값을 기준으로 데이터프레임의 데이터를 오름차순/내림차순으로 정렬한다.
- 매개변수 ascending에 값을 전달하지 않으면 오름차순으로 정렬한다.

예제   데이터프레임(df)을 '이름' 칼럼값을 기준으로 오름차순으로 정렬한 결과를 출력하기

```
df.sort_values(by=['이름'])
```

실행 결과

	반	이름	성별	국어	수학	응시여부	확인여부
5	A반	강현진	남	NaN	NaN	NaN	NaN
0	A반	구이서	남	90.0	89.0	응시	확인
3	B반	김선후	남	33.0	44.0	응시	NaN
8	A반	김성희	남	NaN	NaN	NaN	확인
1	B반	김이정	여	78.0	45.0	응시	확인
6	B반	김진솔	남	90.0	89.0	응시	확인
7	B반	박서준	여	78.0	45.0	응시	확인
2	A반	오지수	남	NaN	NaN	응시	확인
9	B반	이지서	여	86.0	100.0	응시	확인
4	A반	하진희	여	0.0	85.0	응시	NaN

→ '이름'칼럼의 값을 기준으로 데이터를 정렬한다. 데이터를 정렬해도 각 레코드에 대한 기존의 인덱스를 그대로 유지한다.

※ 만일 데이터프레임을 정렬한 데이터로 수정한 뒤에 인덱스를 0번부터 다시 할당하려면 아래와 같이 reset_index( ) 메소드를 사용한다.

❶ df.sort_values(by=['이름'], inplace=True)
❷ df.reset_index(drop=True, inplace=True)
❸ df

실행 결과

	반	이름	성별	국어	수학	응시여부	확인여부
0	A반	강현진	남	NaN	NaN	NaN	NaN
1	A반	구이서	남	90.0	89.0	응시	확인
2	B반	김선후	남	33.0	44.0	응시	NaN
3	A반	김성희	남	NaN	NaN	NaN	확인
4	B반	김이정	여	78.0	45.0	응시	확인
5	B반	김진솔	남	90.0	89.0	응시	확인
6	B반	박서준	여	78.0	45.0	응시	확인
7	A반	오지수	남	NaN	NaN	응시	확인
8	B반	이지서	여	86.0	100.0	응시	확인
9	A반	하진희	여	0.0	85.0	응시	NaN

❶ '이름' 칼럼값 순으로 데이터프레임의 데이터를 오름차순 정렬해서 수정한다.

❷ 데이터프레임의 기존 인덱스를 삭제하고, 0번부터 인덱스를 재할당한다.

❸ 데이터프레임을 출력한다.

(9) 데이터프레임의 속성값 정보 보기

📷 사용법

데이터프레임명.index

- 데이터프레임이 갖는 행 번호들

데이터프레임명.columns

- 데이터프레임이 갖는 칼럼명들

데이터프레임명.size

- 데이터프레임에 있는 개별 항목 개수들(행의 개수 x 칼럼 개수)

📝 예제   데이터프레임(df)의 행 번호, 칼럼명, 항목 개수 출력하기

```
❶  print(list(df.index))
❷  print(list(df.columns))
❷  print(df.size)
```

실행 결과

```
[0, 1, 2, 3, 4, 5, 6, 7, 8, 9]
['반', '이름', '성별', '국어', '수학', '응시여부', '확인여부']
70
```

❶ df가 갖는 행 번호들을 출력한다. df.index의 결과가 판다스의 Index 타입으로 출력되어 개별 항목을 확인할 수 없기 때문에 리스트로 형 변환하여 출력한다.

❷ df가 갖는 칼럼명들을 출력한다. df.columns의 결과가 판다스의 Index 타입으로 출력되기 때문에 리스트로 형 변환하여 출력한다.

❸ df의 항목 개수들을 출력한다.

③ ▸▸ ● 판다스 데이터프레임 활용하기

3.1 데이터프레임의 데이터 집계

(1) 데이터프레임의 전체 기본 통계 출력 : describe( )

데이터의 개수, 각 칼럼별 평균과 표준편차 같은 기본적인 통계값은 데이터 분석을 하기 위한 기초 자료로 사용된다. describe( ) 메소드를 사용하면 데이터프레임에서 숫자값을 갖는 모든 칼럼들에 대한 기본 통계값을 출력할 수 있는데, 그 방법은 다음과 같다.

📁 **사용법**

데이터프레임명.describe( )

- 데이터프레임에서 숫자값을 갖는 칼럼들에 대한 기본 통계(개수, 평균, 표준편차, 4분위 값)를 출력한다.

| 예제 | 데이터프레임(df)에서 숫자값을 갖는 칼럼들에 대한 전체 기본 통계 출력하기

```
df.describe()
```

실행 결과

	국어	수학
count	7.00000	7.000000
mean	65.00000	71.000000
std	34.82815	25.053277
min	0.00000	44.000000
25%	55.50000	45.000000
50%	78.00000	85.000000
75%	88.00000	89.000000
max	90.00000	100.000000

df에 대한 describe( ) 메소드를 이용해서 df에서 숫자값을 갖는 '국어', '수학' 칼럼에 대한 기초 통계를 출력한다.

(2) 칼럼값별 데이터 개수 보기 : value_counts()

데이터프레임의 특정 칼럼에 있는 값이 종류별로 몇 개가 있는지 집계해서 출력하기 위해 사용하는데 그 방법은 다음과 같다.

🔍 사용법

데이터프레임명['칼럼 이름'].value_counts( )

- 데이터프레임에서 지정한 칼럼의 값별로 데이터 개수를 출력한다.
- 데이터 개수가 큰 순서대로 칼럼값과 데이터 개수가 출력된다.

예제 | 데이터프레임(df)에서 '반' 칼럼의 값별로 데이터 개수를 출력

```
df['반'].value_counts()
```

실행 결과
```
A반    5
B반    5
Name: 반, dtype: int64
```

(3) 개별 칼럼의 통계값 구하기

데이터프레임에서 특정 칼럼의 통계값을 구하는 방법은 다음과 같다.

🔍 사용법

데이터프레임명['칼럼명'].통계함수명( )

- 데이터프레임의 지정한 칼럼에 대해서 sum( ), count( ), mean( ), std( ), max( ), min( ), median( ) 등과 같은 통계함수를 이용해 원하는 통계값(합계, 개수, 평균, 표준편차, 최댓값, 최솟값, 중간값 등)을 계산한다.

예제 1 | 데이터프레임(df)에서 '국어' 칼럼의 합계 출력하기

```
df['국어'].sum()
```

실행 결과
```
455.0
```

예제 2　데이터프레임(df)에서 '국어' 칼럼의 평균 출력하기

```
df['국어'].mean()
```

실행 결과

65.0

(4) 그룹별 통계값 구하기

📁 **사용법**

데이터프레임명.groupby('칼럼명').통계함수명( )

- groupby( )를 사용하여 그룹으로 묶을 칼럼을 지정한 뒤에 sum( ), count( ), mean( ), std( ), max( ), min( ), median( )과 같은 통계함수를 이용해서 지정한 칼럼의 값별로 구분한 통계값을 계산한다.

예제 1　데이터프레임(df)에서 '반' 별 데이터의 합계 출력하기

```
df.groupby('반').sum()
```

실행 결과

반	국어	수학
A반	90.0	174.0
B반	365.0	323.0

groupby( )를 사용해 '반' 칼럼에 대해서 데이터프레임을 그룹화한 뒤에 '반' 칼럼값별로 데이터의 합계를 출력한다.

예제 2　데이터프레임(df)에서 '반'별 데이터의 평균 출력하기

```
df.groupby('반').mean()
```

실행 결과

반	국어	수학
A반	45.0	87.0
B반	73.0	64.6

groupby( )를 사용해서 '반' 칼럼에 대해서 그룹화한 후 데이터의 평균을 출력한다.

3.2 데이터프레임의 결측치 처리

(1) 데이터프레임에서 결측치 확인 : isna( )

정확한 데이터 분석을 하기 위해서 수집한 데이터의 통계값을 살펴서 각 칼럼별 값의 범위를 알아내는 것도 중요하지만 레코드별로 값이 없는 칼럼이 있는지 확인하는 작업도 매우 중요하다. 칼럼에 값이 없는 것을 결손값 혹은 결측치라고 부르는데, 데이터프레임의 데이터를 출력할 때 각 칼럼의 결측치는 NaN 로 표시된다. 또 데이터프레임에 대해서 info( )를 사용해서 정보를 출력했을 때, non-null 의 개수가 산출되는데, 이것은 해당 칼럼이 결측치가 아닌 값을 가지고 있는 개수를 의미한다. 전체 데이터에서 결측치가 얼마나 있는지 확인한 뒤에야 그 결측치들을 어떻게 처리해야 하는지를 정할 수 있다. 데이터프레임에 대한 isna( )를 사용하면 데이터프레임에서 결측치가 얼마나 있는지 확인할 수 있는데 그 사용법은 다음과 같다.

📑 사용법

데이터프레임명.isna( )

- 칼럼의 값이 없으면 True, 값이 있으면 False로 출력한다.

데이터프레임명.isna( ).sum( )

- 각 칼럼별 결측치의 개수를 집계한다.

📋 예제 1 데이터프레임(df)에서 결측치 여부를 확인하기

```
df.isna()
```

실행 결과

	반	이름	성별	국어	수학	응시여부	확인여부
0	False	False	False	False	False	False	False
1	False	False	False	False	False	False	False
2	False	False	False	True	True	False	False
3	False	False	False	False	False	False	True
4	False	False	False	False	False	False	True

df에서 칼럼에 값이 없으면(결측치이면) True로, 값이 있으면(결측치가 아니면) False를 출력한다.

> **예제 2**   데이터프레임(df)에서 각 칼럼별 결측치의 개수를 출력하기

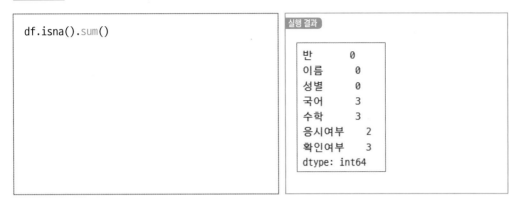

```
df.isna().sum()
```

실행 결과

```
반          0
이름         0
성별         0
국어         3
수학         3
응시여부       2
확인여부       3
dtype: int64
```

(2) 데이터프레임에서 결측치에 값 채우기 : fillna( )

데이터프레임에서 결측치를 처리하기 위해 사용하는 방법 중 하나는 결측치를 다른 값으로 채우는 것이다. 데이터프레임에서 결측치를 채우기 위해 사용하는 메소드는 fillna( )인데 사용 방법은 다음과 같다.

🔲 **사용법**

- 데이터프레임명.fillna(채울 값, inplace=False/True)
- 데이터프레임명.fillna({'칼럼명':'채울값'}, inplace=False/True)

- 칼럼에 있는 결측치를 다른 값으로 채운다.
- inplace를 True로 지정하면 데이터프레임의 결측치를 다른 값으로 채운 것으로 데이터프레임을 수정한다. inplace의 기본값은 False이다.

예제 1   데이터프레임(df)의 '확인여부' 칼럼의 결측치를 '완료'로 채우기

```
df.fillna({'확인여부':'완료'})
```

df의 '확인여부' 칼럼의 결측치를 '완료'로 채워 출력한다. inplace를 별도로 지정하지 않았으므로 df가 가리키는 원본 데이터프레임은 수정되지 않는다.

예제 2   데이터프레임(df)의 전체 칼럼에서 결측치를 0으로 채우기

```
df.fillna(0)
```

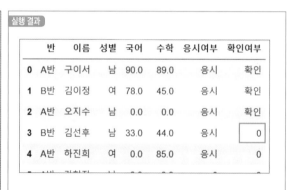

df에서 모든 칼럼의 결측치를 0으로 채워 출력한다. inplace를 별도로 지정하지 않았으므로 df가 가리키는 원본 데이터프레임은 수정되지 않는다.

(3) 데이터프레임에서 결측치가 있는 데이터 삭제 : dropna( )

데이터프레임에서 결측치가 있는 칼럼의 값을 처리하기 위해 사용하는 또 다른 방법은 결측치가 있는 칼럼이나 행(레코드)을 삭제하는 것이다. 데이터프레임에서 결측치가 있는 칼럼이나 행(레코드)을 삭제하기 위해 사용하는 메소드는 dropna( )인데 사용 방법은 다음과 같다.

사용법

데이터프레임명.dropna(axis=0/1, subset=['칼럼명'], inplace=True/False)

- axis = 0 이면, 결측치가 있는 행(레코드)을 삭제한다.
- axis = 1 이면, 결측치가 있는 해당 칼럼 전체를 삭제한다 (axis의 기본값 = 0)
- subset으로 특정 칼럼을 지정하면, 지정한 칼럼에 결측치가 있는 데이터를 삭제한다.
- inplace = True 로 지정하면 데이터프레임에서 결측치가 있는 데이터를 삭제한 것으로 데이터프레임을 수정한다. (inplace의 기본값 = False)

예제 1 데이터프레임(df)에서 '국어' 칼럼의 결측치가 있는 행을 삭제해서 새로운 데이터프레임으로 저장하기

❶ df2=df.dropna(subset=['국어'])
❷ df2

실행 결과

	반	이름	성별	국어	수학	응시여부	확인여부
0	A반	구이서	남	90.0	89.0	응시	확인
1	B반	김이정	여	78.0	45.0	응시	확인
3	B반	김선후	남	33.0	44.0	응시	NaN
4	A반	하진희	여	0.0	85.0	응시	NaN
6	B반	김진솔	남	90.0	89.0	응시	확인
7	B반	박서준	여	78.0	45.0	응시	확인
9	B반	이지서	여	86.0	100.0	응시	확인

❶ df에서 '국어' 칼럼에 결측치가 있는 행(레코드)을 삭제한 결과를 df2로 저장한다. (원본 df는 그대로 둔다.)

❷ df2를 출력한다.

※ 데이터프레임(df) 원본에서 '국어' 칼럼에 결측치가 있는 행을 삭제하려면 아래와 같이 파이썬 코드를 작성한다.

```
df.dropna(subset=['국어'], inplace=True)
```

예제 2   데이터프레임(df)에서 결측치가 있는 행을 삭제해서 새로운 데이터프레임으로 저장하기

❶ df3=df.dropna()
❷ df3

실행 결과

	반	이름	성별	국어	수학	응시여부	확인여부
0	A반	구이서	남	90.0	89.0	응시	확인
1	B반	김이정	여	78.0	45.0	응시	확인
6	B반	김진솔	남	90.0	89.0	응시	확인
7	B반	박서준	여	78.0	45.0	응시	확인
9	B반	이지서	여	86.0	100.0	응시	확인

❶ df에서 칼럼 값이 없는 행(레코드)을 삭제한 결과를 df3으로 저장한다. (원본 df는 그대로 둔다.)
❷ df3을 출력한다.
  → '국어' 칼럼과 '확인여부' 칼럼에 결측치가 있는 행(레코드)을 삭제한 데이터프레임이 d3로 저장된다.

(4) 결측치 처리 후 통계값 확인

예제 1   원본 데이터프레임과 결측치를 처리한 데이터프레임의 반별 평균값 비교

```
# 원본 데이터프레임

df.groupby('반').mean()
```

실행 결과

반	국어	수학
A반	45.0	87.0
B반	73.0	64.6

```
# 원본 데이터프레임에서
# '국어' 칼럼의 결측치만 제거한 경우
df2.groupby('반').mean()
```

실행 결과

반	국어	수학
A반	45.0	87.0
B반	73.0	64.6

```
# 원본 데이터프레임에서
# 결측치가 있는 행 전체를 제거한 경우
df3.groupby('반').mean()
```

실행 결과

반	국어	수학
A반	90.0	89.00
B반	83.0	69.75

예제 2 원본 데이터프레임과 결측치를 처리한 데이터프레임의 결측치 개수 비교

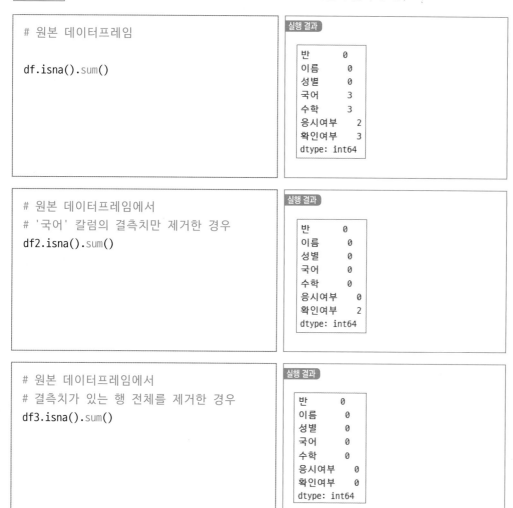

```
# 원본 데이터프레임

df.isna().sum()
```

실행 결과
```
반          0
이름         0
성별         0
국어         3
수학         3
응시여부       2
확인여부       3
dtype: int64
```

```
# 원본 데이터프레임에서
# '국어' 칼럼의 결측치만 제거한 경우
df2.isna().sum()
```

실행 결과
```
반          0
이름         0
성별         0
국어         0
수학         0
응시여부       0
확인여부       2
dtype: int64
```

```
# 원본 데이터프레임에서
# 결측치가 있는 행 전체를 제거한 경우
df3.isna().sum()
```

실행 결과
```
반          0
이름         0
성별         0
국어         0
수학         0
응시여부       0
확인여부       0
dtype: int64
```

3.3 데이터프레임의 변경

(1) 데이터프레임의 칼럼을 이용하여 새 칼럼 추가

데이터프레임의 각 레코드별로 칼럼을 이용한 연산을 수행한 후 그 연산 결과를 값으로 갖는 새 칼럼을 생성해서 활용할 수 있다.

예제 데이터프레임(df)의 '국어' 와 '수학' 칼럼값을 더해서 '총점' 이라는 새로운 칼럼으로 생성하기

```
df['총점'] = df['국어'] + df['수학']
df
```

실행 결과

	반	이름	성별	국어	수학	응시여부	확인여부	총점
0	A반	구이서	남	90.0	89.0	응시	확인	179.0
1	B반	김이정	여	78.0	45.0	응시	확인	123.0
2	A반	오지수	남	NaN	NaN	응시	확인	NaN
3	B반	김선후	남	33.0	44.0	응시	NaN	77.0
4	A반	하진희	여	0.0	85.0	응시	NaN	85.0
5	A반	강현진	남	NaN	NaN	NaN	NaN	NaN
6	B반	김진솔	남	90.0	89.0	응시	확인	179.0
7	B반	박서준	여	78.0	45.0	응시	확인	123.0
8	A반	김성희	남	NaN	NaN	NaN	확인	NaN
9	B반	이지서	여	86.0	100.0	응시	확인	186.0

(2) 데이터프레임의 행 / 칼럼 삭제 : drop( )

데이터프레임에서 필요하지 않는 칼럼이나 행을 삭제하려면 drop( ) 메소드를 사용한다.

사용법

```
데이터프레임명.drop(인덱스값/칼럼명, axis=0/1, inplace=False/True )
```

- 인덱스값으로 지정한 행(레코드)/칼럼명으로 지정한 칼럼을 데이터프레임에서 삭제한다.
- axis를 0으로 지정하면 행을 삭제하고, axis를 1로 지정하면 칼럼을 삭제한다. axis의 기본값은 0이다.
- inplace = True 로 지정하면 지정한 행이나 칼럼을 삭제한 것으로 데이터프레임을 수정한다. (inplace의 기본값 = False)
- 여러 개의 행이나 칼럼을 삭제하려면 삭제하려는 인덱스값이나 칼럼명을 리스트로 구성한다.

예제	데이터프레임(df)에서 원본 데이터프레임은 변경하지 않은 채 '확인여부' 칼럼을 삭제한 결과 출력하기

```
df.drop('확인여부',axis=1)
```

실행 결과

	반	이름	성별	국어	수학	응시여부
0	A반	구이서	남	90.0	89.0	응시
1	B반	김이정	여	78.0	45.0	응시
2	A반	오지수	남	NaN	NaN	응시
3	B반	김선후	남	33.0	44.0	응시
4	A반	하진희	여	0.0	85.0	응시

df에서 '확인여부' 칼럼을 삭제한 결과를 출력한다. 원본 데이터프레임은 변경하지 않는다.

(3) 데이터프레임 항목값의 일괄 변경 : replace( )

데이터프레임의 항목값을 일괄적으로 바꿔야 할 경우가 있다. 이때 사용하는 메소드는 replace( )인데, 사용방법은 다음과 같다.

사용법

- 데이터프레임명.replace(바꿔야 하는 값, 바꿀 값, inplace=False/True)
- 데이터프레임명.replace({바꿔야 하는 값1: 바꿀 값1, ... },
                         inplace=False/True)
- 데이터프레임명.replace({'칼럼명' : {바꿔야 하는 값1 : 바꿀 값1, ... } },
                         inplace=False/True)

- 데이터프레임에서 바꿔야 하는 값을 찾아 바꿀 값으로 일괄 변경한다.
- inplace = True 로 지정하면 바뀐 값으로 데이터프레임을 수정한다. (inplace의 기본값 = False)

예제 1 데이터프레임을 생성하고, 0을 모두 찾아 7로 바꾸기

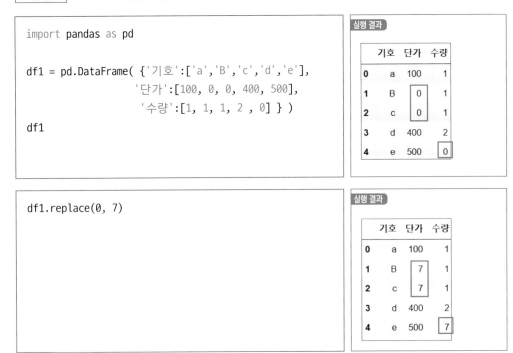

df1에서 값이 0인 것을 모두 찾아 7로 바꾼다. '단가' 칼럼에 있는 0과 '수량' 칼럼에 있는 0이 모두 7로 바뀐다.

예제 2 데이터프레임에서 1 → 10, 2 → 20으로 바꾸기

df1에서 값이 1인 것은 10으로 2인 것은 20으로 바꾼다. '수량' 칼럼에 있는 1과 2가 각각 10과 20으로 변경된다.

예제 3   데이터프레임에서 '단가' 칼럼의 0은 1000으로, '수량' 칼럼의 0은 100으로 바꾸기

```
df1.replace({'단가':{0:1000}, '수량':{0:100}})
```

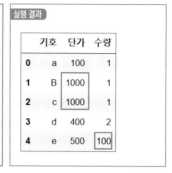

MISSION

'BoxOffice.xlsx'(역대 박스오피스) 파일을 데이터프레임으로 생성하기

제공된 파일 중에 '6장/BoxOffice.xlsx'는 영화진흥위원회(https://www.kobis.or.kr)의 통합 전산망에서 제공하는 역대 박스오피스 데이터를 다운로드한 것이다. 이 파일을 이용하여 데이터프레임으로 만들고 아래에 제시된 문제에 대한 데이터를 집계해서 출력해 보자.

1. 데이터프레임을 생성한 후 데이터프레임의 정보를 출력하시오.

2. 대표국적별 영화 편수를 집계하시오.

3. 대표국적이 '영국' 인 데이터를 출력하시오.

4. 대표국적별 최상위 순위를 출력하시오.

	순위	영화명	개봉일	매출액	관객수	스크린수	상영횟수	대표국적	국적	배급사
0	1	명량	2014-07-30	135758208810	17615844	1587	188724	한국	한국	(주)씨제이이엔엠
1	2	극한직업	2019-01-23	139655543516	16266338	2003	292816	한국	한국	(주)씨제이이엔엠
2	3	신과함께-죄와 벌	2017-12-20	115727528087	14414658	1912	214631	한국	한국	롯데쇼핑㈜롯데엔터테인먼트
3	4	국제시장	2014-12-17	110945002730	14264059	1044	212698	한국	한국	(주)씨제이이엔엠
4	5	어벤져스: 엔드게임	2019-04-24	122492181020	13977602	2835	246433	미국	미국	월트디즈니컴퍼니코리아 유한책임회사
...	...	...	...	...	...					
195	196	스파이	2013-09-05	24513098305	3436092					
196	197	그것만이 내 세상	2018-01-17	2745770						

1. 다음 중 판다스에 대한 설명으로 바르지 못한 것은 무엇인가?

   ① 판다스는 아나콘다, 코랩 환경에서는 기본적으로 제공되기 때문에 추가로 설치할 필요가 없다.

   ② 판다스는 넘파이를 기반으로 만들어졌다.

   ③ 판다스는 1차원 배열 형태인 데이터프레임과 2차원 배열 형태인 시리즈를 기본 구조로 갖는다.

   ④ 판다스는 데이터 분석에 많이 활용되는 라이브러리이다.

2. 다음과 같은 데이터프레임을 생성하기 위해 작성해야 하는 코드로 올바른 것은?

	A	B	C
0	1	4	7
1	2	5	8
2	3	6	9

①
```
df = pd.DataFrame({'A':[1,2,3],
                   'B':[4,5,6],
                   'C':[7,8,9]})
df
```

②
```
df = pd.DataFrame({'A':[1,4,7],
                   'B':[2,5,8],
                   'C':[3,6,9]})
df
```

③
```
df = pd.DataFrame([['A',1,4,7],
                   ['B',2,5,8],
                   ['C',3,6,9]])
df
```

④
```
df = pd.DataFrame([[1,2,3],
                   [4,5,6],
                   [7,8,9]],
                  columns=['A','B','C'])
df
```

3. 데이터프레임을 생성하여 변수 df에 할당한 다음에 df에 대한 정보를 다음과 같이 출력하려고 한다. 아래 네모의 빈 칸에 들어갈 알맞은 코드를 적어 넣으시오.

```
<class 'pandas.core.frame.DataFrame'>
RangeIndex: 6 entries, 0 to 5
Data columns (total 3 columns):
 #   Column  Non-Null Count  Dtype
---  ------  --------------  -----
 0   지역       6 non-null      object
 1   학년       6 non-null      int64
 2   평점       6 non-null      int64
dtypes: int64(2), object(1)
memory usage: 272.0+ bytes
```

df. [   ]

4. 다음과 같은 형태로 데이터프레임을 생성해서 변수 df에 할당했다. df가 가리키는 데이터프레임에서 학년별 평점 평균만 출력하려고 한다. 다음 중 알맞은 코드는 무엇인가?

	지역	학년	평점
0	서울	1	45
1	부산	1	42
2	대전	2	39
3	서울	2	40
4	대전	3	30
5	서울	3	35

① df['평점'].groupby('학년').mean()

② df.groupby('학년').mean()

③ df.groupby('학년')['평점'].mean()

④ df.groupby('평점').mean()

5. 아래 그림과 같이 데이터프레임을 생성했다. 각 '반' 칼럼이 갖는 값별로 데이터 개수를 집계해서 출력하기 위한 코드는 다음 중 무엇인가?

```
df = pd.read_excel('data.xlsx')
df
```

	반	이름	성별	국어	수학	응시여부	확인여부
0	A반	구이서	남	90.0	89.0	응시	확인
1	B반	김이정	여	78.0	45.0	응시	확인
2	A반	오지수	남	NaN	NaN	응시	확인
3	B반	김선후	남	33.0	44.0	응시	NaN
4	A반	하진희	여	0.0	85.0	응시	NaN
5	A반	강현진	남	NaN	NaN	NaN	NaN
6	B반	김진솔	남	90.0	89.0	응시	확인

① df.groupby('반').count()
② df.value_counts('반')
③ df.sort_values(by=['반'])
④ df.groupby('반').count()['확인여부']

6. 아래 그림과 같이 데이터프레임을 생성했다. 데이터프레임에서 '국어', '수학' 칼럼의 결측치는 0으로, '응시', '확인여부' 칼럼의 결측치는 'No'로 채워 넣어 출력하되, 원본 데이터프레임은 수정하지 않는 코드를 작성하시오.

```
df = pd.read_excel('data.xlsx')
df
```

	반	이름	성별	국어	수학	응시여부	확인여부
0	A반	구이서	남	90.0	89.0	응시	확인
1	B반	김이정	여	78.0	45.0	응시	확인
2	A반	오지수	남	NaN	NaN	응시	확인
3	B반	김선후	남	33.0	44.0	응시	NaN
4	A반	하진희	여	0.0	85.0	응시	NaN
5	A반	강현진	남	NaN	NaN	NaN	NaN
6	B반	김진솔	남	90.0	89.0	응시	확인

그래프 그리기

C O N T E N T S

① ▸▸ 맷플롯립(Matplotlib)

1.1 맷플롯립(Matplotlib)이란?

맷플롯립(matplotlib)은 주어진 데이터를 이용하여 다양한 형태의 그래프를 그리는 함수를 제공하는 파이썬 추가 라이브러리다. 데이터를 그래프로 표현하면 데이터의 분포나 항목 간의 상관관계를 쉽게 파악할 수 있어 데이터 분석을 좀 더 쉽게 할 수 있다.

보통 코랩에서는 matplotlib 모듈이 기본적으로 제공되지만, 설치 되어 있지 않은 경우에는 아래 문장을 입력하여 설치한다.

```
pip install matplotlib
```

1.2 맷플롯립으로 그래프 그리기

맷플롯립은 다양한 형태의 그래프를 그리는 함수를 제공한다. 여기서는 그 중에서 많이 사용되는 그래프와 기능들을 하나씩 살펴보며 익혀보려고 한다. 소개하지 않은 그래프와 자세한 기능들은 맷플롯립 홈페이지(https://matplotlib.org/)에서 확인할 수 있다.

 교재 소스 파일 : 7장/그래프그리기.ipynb

(1) 선 그래프 : plot()

🔍 **사용법**

```
plot(x값, y값 , 선스타일문자열, marker = '마커기호', label='그래프이름')
```

• y값은 필수이고 나머지는 생략 가능.

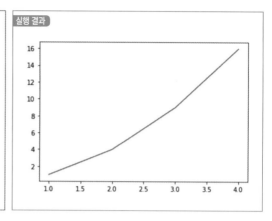

예제 1   리스트에 있는 데이터를 선 그래프로 나타내기

```
❶  import matplotlib.pyplot as plt

❷  x = [1,2,3,4]
❸  y = [1,4,9,16]
❹  plt.plot(x,y)
❺  plt.show()
```

❶ matplotlib의 서브 모듈인 pyplot을 plt라는 이름으로 import 한다.

❷ x축으로 나타낼 x좌표의 값을 리스트로 저장한다.

❸ x좌표의 값에 대응하는 y좌표의 값을 리스트로 저장한다.

❹ x, y 값을 plot 함수로 전달해서 그래프를 생성한다.

❺ 생성한 그래프를 보여준다.

예제 2   파일에 있는 데이터를 선 그래프로 나타내기

파일 데이터를 읽어 생성한 판다스 데이터프레임의 칼럼에 있는 값들을 선 그래프로 나타낼 수 있다.

제공된 파일들 중에 '7장/data1.xlsx'을 열어보면 아래 그림과 같이 데이터가 저장되어 있다. 이 파일을 읽어 'kor' 칼럼의 값들을 선 그래프로 그려보려고 한다. 주피터 노트북을 사용 중이라면 작성할 프로그램과 같은 폴더에 'data1.xlsx' 파일을 저장하고, 코랩을 사용 중이라면 'data1.xlsx' 파일을 세션 저장소 폴더에 업로드한다.

	A	B	C	D
1	name	kor	math	
2	감하나	90	89	
3	이정희	78	75	
4	최선영	83	64	
5	박영준	78	95	
6	송정민	89	100	
7				

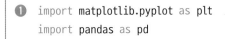

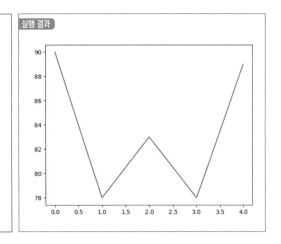

```
❶  import matplotlib.pyplot as plt
    import pandas as pd

❷  df=pd.read_excel('data1.xlsx')

❸  plt.plot(df['kor'])
❹  plt.show())
```

❶ 필요한 모듈을 import한다.

❷ 판다스의 read_excel( ) 함수를 이용하여 data1.xlsx 파일의 내용을 읽어 데이터프레임 df에 저장한다. (파일의 첫 줄은 데이터의 칼럼 이름으로 사용되고, 파일의 두 번째 줄부터 df의 데이터로 저장된다.)

❸ df의 'kor' 칼럼의 데이터를 y값으로 하는 그래프를 생성한다. 판다스를 활용하면 리스트처럼 값을 일일이 넣어줄 필요가 없이 쉽게 데이터를 가져와 그래프를 그릴 수 있다.

❹ 그래프를 보여준다.

그런데 위의 ❸번 코드에 다음과 같은 옵션을 추가해서 스타일을 바꿀 수 있다.

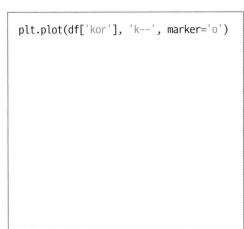

```
plt.plot(df['kor'], 'k--', marker='o')
```

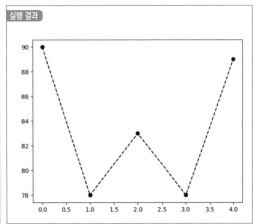

추가한 부분은 선 스타일과 마커를 지정하기 위한 것으로 선 스타일은 'k--'로 설정하여 검정색 파선(----)으로 지정하고, marker매개변수에 'o'를 지정하여 각 데이터를 표시하는 마커가 원으로 표시되도록 작성한 것이다.

그럼 이런 선 스타일과 마커 기호에 대해 조금 더 알아보자.

■ 선 스타일 문자열

plot( )을 이용해서 선 그래프를 그리면 기본적으로 파란색 실선으로 나타난다. 그런데 선 스타일 문자열을 지정하면 원하는 색과 선의 형태로 그래프를 그릴 수 있다. 선 스타일 문자열은 선의 색을 나타내는 문자와 선 스타일 기호를 붙여 만든다. 예를 들면 빨강색 점선(·······)으로 그래프를 그리려면 선 스타일 문자열을 'r:'로 지정한다.

색 문자	의미		선 스타일 기호	의미
b	파랑		-	실선
r	빨강		--	파선(-----)
k	검정		-.	파선 점선(-·-·-·)
g	녹색		:	점선(······)
y	노랑			

선 스타일 문자열을 사용하지 않고 매개변수 linestyle과 매개변수 color에 각각 값을 지정하여 선 그래프의 선 스타일을 지정할 수도 있다. 예를 들어 빨강색 점선으로 그래프를 그리려면 매개변수 linestyle의 값으로 ':'을 할당하고, 매개변수 color의 값으로 'r' 혹은 'red'라고 하면 된다.

■ 마커 기호

선 그래프 위에 데이터를 표시하기 위해서 표시하고 싶은 모양을 의미하는 마커 기호를 매개변수 marker에 할당한다.

소개한 선 스타일 문자열과 마커 기호를 사용하여 선 그래프를 다양하게 표현할 수 있다.

마커 기호	의미
o	원
.	점
^	삼각형
v	역삼각형
s	정사각형
*	별표
+	더하기 기호

예제 3 선 그래프 추가하기

예제2에서 그린 그래프에 'math' 칼럼의 데이터로 선 그래프를 추가하고 각 그래프가 무엇인지 이름을 지정해 주려고 한다. 그래프 추가는 show( )를 실행하기 전에 plot( )를 이용해서 나타낼 그래프를 추가하면 된다.

```
import matplotlib.pyplot as plt
import pandas as pd

df=pd.read_excel('data1.xlsx')

❶ plt.plot(df['kor'], 'k--', marker='o', label='korean')
❷ plt.plot(df['math'], marker='^',label='math')
❸ plt.legend()
❹ plt.show()
```

실행 결과

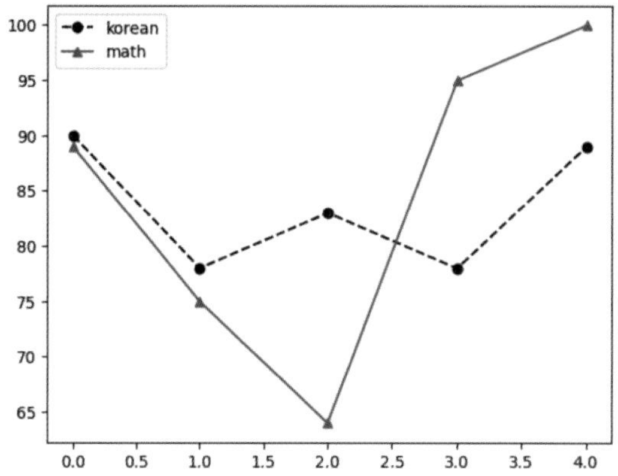

❶ 데이터프레임 df의 'kor' 칼럼의 데이터로 첫 번째 그래프를 생성한다. 선 스타일은 검정색 파선(----)으로 지정하고, 각 데이터를 표시하는 마커는 원으로 표시하도록 지정한다. 이렇게 그려진 선 그래프의 이름(label)을 'korean'으로 지정한다.

❷ 데이터프레임 df의 'math' 칼럼의 데이터로 두 번째 그래프를 생성한다. 선 스타일은 지정하지 않고, 각 데이터를 표시하는 마커는 정삼각형으로 표시하도록 지정한다. 그래프 이름은 'math'로 붙여준다.

❸ 각 그래프에 대한 이름을 화면에 표시하기 위해 범례가 보이도록 지정한다.

❹ 그래프를 보여준다.

(2) 산점도 그래프 : scatter()

선 그래프는 x값에 따라 데이터가 변화하는 모양을 살펴볼 수 있다면 산점도 그래프는 데이터들이 분포하고 있는 현황을 파악하기에 좋다. 산점도 그래프를 그리는 방법은 아래와 같다.

📁 사용법

```
scatter(x값, y값, c='색 문자' 혹은 '색깔 문자열', marker='마커기호',
        label='그래프 이름')
```

- 두 그룹의 데이터 간 상관관계를 좌표평면의 점으로 나타내는 산점도 그래프를 그린다.
- 매개변수 c에 plot( )에서 사용한 것과 동일한 색 문자를 할당하거나 일반적인 색깔 문자열인 'red', 'purple' 같은 값을 할당하면 지정한 색으로 산점도 그래프를 그릴 수 있다.
- marker에 plot( )에서 사용한 것과 동일한 마커기호를 할당하면 원하는 모양으로 점을 표시한다.
- c와 label, marker는 생략 가능하다.

⬤ 예제   산점도 그래프 그리기

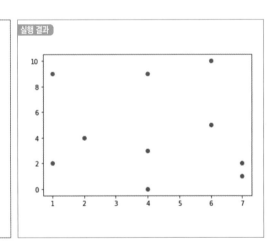

```
❶  import matplotlib.pyplot as plot

❷  x = [6,2,1,1,4,4,6,4,7,7]
   y = [5,4,2,9,9,0,10,3,1,2]

❸  plt.scatter(x, y)
❹  plt.show()
```

❶ 필요한 모듈을 import 한다.
❷ 10개의 정수를 갖는 리스트 x, y를 생성한다. 이 값이 그래프를 그릴 데이터이다.
❸ x, y에 대한 산점도 그래프를 생성한다.
❹ 생성한 그래프를 보여준다.

📋 MISSION 1

numpy를 이용해서 생성한 값에 대한 산점도 그래프 그리기

X축 값과 Y축 값을 numpy의 arange( ), linspace( ), random.randomint( ) 등을 사용해서 생성하고 그것을 여러 형식의 산점도 그래프로 그려본다.

(3) 막대 그래프 : bar( ) / barh( )

숫자 형태 뿐만 아니라 문자로 된 값을 한 축에 나타내고 그 축에 표시된 각 범주별로 데이터를 표시하기 위해 막대 그래프를 사용한다. 막대 그래프는 세로 막대 그래프와 가로 막대 그래프로 구분해서 그릴 수 있는데 두 그래프를 그리는 방법은 다음과 같다.

📷 사용법

```
bar(x값, y값, color='색 문자' 혹은 '색깔 문자열')
```

- 범주별 데이터를 나타내는 세로 막대 그래프를 생성하며 x값은 문자열도 가능하다.

```
barh(y값, x값, color='색 문자' 혹은 '색깔 문자열')
```

- 범주별 데이터를 나타내는 가로 막대 그래프를 생성하며 y값은 문자열도 가능하다.
- 매개변수 color에 색 문자 혹은 일반적인 색깔 문자열을 할당하면 지정한 색으로 막대 그래프를 그리게 된다.
- color는 생략 가능하다.

📄 예제   세로 막대 그래프 그리기

```
❶  import matplotlib.pyplot as plt

❷  x = ['A','B','C']
    y = [100, 150, 120]

❸  plt.bar(x,y)
❹  plt.show()
```

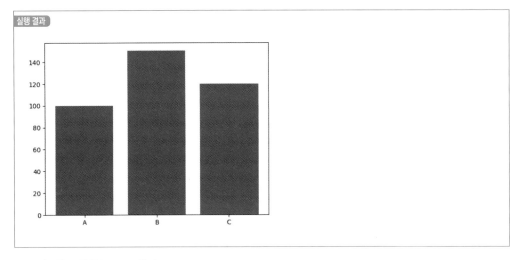

실행 결과

① 필요한 모듈을 import 한다.
② 3개의 범위값을 갖는 리스트 x와 그에 대한 데이터인 리스트 y를 생성한다.
③ x, y에 대한 세로 막대 그래프를 생성한다.
④ 그래프를 보여준다.

(4) 빈도 그래프(히스토그램) : hist( )

히스토그램은 주어진 데이터를 정해진 간격으로 나누고 각 간격의 범위에 포함되는 개별 항목의 개수를 나타내는 그래프이다. 히스토그램을 그리기 위해서는 hist( )를 사용하며, 사용법은 다음과 같다.

📁 사용법

```
hist(x값, bins=x값 구간 개수, color='색 문자' 혹은 '색깔 문자열',
    align = 'left'/'mid'/'right' 중 하나)
```

- x값으로 전달된 데이터의 개별 항목들이 각 구간에 포함되는 개수를 그래프로 나타낸다.
- bins에는 데이터의 구간 개수를 할당한다. 별도로 지정하지 않으면 기본값으로 10을 갖는다.
- align은 막대가 x축 눈금 대표값을 기준으로 왼쪽/가운데/오른쪽으로 정렬하도록 지정한다. 별도로 지정하지 않으면 가운데 정렬을 하게 된다.

9791192187723

예제 히스토그램 그리기

```
❶ import matplotlib.pyplot as plt

❷ x= [1,1,1,2,3,2,4]
❸ plt.hist(x, bins=4, color='green', align='mid')
❹ plt.show()
```

실행 결과

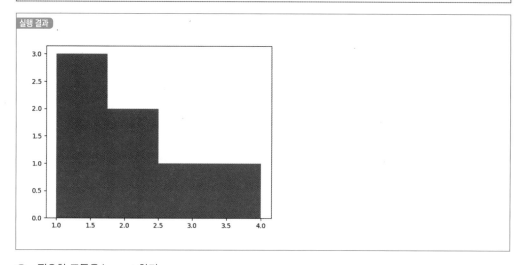

❶ 필요한 모듈을 import 한다.

❷ 표시할 데이터를 x에 할당한다.

❸ x에 대해서 4개의 구간을 갖는 녹색 히스토그램을 생성한다.(교재에서는 색상이 표현되지 않으니 직접 실행해서 확인하자.)

❹ 그래프를 보여준다.

(5) 그래프 제목, x축 제목, y축 제목 지정 : title(), xlabel(), ylabel()

그래프와 각 축에 대한 제목을 표시해서 해당 그래프의 역할과 데이터에 대한 이해를 높일 수 있다. 그래프와 각 축에 대한 제목을 추가하는 방법은 다음과 같다.

사용법

```
title('문자열')
```

• 그래프의 제목을 표시한다.

```
xlabel('문자열')
```

- x축 제목을 표시한다.

```
ylabel('문자열')
```

- y축 제목을 표시한다.

예제 | 그래프 제목, x축 제목, y축 제목 추가하기

```
❶ import matplotlib.pyplot as plt

❷ x = ['A','B','C']
   y = [100, 150, 120]
❸ plt.bar(x,y)
❹ plt.title('Test Graph')
❺ plt.xlabel('Group')
❻ plt.ylabel('Score')
❼ plt.show()
```

실행 결과

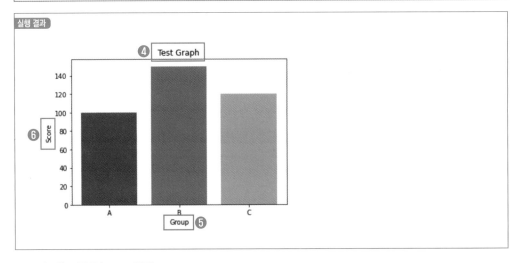

❶ 필요한 모듈을 import한다.

❷ 3개의 범위값을 갖는 리스트 x와 그에 대한 데이터인 리스트 y를 생성한다.

❸ x, y에 대한 세로 막대 그래프를 생성한다.

❹ 그래프 제목을 지정한다.

❺ x축 제목을 지정한다.

❻ y축 제목을 지정한다.

❼ 그래프를 보여준다.

(6) 한 화면에 여러 개 그래프 나타내기 : subplots( )

  필요에 따라서는 한 화면에 여러 개의 그래프를 나타내고 서로 비교해야 할 경우가 있다. 이럴 때 subplots( )를 사용하며, 사용 방법은 다음과 같다.

🔍 사용법

```
subplots(행 개수, 열 개수, figsize=(가로 길이,세로 길이))
```

- 여러 개의 그래프를 한 화면에 그리도록 화면을 분할한다.
- 화면을 분할하면, 그래프 전체가 담기는 화면과 각각 그래프가 나타날 영역 개체들이 생성된다.
- 분할된 영역 개체를 지정하는 방법은 리스트의 인덱스를 지정하는 방법과 비슷하다.
- 분할된 영역 개체의 각각에 표시할 그래프를 지정한다.
- figsize를 이용해서 그래프가 나타나는 전체 화면 크기를 인치 단위로 지정할 수 있는데 이것은 생략 가능하다.

예제   분할된 화면에 선 그래프, 산점도 그래프, 세로 막대 그래프, 가로 막대 그래프 그리기

```
❶  import matplotlib.pyplot as plt

❷  x = [1, 2, 3, 4, 5]
    y = [1, 4, 9, 16, 25]

❸  fig, axs = plt.subplots(2,2)

❹  axs[0,0].plot(x,y)
    axs[0,1].scatter(x,y)
    axs[1,0].bar(x,y)
    axs[1,1].barh(x,y)
❺  fig.suptitle('Drawing Graph')
❻  plt.show()
```

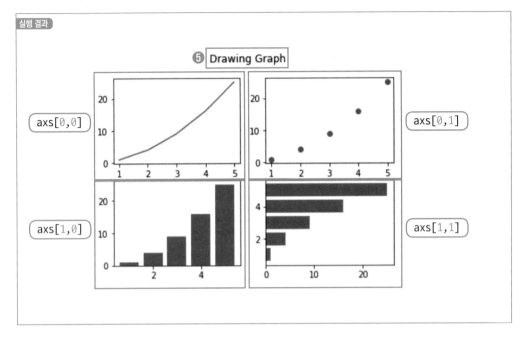

① 필요한 모듈을 import 한다.

② x와 y에 5개의 정수를 갖는 리스트를 할당한다.

③ 그래프가 그려질 화면을 2행, 2열을 갖도록 분할하고 그래프가 담길 전체 화면은 fig, 각각 그래프가 그려질 영역은 axs로 지정한다.

④ 4가지 그래프를 axs의 4개 영역에 생성한다. (axs의 각 영역을 지정하는 방법은 파이썬 리스트의 인덱스를 지정하는 것과 같다.)

⑤ 그래프 영역 전체에 대한 제목을 지정한다.

⑥ 그래프를 보여준다.

1.3   맷플롯립(matplotlib)을 사용할 때 한글 출력하는 방법

맷플롯립으로 그래프를 그릴 때 한글로 된 문자열을 출력하려면 한글을 출력할 폰트를 지정해야 한글이 바르게 출력된다. 주피터 노트북은 내 컴퓨터에서 프로그램을 작성하고 실행하기 때문에 내 컴퓨터에 설치된 폰트를 사용하지만, 코랩은 구글 서버 상에서 프로그램을 실행하기 때문에 내 컴퓨터의 폰트를 사용하지 않는다. 이런 차이점 때문에 맷플롯립을 사용할 때 한글을 출력하기 위한 폰트 설정 방법은 코랩과 주피터 노트북을 구분해서 알아두어야 한다.

(1) 주피터 노트북을 사용하는 경우

 주피터 노트북에서 맷플롯립으로 한글 출력하기 위한 절차

- 내 컴퓨터에 설치된 한글 폰트를 확인한다.
- 확인한 폰트들 중에서 하나를 선택하여 그래프를 그리는 데 사용하는 한글 폰트로 지정한다.

```
❶ import matplotlib.font_manager as fm

❷ fonts = sorted([a.name for a in fm.fontManager.ttflist])
   fonts
```

실행 결과
```
['Agency FB',
 'Agency FB',
 'Algerian',
 'Ami R',
 'Arial',
```

❶ 폰트 정보를 가져오는 데 필요한 모듈을 import 한다.

❷ 컴퓨터에 설치된 font의 이름을 가져와 알파벳 순서대로 정렬한 것을 fonts에 저장한다.

■ 한글 출력을 위한 폰트 지정 후 그래프 출력

```
   import matplotlib.pyplot as plt

❶ plt.rc('font', family='Gulim')
   x = [1, 2, 3, 4]
   y = [10, 4, 15, 9]
   plt.plot(x,y,label='국어')
   plt.title('그래프 예제')
   plt.xlabel('번호')
   plt.ylabel('점수')
   plt.legend()
   plt.show()
```

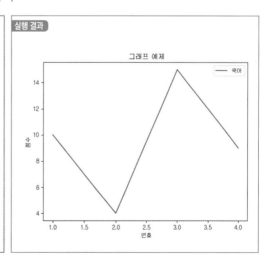

실행 결과

❶ 차트에 표시하는 한글 폰트를 '굴림체'로 지정

(2) 코랩을 사용하는 경우

 코랩에서 맷플롯립으로 한글을 출력하기 위한 절차

- 코랩 가상 머신에 한글 폰트인 나눔 글꼴 설치
- 나눔 글꼴 설치 완료 후 [런타임] 메뉴 → [런타임 다시 시작] 항목 실행
- matplotlib 사용 시 한글 출력을 위한 폰트를 'NanumGothic'으로 지정

■ 코랩 가상 머신에 한글 폰트인 나눔 글꼴 설치

● 코드 셀에 아래와 같이 입력하고 셀 실행한다.

```
!sudo apt-get install -y fonts-nanum
!sudo fc-cache -fv
!rm ~/.cache/matplotlib -rf
```

→ 실행하면 설치 과정이 화면에 나타나며 아래와 같은 문구가 나타나면서 나눔 글꼴이 설치된다.

```
Reading package lists... Done
Building dependency tree
Reading state information... Done
The following package was automatically installed and is no longer required:
  libnvidia-common-460
Use 'sudo apt autoremove' to remove it.
The following NEW packages will be installed:
  fonts-nanum
0 upgraded, 1 newly installed, 0 to r
Need to get 9,604 kB of archi
```

■ 나눔 글꼴 설치 완료 후 [런타임 다시 시작]

[런타임] 메뉴 → [런타임 다시 시작] 항목 실행

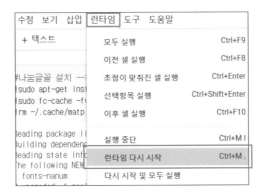

■ 한글을 사용하는 그래프 그리기

```
import matplotlib.pyplot as plt

❶ plt.rc('font', family='NanumGothic')
  x = [1, 2, 3, 4]
  y = [10, 4, 15, 9]
❷ plt.plot(x,y,label='국어')
  plt.title('그래프 예제')
  plt.xlabel('번호')
  plt.ylabel('점수')
  plt.legend()
  plt.show()
```

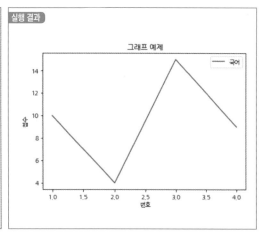

❶ 차트에 표시하는 한글 폰트를 '나눔고딕'으로 지정한다.

❷ 범례와 축 제목에 한글을 사용하는 그래프를 그린다.

📋 MISSION 2

학생별 국어 점수와 수학 점수를 선 그래프로 그리기

선 그래프 그리기 예제에서 사용했던 'data1.xlsx' 파일을 이용하여 아래의 그림처럼 학생별 국어 점수와 수학 점수를 선 그래프로 그려본다.

x축에는 학생 이름, y축에는 점수가 나타나도록 하고, 그래프 제목, x축 제목, y축 제목, 각 그래프의 이름도 한글로 표시되도록 지정해 보자.

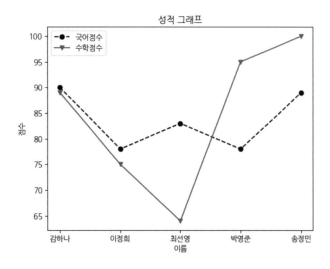

②　▸▸ ●　▨ 시본(Seaborn)

2.1　시본(Seaborn)이란?

시본은 맷플롯립을 바탕으로 통계 그래프를 그릴 수 있도록 기능을 추가한 파이썬 라이브러리다. 시본은 판다스의 데이터프레임을 대상으로 그래프를 그리기 때문에 데이터를 수집해서 데이터프레임으로 정리한 결과를 다양한 그래프로 나타내기 편리하다. 그리고 시본 모듈에서 타이타닉(titanic), 붓꽃(iris), 팁(tips), 여객운송(flights), 펭귄(penguins) 등의 데이터셋을 샘플로 제공하기 때문에 다양한 그래프를 그려보며 여러 유형의 데이터 분석을 실행해볼 수 있다.

시본 홈페이지(https://seaborn.pydata.org)를 방문하면 시본으로 그릴 수 있는 다양한 그래프와 튜토리얼을 참고할 수 있다. 시본 모듈도 아래와 같이 설치하면 된다.

```
pip install seaborn
```

2.2　시본으로 그래프 그리기

시본도 다양한 형태의 그래프를 제공하는데, 그 중에서 사용 빈도가 높은 그래프와 기능을 소개하려고 한다. 본 교재에서 소개되지 않는 그래프와 자세한 기능들은 시본 홈페이지(https://seaborn.pydata.org/)에서 확인할 수 있다.

(1) 산점도 그래프 : scatterplot()

시본은 판다스 데이터프레임 형태로 된 데이터를 바탕으로 그래프를 그린다. 그래서 시본으로 그래프를 그리려면 표현할 대상이 되는 데이터는 판다스 데이터프레임 형태여야 한다. 여기서는 그래프로 표현할 대상이 되는 데이터를 시본에 내장된 'tips' 데이터를 이용하려고 한다.

'tips' 데이터는 서비스를 제공하고 얼마의 팁을 받았는지에 대한 데이터로 다음과 같은 형태를 갖는다.

	total_bill	tip	sex	smoker	day	time	size
0	16.99	1.01	Female	No	Sun	Dinner	2
1	10.34	1.66	Male	No	Sun	Dinner	3
2	21.01	3.50	Male	No	Sun	Dinner	3
3	23.68	3.31	Male	No	Sun	Dinner	2
4	24.59	3.61	Female	No	Sun	Dinner	4
...	...	...	...				...
239	29.03	5.92					

필드(칼럼)명	설명
total_bill	총 요금
tip	팁
sex	성별
smoker	흡연자 여부
day	요일
time	식사 시간
size	식사 인원

맷플롯립에서 제공하는 scatter( )와 마찬가지로 시본의 scatterplot( )도 데이터의 분포도
를 확인하기 위해 사용하는데 그 사용법은 아래와 같다.

📁 **사용법**

```
scatterplot(x='x축에 표시할 칼럼명', y='y축에 표시할 칼럼명',
            hue='데이터 구분 칼럼명', data=데이터프레임)
```

- x, y에 있는 두 데이터 간의 상관관계를 좌표평면의 점으로 나타내는 산점도 그래프를 그린다.
- hue 값 지정은 생략 가능하다.

◣ **예제**   산점도 그래프 그리기

```
❶  import matplotlib.pyplot as plt
    import seaborn as sns

❷  tips_data = sns.load_dataset('tips')
❸  sns.scatterplot(x='total_bill',y='tip', hue='day',data=tips_data)
❹  plt.title('Total bill & tips')
    plt.show()
```

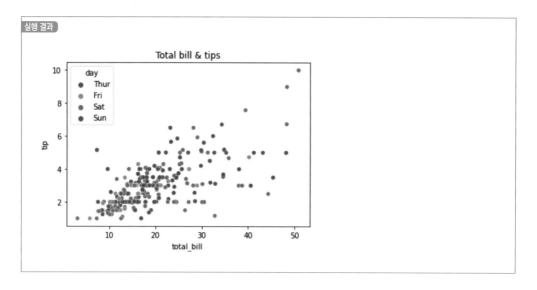

① 필요한 모듈을 import한다. 시본은 맷플롯립을 기반으로 실행하기 때문에 시본 뿐만 아니라 맷플롯립 역시 import 해야 한다.

② 시본의 load_dataset( ) 함수를 이용하여 시본에서 제공하는 'tips' 데이터를 가져와 tips_data 변수에 할당한다. 온라인 저장소에서 데이터를 가져오기 때문에 작업하는 컴퓨터가 인터넷에 연결되어 있어야 한다. 가져온 tips 데이터는 판다스의 데이터프레임 타입이다.

③ 'day' 칼럼으로 구분해서 'total_bill' 칼럼의 값은 x축으로, 'tip' 칼럼에 대한 값은 y축으로 표시하는 산점도 그래프를 생성한다.

④ 그래프 제목을 'Total bill & tips'로 지정한다.

(2) 범주별 데이터 개수를 표시하는 막대 그래프 : counterplot( )

범주별 데이터의 개수를 집계해서 나타낼 때 사용하는 그래프이다. 사용법은 다음과 같다.

🔍 사용법

```
counterplot(x='x축에 범주로 표시할 칼럼명', hue='데이터 구분 칼럼명',
         data=데이터프레임)
```

• 범주별 데이터 개수를 나타내는 막대 그래프를 그린다.
• hue 값 지정은 생략 가능하다.

예제 막대 그래프 그리기

```
1  import matplotlib.pyplot as plt
   import seaborn as sns

2  tips_data = sns.load_dataset('tips')
3  sns.countplot(x='day',data = tips_data)
   plt.show()
```

실행 결과

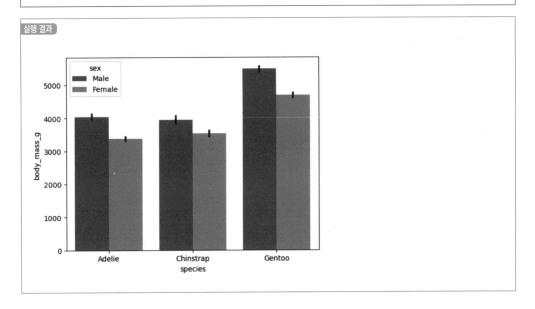

1 필요한 모듈을 import 한다.
2 시본의 load_dataset( ) 함수를 이용하여 'tips' 데이터를 가져와 tips_data 변수에 저장한다.
3 'day' 칼럼별 데이터 개수를 막대 그래프로 나타내는 그래프를 생성한다.

(3) 범주별 항목값 평균을 표시하는 막대 그래프 : barplot( )

counterplot( )이 범주별 데이터 개수를 표시하는 것과 다르게 barplot( )은 범주별로 갖는 값에 대한 평균을 나타낼 때 사용하는 그래프이다. 사용방법은 다음과 같다.

사용법

```
barplot(x='x 축에 표시할 칼럼명', y='y축에 표시할 칼럼명',
        hue='데이터 구분 칼럼명', data=데이터프레임)
```

- x값에 대한 y값 평균을 막대 그래프로 표시한다.
- hue 값은 생략 가능하다.

예제 | 평균을 막대 그래프로 그리기

```
❶   import matplotlib.pyplot as plt
    import seaborn as sns

❷   tips_data = sns.load_dataset('tips')
❸   sns.barplot(x='day', y='tip', data=tips_data)
    plt.show()
```

실행 결과

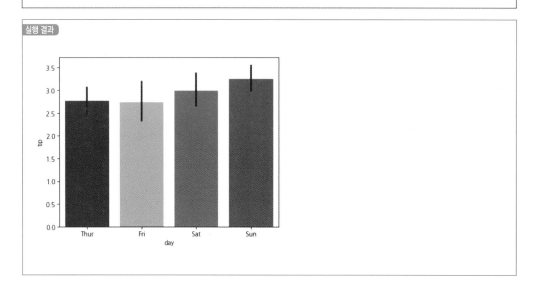

❶ 필요한 모듈을 import 한다.

❷ 시본의 load_dataset( ) 함수를 이용하여 'tips' 데이터를 가져와 tips_data 변수에 저장한다.

❸ 'day' 칼럼별 'tip' 칼럼값의 평균을 막대 그래프로 표시한다.

  ※ 막대 그래프 중앙의 검정색 실선은 'tip' 값의 분포를 이용해서 산출한 신뢰 구간을 의미한다.

(4) 히스토그램 : histplot( )

지정한 칼럼의 값에 대한 히스토그램을 그릴 때 사용한다. 사용 방법은 다음과 같다.

🔍 사용법

```
histplot(x='x 축에 표시할 칼럼명', kde= True/False, data=데이터프레임)
```

• x로 전달된 데이터의 개별 항목들이 각 구간에 포함되는 개수 분포를 나타내는 히스토그램을 그린다.

• kde를 True로 지정하면 분포에 대한 선 그래프가 표시된다.

> **예제**   히스토그램을 선 그래프와 같이 나타나도록 그리기

```
import matplotlib.pyplot as plt
import seaborn as sns

tips_data = sns.load_dataset('tips')

❶ sns.histplot(x='tip', data=tips_data, kde=True)
plt.show()
```

실행 결과

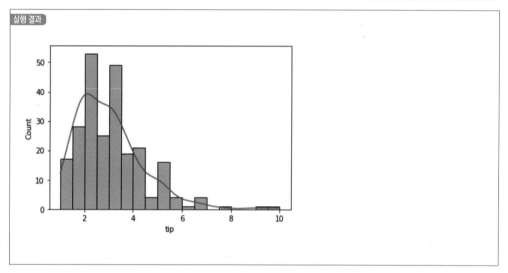

❶ 'tip' 칼럼값에 대한 히스토그램을 선 그래프와 같이 표시되도록 생성한다.

(5) 숫자값을 갖는 칼럼들의 상관관계를 보여주는 그래프 : pairplot()

> 🔍 **사용법**
>
> ```
> pairplot(데이터프레임, hue='범주를 갖는 칼럼명')
> ```
>
> • hue를 지정하면 범주별로 구분해서 칼럼들 간의 상관관계를 표시한다.

| 예제 | 시본의 tips 데이터에서 숫자값을 갖는 칼럼들의 상관관계를 'time' 칼럼별로 구분하여 그래프로 그리기 |

```python
import matplotlib.pyplot as plt
import seaborn as sns

tips_data = sns.load_dataset('tips')

sns.pairplot(tips_data, hue='time')
plt.show()
```

실행 결과

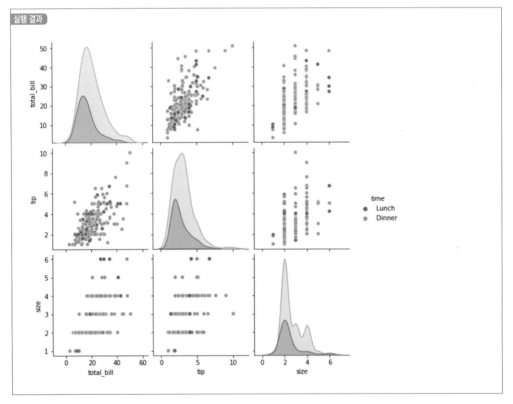

※ 같은 칼럼이 교차하는 대각선 부분에는 해당 칼럼에 대한 데이터 분포 그래프가 나타난다.

(6) 산점도와 추세선(회귀선)을 동시에 보여주는 그래프 : regplot( )

어떤 값을 예측할 때 데이터의 항목들 중에서 예측값과 관계가 있는 항목들이 무엇이고, 예측값에 얼마만큼 영향을 미치는 지 알아내려면 데이터 분포와 추세선을 확인하는 작업이 필요하다. 그런 작업을 할 때 사용하는 것이 regplot( )인데 사용법은 다음과 같다.

📷 **사용법**

```
regplot(x='x축에 표시할 칼럼명', y='y축에 표시할 칼럼명',
        data=데이터프레임)
```

- x, y에 있는 두 데이터 간의 상관관계에 대해서 좌표평면의 점과 추세선(회귀선)을 동시에 나타내는 그래프를 그린다.

예제 시본의 tips 데이터를 이용해서 x축에는 'total_bill', y축에는 'tip'을 나타내는 산점도와 그 추세선(회귀선)이 동시에 나타나도록 그래프 그리기

```python
import matplotlib.pyplot as plt
import seaborn as sns

tips_data = sns.load_dataset('tips')

sns.regplot(x='total_bill', y='tip', data=tips_data)
plt.show()
```

실행 결과

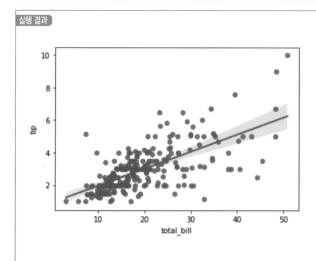

→ 데이터의 분포와 추세선으로 보았을 때 'total_bill' 칼럼과 'tip' 칼럼 간에 정비례 관계가 있는 것을 알 수 있다.

(7) 집계한 값에 따라서 색깔을 표시하는 그래프[히트맵] : heatmap( )

히트맵은 값에 따라서 색으로 표시하는 그래프로 히트맵을 사용하면 어떤 데이터가 얼마만큼 분포하는 지 색으로 쉽게 알아볼 수 있다. 2차원 행렬 형태의 데이터에 대한 분포를 표현할 때 많이 사용하는데 사용 방법은 다음과 같다.

📷 사용법

```
heatmap(data=2차원 행렬 형태로 전달된 데이터, annot=True/False,
        fmt='파이썬 서식문자열', cbar=True/False)
```

- 2차원 행렬 형태로 집계한 값의 크기에 따라 색을 구분해서 표시하는 그래프를 그린다.

예제   시본의 tips 데이터를 이용해서 숫자값을 갖는 칼럼끼리의 상관관계를 구하여 시본의 heatmap으로 그리기

```python
import matplotlib.pyplot as plt
import seaborn as sns

tips_data = sns.load_dataset('tips')
df = tips_data.corr()

sns.heatmap(data=df, annot=True, fmt='.2f', cbar=False)
plt.show()
```
❶ `df = tips_data.corr()`
❷ `sns.heatmap(data=df, annot=True, fmt='.2f', cbar=False)`

실행 결과

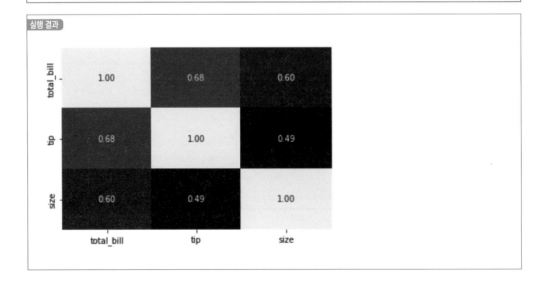

❶ tips_data의 칼럼들 중 숫자값을 갖는 칼럼끼리의 상관도를 2차원 행렬로 산출해서 df에 저장한다.

❷ df에 저장된 데이터에 대한 heatmap을 생성한다.

- annot=True : 그래프의 데이터 수치를 표시하도록 지정
- fmt='.2f' : 표시하는 데이터는 소수점 아래 2자리 실수로 나타나도록 표시 형식 지정
- cbar = False : 칼라바를 표시하지 않도록 지정

📝 MISSION 2

시본에서 제공하는 데이터인 'penguins'를 이용해서 그래프 그리기

1. load_dataset( )을 이용해서 penguins 데이터를 가져온 후 펭귄 품종(species)별 몸무게
   (body_mass_g)의 평균을 그래프로 그리는데, 아래 그림과 같이 성별을 구분해서 그려보자.

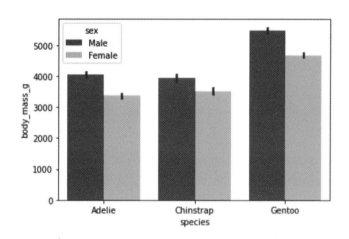

2. penguins 데이터의 숫자값을 갖는 항목들끼리의 상관관계 그래프를 그려보자.

3. 2번 미션의 결과에서 칼럼들 간의 상관관계를 확인하고 관계가 있는 두 칼럼을 선택하여 산점도
   와 추세선이 함께 나타나는 그래프를 그려보자.

1.　다음 중 맷플롯립(matplotlib)에 대한 설명으로 바른 것은?

① 파이썬 기본 패키지에 포함되어 있는 라이브러리이다.

② 맷플롯립을 이용하여 그래프를 그릴 때 한글 폰트를 지정해 주어야 정상적으로 한글이 출력된다.

③ 맷플롯립으로 그래프를 그릴 수 있는 것은 리스트 형태의 데이터만 가능하다.

④ 맷플롯립으로 그래프를 그릴 때 x축 값으로 사용할 수 있는 값은 숫자만 가능하다.

2.　화면을 분할하여 다음과 같이 두 개의 그래프가 같이 나오도록 그리려고 한다. 다음 중 바르게 작성한 코드는 무엇인가?

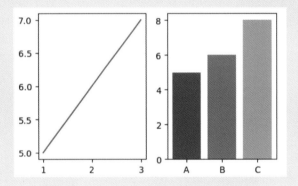

①
```python
import matplotlib.pyplot as plt

fig, ax = plt.subplots(1,2)

ax[0].plot([1,2,3],[5,6,7])
ax[1].bar(['A','B','C'],[5,6,8])

plt.show()
```

②
```python
import matplotlib.pyplot as plt

fig, ax = plt.subplots(2,1)

ax[0].plot([1,2,3],[5,6,7])
ax[1].bar(['A','B','C'],[5,6,8])

plt.show()
```

③
```python
import matplotlib.pyplot as plt

fig, ax = plt.subplots(1,2)

ax[0].bar(['A','B','C'],[5,6,8])
ax[1].plot([1,2,3],[5,6,7])

plt.show()
```

④
```python
import matplotlib.pyplot as plt

fig, ax = plt.subplots(2,1)

ax[0].bar(['A','B','C'],[5,6,8])
ax[1].plot([1,2,3],[5,6,7])

plt.show()
```

3. 다음과 같은 구조로 저장된 붓꽃 데이터가 있다. 붓꽃 품종(species)별 꽃잎 길이(petal_
    length) 평균을 막대 그래프로 나타내려면 다음의 시본(seaborn) 함수들 중에서 무엇을 사용해
    야 하는가?

	sepal_length	sepal_width	petal_length	petal_width	species
0	5.1	3.5	1.4	0.2	setosa
1	4.9	3.0	1.4	0.2	setosa
2	4.7	3.2	1.3	0.2	setosa
3	4.6	3.1	1.5	0.2	setosa
4	5.0	3.6	1.4	0.2	setosa
...	...	...	...	...	...
145	6.7	3.0	5.2	2.3	virginica
146	6.3	2.5	5.0	1.9	virginica
147	6.5	3.0	5.2	2.0	virginica

① counterplot( )   ② histplot( )
③ barplot( )   ④ pairplot( )

4. 시본에서 제공하는 peguins 데이터를 사용하여 다음과 같은 그래프를 그리려고 한다. 아래 그래
    프를 그리기 위한 코드로 알맞은 것은 무엇인가?

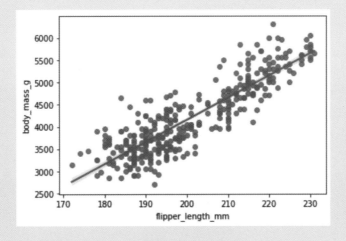

①
```python
import matplotlib.pyplot as plt
import seaborn as sns

pen_data = sns.load_dataset('penguins')
sns.histplot(data=pen_data, x='flipper_length_mm', kde=True)
plt.show()
```

②
```python
import matplotlib.pyplot as plt
import seaborn as sns

pen_data = sns.load_dataset('penguins')
sns.regplot(data=pen_data, x='flipper_length_mm', y='body_mass_g')
plt.show()
```

③
```python
import matplotlib.pyplot as plt
import seaborn as sns

pen_data = sns.load_dataset('penguins')
sns.barplot(data=pen_data, x='flipper_length_mm', y='body_mass_g')
plt.show()
```

④
```python
import matplotlib.pyplot as plt
import seaborn as sns

pen_data = sns.load_dataset('penguins')
sns.scatterplot(data=pen_data, x='flipper_length_mm', y='body_mass_g')
plt.show()
```

데이터 분석

- 공공데이터 활용

CONTENTS

① ‣ ● 총 인구수, 출생아 수 분석하여 차트로 표현하기

공공기관에서 모든 사람들에게 공개해 주는 무료 데이터(이를 '공공데이터' 라고 한다)들을 사용해서 다양한 데이터 분석을 할 수 있는데, 우선 통계청에서 총 인구수와 출생아 수를 다운받아 차트로 그려봄으로써 인구 변화의 추이를 파악해 보자.

 교재 소스 파일 : 8장 / 데이터 분석-공공데이터 활용.ipynb

1.1   통계청에서 데이터 가져오기

* 통계청(https://kosis.kr)에 접속한다.

* [국내 통계] → [주제별 통계] → [인구] → [인구동향조사] 안에 총 인구수와 출생아 수를 각각 다운로드 받아 가공하여 '총인구수출생아수.xlsx' 파일로 작성하였다. 통계청 사이트에서 데이터를 검색할 수 있다는 것을 확인하고, 교재에서 제공하는 예제 파일을 이용해 차트를 그려보자.

* '8장/총인구수출생아수.xlsx' 파일을 열어 데이터를 확인한다. 연도별 총 인구수, 남자 인구수, 여자 인구수, 그리고 출생아 수가 들어 있는 파일이다.

연도	총인구수	남자(명)	여자(명)	출생아수
1961	25765673	12936583	12829090	
1962	26513030	13320983	13192047	
1963	27261747	13708120	13553627	
1964	27984155	14081950	13902205	
1965	28704674	14452831	14251843	
1966	29435571	14829861	14605710	
1967	30130983	15205393	14925590	
1968	30838302	1557		

1.2 총 인구수, 출생아 수 차트 그리기

(1) 판다스를 이용해 연도별 총 인구수 차트 그리기

다음 그림은 연도별 총 인구수를 차트로 나타낸 것이다. 다음 그림을 보고 차트를 작성해 본 후 아래 해설을 확인해 보자.

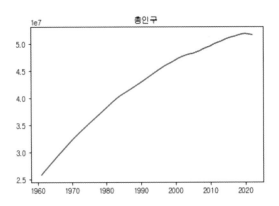

> **📋 프로그램 작성 순서**
>
> - 판다스를 사용하여 '총인구수출생아수.xlsx' 파일을 읽어 데이터프레임으로 생성한 후 데이터프레임의 내용을 확인한다.
> - '연도' 필드와 '총인구수' 필드를 이용해 차트를 작성한다.

- 판다스로 '총인구수출생아수.xlsx'파일을 읽어와 데이터프레임 df변수에 저장하고, df 혹은 df.head()를 이용해 데이터프레임의 각 필드명을 미리 확인한다.

```
import pandas as pd

df = pd.read_excel('총인구수출생아수.xlsx')
df
```

실행 결과

	연도	총인구수	남자(명)	여자(명)	출생아수
0	1961	25765673	12936583	12829090	NaN
1	1962	26513030	13320983	13192047	NaN
2	1963	27261747	127...			

• 판다스로 불러온 데이터프레임의 '연도'와 '총인구수' 필드를 이용해 차트를 작성한다.

```python
import matplotlib.pyplot as plt
import pandas as pd

df=pd.read_excel('총인구수출생아수.xlsx')
plt.rc('font',family='Gulim')
plt.title('총인구')
plt.plot(df['연도'],df['총인구수'])
plt.show()
```

실행 결과

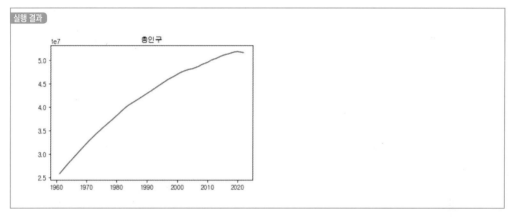

판다스를 이용하면 간단히 '연도'와 '총인구수' 와 같이 필드 이름만으로 쉽게 차트를 그릴 수 있다. 차트를 통해 전체 인구수는 계속해서 꾸준히 증가한 것을 확인할 수 있다.

(2) 판다스를 이용해 연도별 출생아 수 차트 그리기

위의 전체 연도별 총 인구수 차트와 동일한 방법으로 연도별 출생아 수 차트를 그려보자. 다음 그림을 보고 차트를 작성해 본 후 아래 해설을 확인한다.

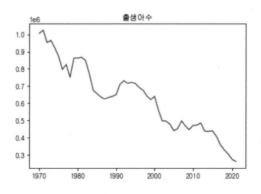

> **프로그램 작성 순서**
>
> - 판다스를 사용하여 '총인구수출생아수.xlsx' 파일을 읽어 데이터프레임으로 생성한 후 데이터프레임의 내용을 확인한다.
> - '연도'와 '출생아수' 필드를 이용해 차트를 작성한다.

```python
import matplotlib.pyplot as plt
import pandas as pd

df=pd.read_excel('총인구수출생아수.xlsx')
plt.rc('font',family='Gulim')
plt.title('출생아수')
plt.plot(df['연도'],df['출생아수'])

plt.show()
```

총 인구수 차트를 그릴 때와 동일한 코드로 작성하고, y축에 해당하는 필드명을 '출생아수'로 바꾸면 연도별 출생아 수 차트를 그릴 수 있다. 연도별 출생아 수 차트를 통해 출생아 수가 얼마나 감소했는지 한눈으로 파악할 수 있다.

총 인구수 차트와 출생아 수 차트를 각각 그려봤는데, 총 인구수와 출생아 수를 한꺼번에 비교 분석할 수 있도록 총 인구수와 출생아 수를 하나의 차트로 그려보자.

1.3 연도별 총 인구수, 출생아 수를 하나의 차트에 그리기

위의 '총인구수' 차트와 '출생아수' 차트는 x축의 데이터가 연도로 동일하기 때문에 두 개의 그래프를 하나의 차트에 그릴 수 있다. 다음 그림처럼 두 개의 그래프를 하나의 차트로 만드는 방법은 plot( )을 두 번 쓰는 것으로 간단하게 그릴 수 있다.

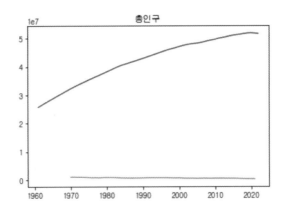

```python
import matplotlib.pyplot as plt
import pandas as pd

df=pd.read_excel('총인구수출생아수.xlsx')
plt.rc('font',family='Gulim')
plt.title('총인구')
plt.plot(df['연도'],df['총인구수'])
plt.plot(df['연도'],df['출생아수'] ,linestyle='--')

plt.show()
```

그런데 두 개의 그래프를 한 개의 차트에 그려보니 문제가 생긴다. '총인구수'의 데이터는 천만 단위이고, '출생아수' 데이터는 십만 단위이다. 이렇게 두 데이터 값의 범위가 다르기 때문에 '출생아수'의 경우 그래프가 거의 일직선으로 나타나면서 그래프상으로 출생아수의 변화를 정확히 알 수 없다는 단점이 있다.

그러면 두 개의 그래프를 한 개의 차트 안에 그리면서 두 그래프를 모두 정확히 볼 수 있도록 차트를 그릴 수 있을까?

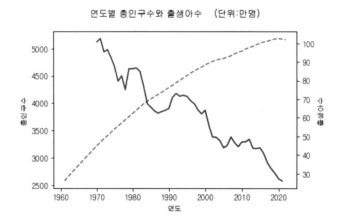

출생아수에 대한 스케일을 y축이 아닌 오른쪽에 새로운 축으로 생성하여 각 그래프에 대한 단위를 따로 설정해 주는 방법으로 문제를 해결할 수 있다. 먼저 위의 그림을 보고 차트를 작성해 본 후 해설을 확인한다.

```python
import matplotlib.pyplot as plt
import pandas as pd

df=pd.read_excel('총인구수출생아수.xlsx')

❶ fig,ax1=plt.subplots()
plt.rc('font',family='Gulim')

plt.title("연도별 총인구수와 출생아수    단위:만명", pad=20)
ax1.set_xlabel('연도')
ax1.set_ylabel('총인구수')
❷ ax1.plot(df['연도'],df['총인구수']/10000,linestyle='--')

❸ ax2=ax1.twinx() # 같은 x축을 공유하는 두 번째 축
ax2.set_ylabel('출생아수',color='blue')
ax2.plot(df['연도'],df['출생아수']/10000,color='blue')
ax2.tick_params(axis='y', labelcolor='blue')

❹ fig.tight_layout()
plt.show()
```

❶ 이 예제에서 두 개의 차트를 따로 그리는 것이 아니라, 하나의 차트 안에 왼쪽과 오른쪽 축 값을 서로 다르게 하여 차트를 그려야 한다. subplots( )는 원래 여러 개의 차트를 그리는데 사용되지만, 하나의 차트에 두 개의 축을 생성하는 것도 가능하니 subplots( )를 사용하기로 한다.

❷ '연도'별 '총인구수'를 차트로 작성한다. 그냥 '총인구수'를 그대로 사용해도 되지만 단위가 크기 때문에 총 인구수인 '총인구수' 데이터를 10,000으로 나누어 단위를 만명 단위로 변경하면 인구수 데이터를 읽기가 쉽다. linestyle을 이용해 파선으로 표시한다.

❸ ❶의 subplots()에서 ax1 이라는 변수명을 사용하였다. 여기에서 ax1.twinx( )를 사용하면 같은 x축을 공유하는 두 번째 축을 생성할 수 있다. 이 두 번째 축 이름을 ax2로 한다. 두 번째 축인 ax2에는 '출생아수'를 10,000으로 나눈 값을 구해 차트 오른쪽에 표시한다.

❹ fig.tight_layout( )을 이용해 '총인구수'와 '출생아수' 차트를 별도로 그리는 것이 아니라 하나의 차트에 표현해 준다.

위의 예제를 통해 왼쪽과 오른쪽 축의 스케일을 서로 다르게 하여 차트를 그릴 수 있다는 것을 알았다. 이 외에도 다양한 차트를 그리는 방법이 matplotlib.org에 제공되고 있다.

이 코드는 matplotlib.org의 매뉴얼을 참고하여 작성하였으며, 이 사이트를 참고하여 다양한 형태의 차트를 만들 수 있다.

※ 참고 : 스케일이 다른 축 생성하여 그래프 그리기
https://matplotlib.org/stable/gallery/subplots_axes_and_figures/two_scales.html#sphx-glr-gallery-subplots-axes-and-figures-two-scales-py

🔍 MISSION

남녀 인구수도 그래프로 그려 보자.

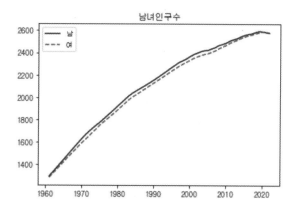

② ▸▸ ● 공원정보를 분석하여 지도로 표현하기

　　데이터 시각화에서는 주로 차트를 그려 데이터를 분석하는 작업을 한다. 그러나 차트 그리기는 생각보다 어렵게 느낄 수 있기 때문에 쉽고 재미있는 예제로 지도를 그려 보려고 한다. 공공데이터 사이트에서 위도, 경도가 있는 데이터를 다운 받아 지도로 표현해 보자.

〈제주도 공원 지도〉

2.1 folium 라이브러리 설치하기

　　folium 라이브러리를 사용하면 위도, 경도만으로 간단히 지도를 그릴 수 있다. 보통 코랩에서는 folium 모듈이 기본적으로 제공되지만, 설치 되어 있지 않은 경우에는 아래 문장을 입력하여 설치한다.

```
pip install folium
```

※ 참고 : https://python-graph-gallery.com/288-map-background-with-folium/

2.2 구글 맵에서 위도, 경도 찾아오기

위도와 경도를 알아야 지도를 작성할 수 있다. 구글맵(https://www.google.co.kr/maps)에서 원하는 위치를 검색하고 해당 위치를 클릭한 후 그 위치를 한번 더 클릭하면 (즉 같은 위치를 두 번 클릭) 아래와 같이 위도와 경도 정보를 알 수 있다. 여기서는 제주도를 중심으로 그리고 있지만, 본인이 거주하고 있는 학교나 동네를 선택해도 좋다.

만일 위도와 경도가 표시되지 않는다면 예제의 위도, 경도 값을 이용한다.

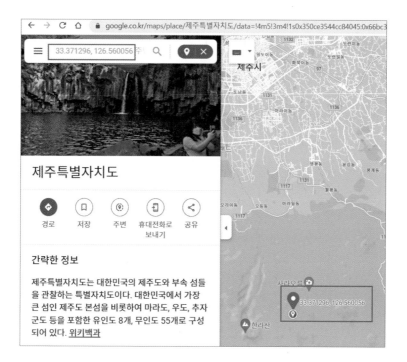

2.3 folium으로 간단한 지도 그리기

(1) 원하는 위치를 중심으로 지도 그리기

```
import folium

❶  mymap=folium.Map(location=[33.371296, 126.560056],zoom_start=11)
    mymap
```

❶ folium.Map(location=[위도,경도], zoom_start=지도 크기)

location에 그려질 지도의 중심이 될 위치인 위도와 경도를 지정한다. zoom_start에 지도의 크기를 지정한다. 지도에 대한 변수명이 mymap이 된다.

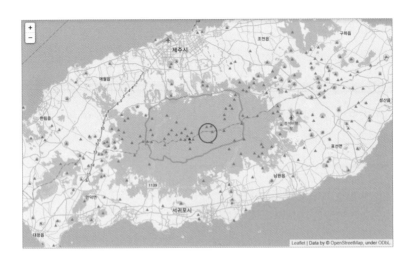

위와 같이 직접 검색한 위도와 경도를 입력하면 해당 위도와 경도를 중심으로 지도가 그려지는 것을 확인할 수 있다. 전 세계 어디든 지도로 표현할 수 있으니 위도, 경도를 다양하게 바꿔서 실행해 보자.

 tip

간혹 웹 브라우저 문제로 지도가 잘 출력되지 않는 경우가 있다. 이런 경우에는 아래와 같이 변수명.save('파일명')을 이용해 저장한다. 단, 저장하는 파일 이름의 확장자는 .htm 이거나 .html 이어야 한다.

```python
import folium

mymap=folium.Map(location=[33.371296, 126.560056],zoom_start=11)
mymap.save('테스트.html')
```

위의 코드를 실행한 후 [내 컴퓨터]를 열어 이 ipynb파일이 있는 위치(폴더)로 가 보면 '테스트.html' 이라는 지도파일이 저장되어 있다. 코랩을 사용 중이라면 세션 저장소 폴더에 파일이 저장된다. 저장한 파일을 열면 지도가 보인다.

(2) 원하는 위치에 마커 표시하기

```
import folium

mymap=folium.Map(location=[33.371296, 126.560056],zoom_start=11)
folium.Marker([33.371296, 126.560056], popup='Wow~').add_to(mymap)
mymap
```

❶ folium.Marker([위도,경도], popup='팝업 문구').add_to(지도 변수명)

마커를 표시할 위도와 경도 정보를 리스트 형태로 대괄호 안에 작성하고, 자신이 만든 지도 변수명에 추가(add_to)하면 지도에 마커가 표시된다. popup은 마커를 클릭하면 나타나는 도움말인데, 한글이 바르게 출력되지 않을 경우가 있어 우선 영문으로 적을 것을 추천한다.

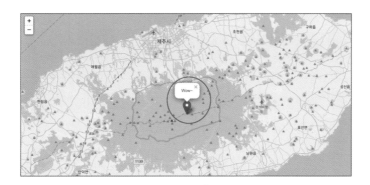

이제 첫 번째 위치와 조금씩 다른 위도와 경도를 사용하여 이 지도 위에 여러 개의 Marker를 추가해 보자.

```
import folium

mymap=folium.Map(location=[33.371296, 126.560056],zoom_start=11)
folium.Marker([33.371296, 126.560056], popup='Wow~').add_to(mymap)
folium.Marker([33.37, 126.57], popup='Wow2~').add_to(mymap)
folium.Marker([33.38, 126.58], popup='Wow3~').add_to(mymap)

mymap
```

위도와 경도의 숫자를 너무 많이 변경하면 제주도의 범위를 벗어난 곳에 마커가 찍히게 된다. 이럴 때는 지도의 왼편에 □ 버튼을 이용해 지도를 축소해 보면 어딘가 다른 위치에 찍힌 것을 볼 수 있다.

2.4 공공데이터 or 무료 데이터 다운 받기

국가 혹은 각종 기관에서 무료로 배포하는 다양한 데이터가 있다. 이런 기관의 데이터를 다운로드 받아 데이터 시각화에 활용할 수 있는데, 전국의 도시 공원 데이터를 이용해서 지도로 나타내보려고 한다.

- https://www.data.go.kr에 접속한다.
- "공원" 키워드로 검색한다.
- 검색한 결과 중에 [표준데이터셋] 탭에 있는 '전국도시공원정보표준데이터'를 클릭한다.

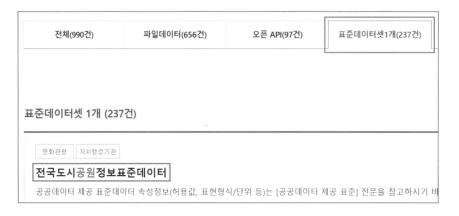

- 화면을 아래로 내리면 데이터를 미리 볼 수 있는데, 위도와 경도가 있는 것을 확인할 수 있다. 이렇게 위도와 경도가 있는 데이터라면 지도로 표현할 수 있다.

csv나 xls 중 원하는 포맷을 다운로드 받는다. 직접 다운로드 받은 파일을 사용하는 것이 가장 좋지만, 다운로드가 어려울 경우 교재에서 제공하는 공원정보 파일인 '8장/전국도시공원정보표준데이터.xls'을 사용해도 좋다.

• 다운 받은 파일을 열어서 아래 그림처럼 맨 위에 빈 줄이 있다면 삭제한 후 저장한다. 엑셀의 맨 왼쪽 1번 행을 클릭 후 오른쪽 마우스를 눌러 [삭제]를 클릭한다.

판다스의 read_excel( )은 별도로 지정하지 않으면 데이터 파일의 첫 줄부터 읽어서 첫 줄은 각 칼럼의 이름으로 사용하고, 두 번째 줄부터 데이터로 인식하여 데이터프레임으로 생성하기 때문에 다운받은 파일을 열어서 어떤 형태로 데이터가 저장되어 있는지 확인하는 것이 필요하다.

함께 보면 좋은 자료

공공데이터 제공 기관

기관명	주소
공공데이터 포털(한국)	https://www.data.go.kr
기상자료 개방 포털(한국)	https://data.kma.go.kr
빅데이터 센터(한국)	https://kbig.kr
AI 허브(한국)	https://www.aihub.or.kr
빅데이터 분석 연습(코드 포함)	https://www.kaggle.com
구글 트렌드	https://trends.google.com/trends
빅데이터 포털(일본)	https://www.stat.go.jp
빅데이터 포털(미국)	https://www.data.gov
빅데이터 포털(영국)	https://data.gov.uk
빅데이터 포털(EU)	https://www.europeandataportal.eu
빅데이터 포털(중국)	http://data.stats.gov.cn
통합 공공데이터 포털	https://opendatainception.io

2.5 공공데이터를 활용하여 지도 그리기

(1) 판다스로 데이터를 불러와서 확인하기

```
import pandas as pd

df=pd.read_excel('전국도시공원정보표준데이터.xls')
df
```

컴퓨터에 설치된 주피터 노트북을 이용할 경우, 엑셀 파일을 파이썬 소스 코드가 저장된 폴더와 같은 폴더에 저장해야 한다. 혹시 엑셀 파일이 다른 위치에 있다면 'c:/data/전국도시공원정보표준데이터.xls' 처럼 엑셀 파일이 있는 전체 경로명도 적어주어야 한다.

	관리번호	공원명	공원구분	소재지도로명주소	소재지지번주소	위도	경도	공원면적	공원보유시설(운동시설)	공원보유시설(유희시설)	공원보유시설(편익시설)	공원보유시설(교양시설)	공원보유시설(기타시설)	지정고시일	관리기관명	전화번호	데이터기준일자	제공기관코드	제공기관명
0	27140-00069	울하체육공원	체육공원	NaN	대구광역시동구율하동 1626	35.859925	128.692838	187515.0	NaN	NaN	NaN	NaN	NaN	2003-12-24	대구광역시동구	053-662-2860	2021-09-01	6270000	대구광역시

■ 코랩을 사용하는 경우

현재 예제로 사용하고 있는 데이터 파일은 확장자가 .xls이다. .xls는 엑셀의 오래된 버전인데 코랩을 사용하는 경우는 오래된 버전을 지원하지 않기 때문에 엑셀 확장자가 .xlsx이어야만 한다.

파일을 열어 엑셀 프로그램의 [파일] → [다른 이름으로 저장]을 클릭 후 아래 그림과 같이 파일 형식을 [Excel 통합문서]를 선택해서 저장하면 .xlsx로 변경된다. 파일 형식을 바꿔 새로 저장한 파일을 세션 저장소 폴더에 업로드 해야 코랩에서 read_excel( )을 사용해서 작업할 수 있다.

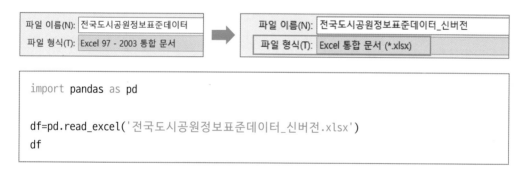

| 파일 이름(N): | 전국도시공원정보표준데이터 | → | 파일 이름(N): | 전국도시공원정보표준데이터_신버전 |
| 파일 형식(T): | Excel 97 - 2003 통합 문서 | | 파일 형식(T): | Excel 통합 문서 (*.xlsx) |

```
import pandas as pd

df=pd.read_excel('전국도시공원정보표준데이터_신버전.xlsx')
df
```

(2) 결측치 확인

'소재지지번주소'를 검색하여 원하는 동의 '위도', '경도'를 마커로 표시해 보자. 먼저 '위도', '경도', '소재지지번주소' 필드에 빈 칸 즉, 빈 데이터(결측치)가 있는지 확인해야 한다.

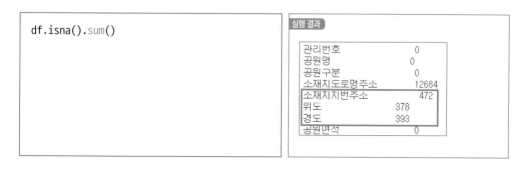

```
df.isna().sum()
```

실행 결과

```
관리번호           0
공원명            0
공원구분           0
소재지도로명주소   12684
소재지지번주소      472
위도           378
경도           393
공원면적           0
```

'소재지지번주소'가 비어 있는 데이터는 472개, '위도'가 비어 있는 데이터는 378개, '경도'가 비어 있는 데이터는 393개인 것을 알 수 있다.

```
df=df.dropna(subset=['위도','경도','소재지지번주소'])
```

여기서는 결측치를 수정하는 간단한 방법으로 '위도', '경도', '소재지지번주소'가 빈 데이터를 삭제하여 결측치를 제거한다.

데이터프레임 df에서 결측치를 제거한 것을 다시 df에 할당함으로써 df변수에는 빈 데이터가 제거된 형태의 데이터가 들어가게 된다.

결측치가 잘 제거되었는지 재확인한다.

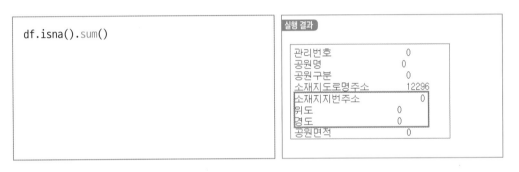

```
df.isna().sum()
```

실행 결과	
관리번호	0
공원명	0
공원구분	0
소재지도로명주소	12296
소재지지번주소	0
위도	0
경도	0
공원면적	0

(3) 원하는 동(지역)만 데이터 걸러내기

전국의 모든 공원을 지도로 그리면 시간이 많이 소요된다. 개인용 컴퓨터의 경우 대부분 컴퓨터가 다운되거나 아주 오랜 시간이 걸려야 지도가 그려지기 때문에 특정 동이나 특정 구(지역)와 같이 작은 지역만 지도로 표시할 것을 권장한다. 여기에서는 제주도만 지도로 표시하는 예시를 보여주고자 한다. 여러분들은 원하는 지역명을 입력해도 좋다.

■ 원하는 지역만 골라내기

원하는 지역만 고르기 위해서 '소재지지번주소' 필드에 '제주'라는 글자가 포함된 데이터만 조회한다.

```
df=df.query("소재지지번주소.str.contains('제주')",engine='python')
```

df에는 '소재지번주소'에 '제주'라는 단어가 있는 데이터만 들어오게 된다. 조금 더 정확히 하려면 '제주특별자치도'라고 적어도 좋다.

	관리번호	공원명	공원구분	소재지도로명주소	소재지지번주소	위도	경도	공원면적	공원보유시설(운동시설)	공원보유시설(유희시설)	공원보유시설(편익시설)	공원보유시설(교양시설)	공원보유시설(기타시설)	지정고시일	관리기관명	전화번호	데이터기준일자	제공기관코드	제공기관명
1127	50130-00047	바람모루공원	근린공원	NaN	제주특별자치도 서귀포시 대륜동 1114-2	33.252871	126.514716	31066.0	운동기구 4종	NaN	파고라2식	장애아전문어린이집	서귀포시노인복지회관	2007-09-05	제주특별자치도서귀포시…	064-760-3192	2021-06-30	6520000	제주특별자치도서귀포시…

■ 지도에 특정 지역만 표시하기

준비된 '제주' 데이터를 가지고 지도에 표시해 보자. df에 있는 모든 데이터를 for문을 사용해서 하나씩 지도에 표시한다.

```python
import pandas as pd
import folium

mymap=folium.Map(location=[33.371296, 126.560056],zoom_start=11)
df=pd.read_excel('전국도시공원정보표준데이터.xls')
df=df.dropna(subset=['위도','경도','소재지지번주소'])
df=df.query("소재지지번주소.str.contains('제주')",engine='python')

for i in range(len(df)):
    folium.Marker([float(df['위도'][i:i+1]),
                   float(df['경도'][i:i+1])],
               popup=df['공원명'][i:i+1]).add_to(mymap)

mymap
```

df의 총 길이인 len(df)만큼 반복하면서 df['위도'], df['경도'], df['공원명']을 이용해 지도에 Marker를 추가한다. 단, 위도와 경도는 실수이므로 float로 변환해야 한다.

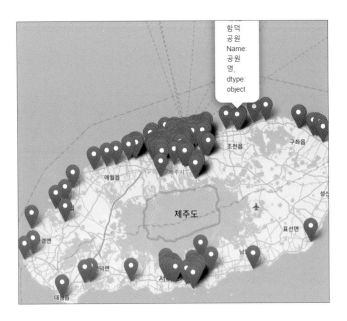

지도가 잘 출력되었고, 마커를 하나씩 클릭해 보면 공원명이 보이는 것을 알 수 있다. 그런데 '공원명' 뒤에 'Name:공원명, dtype:Object'처럼 필드명과 데이터 타입이 같이 출력되는 것을 볼 수 있다.

```
for i in range(len(df)):
    print(float(df['위도'][i:i+1]), float(df['경도'][i:i+1]),df['공원명'][i:i+1])
```

실행 결과

```
33.51879351 126.5202072 4508        탑동제1공원
Name: 공원명, dtype: object
33.51811257 126.5239537 4509        탑동제2공원
Name: 공원명, dtype: object
```

필요 없는 글자들이 출력되는 것이 불편하게 느껴진다면 여러 가지 다른 방법을 이용해서 필요한 글자만 출력되도록 코드를 작성해 보는 것을 추천한다. 아래와 같이 iloc를 사용하면 필요한 글자만 출력된다.

```
for i in range(len(df)):
    folium.Marker([float(df.iloc[i,5]),float(df.iloc[i,6])],
                    popup=df.iloc[i,1]).add_to(mymap)
```

실행 결과

---

tip

결측치를 제거하지 않았을 경우 다음과 같이 Null값이 있다는 에러가 발생하니 주의해야 한다.

```
ValueError Cannot mask with non-boolean array containing NA / NaN values
```

또한 직접 다운 받은 파일이 책에서 제공하는 예제 파일과 다를 수 있다. 데이터마다 특징이 다르므로 원본 엑셀 파일을 열어보고 어떻게 분석하면 좋을지 고민해 보자.

MISSION - 지도

1. 사용자가 원하는 지역을 입력하여 지도로 표시해 보기

위에서는 '제주' 지역을 프로그램 코드에 넣어 조회했다.

```
df=df.query("소재지지번주소.str.contains('제주')",engine='python')
```

이것을 input( ) 함수를 이용해 사용자가 원하는 지역을 직접 입력하고, 입력받은 지역의 지도를 그릴 수 있도록 변경해 보자.

2. 위도, 경도가 있는 데이터를 찾아 지도로 그려보기

무료 와이파이 존, 맛집, 사고다발지역, 지역별 cctv 설치 장소 등 다양한 예제를 검색하여 위도, 경도가 있는 데이터를 다운 받아 다양한 정보가 있는 지도를 그려보자. (위도, 경도만 있으면 어떤 지도도 그려낼 수 있다.)

3. 팝업 색을 지정하기

팝업에는 다양한 html 코드를 넣을 수 있다. html을 알고 있다면 팝업 색을 바꿔보자.

4. Marker의 색과 모양 지정하기

Marker에 다양한 색을 넣을 수 있다. 색을 넣어보자.(matplotlib.org를 검색해 보거나 인터넷을 검색해 보면 다양한 옵션을 찾을 수 있다.)

5. 지도에 동그란 마커 표시하기

CircleMarker로 동그란 마커를 그릴 수도 있다. 한번 찾아서 넣어보자. (matplotlib.org를 검색해 보거나 인터넷을 검색해 보면 다양한 옵션을 찾을 수 있다.)

③ ▶▶● 지역별 인구현황을 분석하여 차트로 표현하기

여러분이 거주하는 동네는 어떤 연령대가 가장 많고 어떤 연령대가 가장 적을까? 전국의 인구현황 파일을 가져와서 판다스를 이용해 우리 동네 인구 현황을 차트로 표현해 보자.

3.1 공공데이터 포털 사이트에서 인구현황 다운 받기

- https://www.data.go.kr에 접속한다.
- "행정안전부 연령별 인구현황" 키워드로 검색한다.

- 검색한 결과 중 아래와 같은 내용을 찾아 [바로가기]를 클릭한다.

※ 사이트 내용이 자주 변경되어 동일한 검색 결과가 나오지 않을 수 있다. 이럴 경우
  https://jumin.mois.go.kr로 직접 접속해도 된다.

- 행정안전부의 데이터를 다음 순서대로 클릭한다.

- xlsx 형식의 파일을 다운 받은 후 파일을 열어 데이터가 어떻게 구성되어 있는지 확인한다. 본인이 다운로드 받은 파일을 사용하거나 교재에서 제공하는 '8장/주민등록인구.xlsx' 파일을 사용해도 좋다. 행정안전부에서는 현재 월을 기준으로 전월까지 매월 인구현황을 다운받을 수 있으니 교재에서 제공하는 파일보다 최신 업데이트된 파일을 다운받으면 더 의미 있을 것이다.

3.2 판다스로 데이터를 가져와서 확인 및 결측치 제거

(1) 판다스로 데이터를 가져와서 확인

```
import pandas as pd

df = pd.read_excel('주민등록인구.xlsx')
df
```

실행 결과

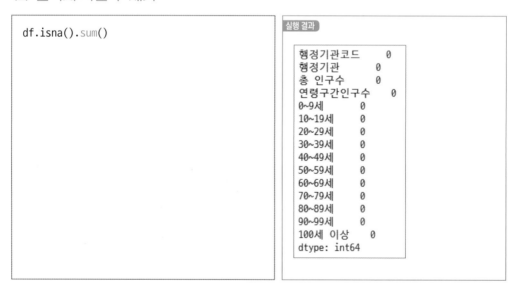

	행정기관코드	행정기관	총 인구수	연령구간인구수	0~9세	10~19세	20~29세	30~39세	40~49세	50~59세	60~69세	70~79세	80~89세	90~99세	100세 이상
0	1100000000	서울특별시	9,496,887	9,496,887	567,846	753,608	1,414,109	1,431,377	1,471,932	1,507,508	1,290,016	708,167	308,073	42,528	1,723
1	1111000000	서울특별시 종로구	143,850	143,850	6,726	10,234	22,718	19,379	20,580	24,814	20,387	11,650	6,362	960	40
2	1111051500	서울특별시 종로구 청운효자동	11,838	11,838	704	1,137	1,520	1,548	2,073	1,911	1,394	936	543	69	3
3	1111053000	서울특별시 종로구 사직동	9,321	9,321	542	667	1,161								1
4	1111054000	서울특별시 종로구 삼청동	2,390	2,390											

필드명과 데이터를 자세히 살펴보자. '행정기관' 필드에 각 시군구동명이 있고, '총 인구수', '연령구간인구수' 이후 칼럼에 '0~9세', '10~19세'와 같이 10살 단위로 인구수가 집계되어 있는 것을 확인할 수 있다.

(2) 결측치 확인 후 제거

```
df.isna().sum()
```

실행 결과

```
행정기관코드      0
행정기관        0
총 인구수       0
연령구간인구수    0
0~9세        0
10~19세      0
20~29세      0
30~39세      0
40~49세      0
50~59세      0
60~69세      0
70~79세      0
80~89세      0
90~99세      0
100세 이상     0
dtype: int64
```

해당 데이터에서는 결측치가 보이지 않았다. 파일을 다운받은 시점에 따라 결측치가 존재할 수도 있다. 만일 결측치(Null 값)가 있다면 결측치를 제거하거나 특정 값으로 채우고 사용한다. 결측치가 있는 데이터를 제거하기 위해서는 아래 제시된 방법으로 코드를 작성하고 실행한다.

```
df=df.dropna(subset=['필드명'])
```

3.3 특정 동만 데이터 조회해 차트 그리기

(1) '삼청동'의 데이터만 조회해 보기

```
import pandas as pd

df=pd.read_excel('주민등록인구.xlsx')
df=df.query('행정기관=="서울특별시 종로구 삼청동"')
df
```

실행 결과

	행정기관코드	행정기관	총 인구수	연령구간인구수	0~9세	10~19세	20~29세	30~39세	40~49세	50~59세	60~69세	70~79세	80~89세	90~99세	100세 이상
4	1111054000	서울특별시 종로구 삼청동	2,390	2,390	90	167	298	297	338	366	412	239	151	30	2

　우선 '삼청동'의 데이터만 조회해서 데이터를 확인하려 한다. 이 예제에서 '삼청동'을 선택한 이유는 인구수가 작아서 에러 없이 차트가 그려지기 때문이다. 다른 지역으로 차트를 그려보기 전에 '삼청동'으로 먼저 그려볼 것을 추천한다.

(2) '삼청동'의 인구수 데이터로 차트 그리기

　이 데이터를 그대로 차트로 그리고 싶지만, 앞의 4개 필드는 숫자가 아니므로 차트로 그릴 수 없는 부분이다. 따라서 앞의 4개 필드를 제외한 4번 인덱스인 '0~9세' 필드부터 끝까지 데이터를 가져와서 차트를 그린다.

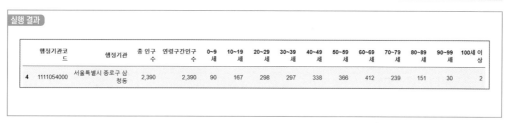

	행정기관코드	행정기관	총 인구수	연령구간인구수	0~9세	10~19세	20~29세	30~39세	40~49세	50~59세	60~69세	70~79세	80~89세	90~99세	100세 이상
4	1111054000	서울특별시 종로구 삼청동	2,390	2,390	90	167	298	297	338	366	412	239	151	30	2

앞에서 학습한 iloc을 이용해 차트로 그릴 부분의 데이터만 선택한다.

```
df=df.iloc[0:,4:15]
df
```

	0~9세	10~19세	20~29세	30~39세	40~49세	50~59세	60~69세	70~79세	80~89세	90~99세	100세 이상
4	90	167	298	297	338	366	412	239	151	30	2

df에 연령별 인구수만 잘 가져온 것을 확인하고 차트를 그렸더니 아래와 같은 에러가 발생했다. 이유가 뭘까? print(type(df)) 문장을 통해 df의 타입을 살펴보니, 판다스의 데이터프레임이라고 나온다.

```
import matplotlib.pyplot as plt
import pandas as pd
df=pd.read_excel('주민등록인구.xlsx')
df=df.query('행정기관=="서울특별시 종로구 삼청동"')
df=df.iloc[0:,4:15]
plt.plot(df)
plt.show()
```

```
TypeError: unhashable type: 'numpy.ndarray'
```

```
<class 'pandas.core.frame.DataFrame'>
```

matplotlib로 차트를 그릴 때 plot( ) 함수 안에 전달하는 값은 1차원 리스트 혹은 넘파이의 배열, 판다스의 세로 데이터인 필드이어야 하는데, 여기서는 판다스 데이터프레임의 가로 방향(행) 데이터이기 때문에 차트를 그릴 수 없다. 따라서 df를 넘파이의 array로 변환해야 한다. 이때 개별 항목의 타입은 정수(int)로 변환한다.

넘파이 정수 배열로 타입을 변환하고 차트를 그리려고 하면 다시 에러가 발생한다. 이유가 무엇인지 확인하기 위해 해당 배열인 arr을 출력하면 아래와 같이 넘파이 배열이 2차원 리스트 형태로 나타난다.

```
arr=np.array(df, dtype=int)
print(arr)
```

실행 결과

```
[[ 90 167 298 297 338 366 412 239 151  30   2]]
```

차트를 그리는 데이터는 1차원 리스트 형태여야 한다. 따라서 이 데이터를 다시 1차원 형태로 만들어 준 후 차트로 그려야 한다. 앞서 넘파이 학습 과정에서 다차원 배열을 1차원으로 변경하기 위해서 flatten( )을 사용하였다. 이 과정을 요약해 보면 다음과 같다.

```
import matplotlib.pyplot as plt
import pandas as pd
import numpy as np

df=pd.read_excel('주민등록인구.xlsx')
df=df.query('행정기관=="서울특별시 종로구 삼청동"')

❶ df=df.iloc[0:,4:15]
❷ arr=np.array(df, dtype=int)
❸ arr=arr.flatten()
❹ plt.plot(arr)
  plt.show()
```

실행 결과

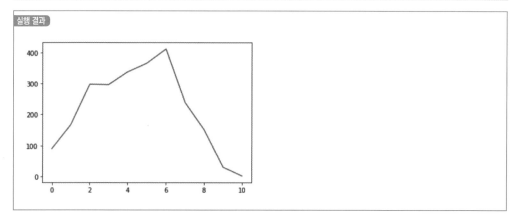

❶ 차트를 그릴 숫자로 된 데이터를 선택해서 df에 저장한다. (0~9세 - 100세 이상)
❷ 데이터프레임으로 된 자료를 넘파이의 array로 변환한다.
❸ 데이터를 1차원 형태로 변환한다.
❹ 차트를 그린다.

(3) 입력받은 지역의 인구수 데이터로 차트 그리기

사용자에게 원하는 동을 묻고, 해당 동의 그래프를 그려주는 프로그램으로 변경해 보자.

```python
import matplotlib.pyplot as plt
import pandas as pd
import numpy as np

#천 단위 구분 기호 없애기
①  df=pd.read_excel('주민등록인구.xlsx',thousands=',')
②  q=input("원하는 동 명을 적으세요")
③  df=df.query('행정기관.str.contains("'+q+'")', engine='python')
    #df=df.query('행정기관.str.contains("삼청동")', engine='python')

    df=df.iloc[0:,4:15]
    arr=np.array(df, dtype=int)
④  arr=arr.flatten()
    plt.plot(arr)
    plt.show()
```

실행 결과

원하는 동 명을 적으세요청파동

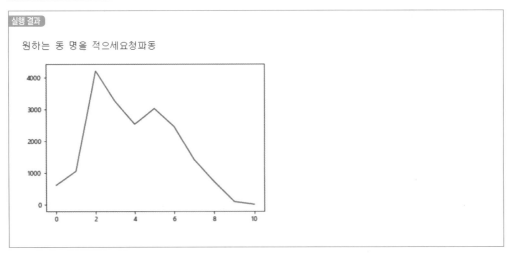

① '삼청동'이 아닌 다른 동을 입력해서 프로그램을 실행하면 에러가 발생한다. 그 이유는 인구 수에 1,101처럼 콤마가 있는 데이터를 int로 변경할 수 없기 때문이다. 이런 경우 파일을 불러올 때 thousands=',' 를 이용하면 데이터에서 천 단위 구분 기호를 제거해 줄 수 있다.

② 사용자로부터 입력받은 값을 q라는 변수에 넣는다.

❸ 데이터를 검색하는 쿼리문에 필드명.str.contains('값') 이라고 쓰면 데이터프레임에서 해당 필드명에 '값'이 들어 있는 데이터를 찾아준다. 입력받은 지역명이 q라는 변수에 들어 있으므로 '행정기관' 필드에서 입력받은 값(q)을 찾을 수 있도록 문자열을 연결하는 +를 이용해 쿼리문을 완성한다.

❹ **배열명.flatten( )**은 해당 배열을 1차원 배열로 만들어 준다.

※ 이 예제를 실습하기 전에 미리 '주민등록인구.xlsx' 파일을 열어 자신이 거주하고 있는 동의 이름을 찾아보는 것이 좋다. 간혹 같은 동 이름이 2개 이상일 경우 여러 동의 데이터가 나올 수 있다. 예를 들어 '사직'이라고만 입력하면 서울의 사직동, 부산의 사직동 등 '사직' 이라는 단어가 들어간 모든 곳이 출력되는 것이다. 따라서 미리 동명을 정확히 확인해 두는 것이 좋다.

(4) 인구수 차트 꾸미기

이제 이 차트를 보기 좋게 꾸며보도록 하자.

```python
import matplotlib.pyplot as plt
import pandas as pd
import numpy as np

df=pd.read_excel('주민등록인구.xlsx',thousands=',')
q=input("원하는 동 명을 적으세요")
df=df.query('행정기관.str.contains("'+q+'")', engine='python')

df=df.iloc[0:,4:15]
arr=np.array(df, dtype=int)
arr=arr.flatten()
#df.columns 를 통해 x축에 적을 항목들을 가져와서 array로 변환한다.
df_x=np.array(df.columns)

plt.rc('font',family='Gulim')
plt.figure(figsize=(10, 7))
plt.title(q+"의 인구 그래프")
plt.plot(df_x,arr,marker='*')
plt.show()
```

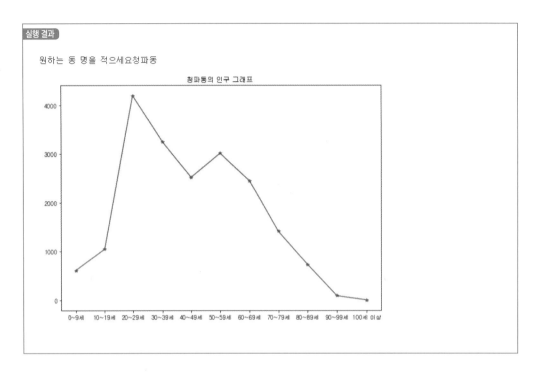

❶ 차트의 x축 값으로 사용하기 위해서 데이터프레임 df의 칼럼들을 넘파이 배열로 변환한 것을 df_x에 저장한다.

❷ 한글 폰트를 '굴림'으로 지정한다.

❸ 차트의 크기를 가로 10, 세로 7로 지정한다.

❹ 차트의 제목을 입력받은 지역명과 "의 인구 그래프"를 연결한 문자열로 지정한다.

❺ 차트의 x축 값은 df_x , y값은 arr, 각 데이터를 표시하는 마커를 '*'로 지정해서 차트를 그린다.

　자 이제 그래프가 보기 좋게 만들어졌다. 대부분 대학이 있는 곳은 20대가 현저히 많은 모습을 보이고, 일반 주택가를 그려보면 다른 형태의 그래프가 그려진다. 여러 동을 그려보면서 데이터의 특징을 살펴보는 것은 데이터 분석에서 매우 중요하다. 코드에만 집중하지 말고 다양한 동(지역)을 입력하여 결과로 나온 동(지역)별 인구분포 그래프를 보면서 왜 이 동네는 이런 그래프가 그려지는지를 생각해 보는 것이 필요하다.

　그런데 위의 방법보다 더 간단한 방법은 없을까? 총인구수와 출생아수를 그린 예제를 보면, 판다스에서 열 방향의 데이터를 필드 이름으로 가져오면 바로 그래프로 그릴 수 있었다. 필드명을 사용하면 넘파이로 변환하는 작업을 하지 않아도 되어 훨씬 간편할 것이란 생각이 들 것이다. 그럼 판다스의 데이터를 세로 방향 즉 열 방향으로 돌려서 바로 그리는 방법을 살펴보자.

```python
import matplotlib.pyplot as plt
import pandas as pd

df=pd.read_excel('주민등록인구.xlsx',thousands=',')

q=input("원하는 동 명을 적으세요")
df=df.query('행정기관.str.contains("'+q+'")', engine='python')
df=df.iloc[0:,4:15]
df=df.T
df=df.astype(int)

plt.rc('font',family='Malgun Gothic')
plt.figure(figsize=(10, 7))

plt.plot(df)
plt.show()
```

❶ 차트를 그리기 위해서 숫자로 된 데이터만 선택한다. ('0~9세' 칼럼부터 마지막 칼럼까지)
❷ 데이터프레임의 행과 열을 서로 교환하여 데이터의 방향을 세로 방향으로 바꾼다.
❸ 데이터를 정수로 변환한다.

이렇게 그려보니 훨씬 간단해졌다. 이 외에도 여러 가지 방법으로 공공데이터나 사내 데이터 등 여러 데이터를 가져와서 다양한 형태의 차트를 만들 수 있다는 것을 이해했을 것이다. 물론 처음에는 '엑셀이나 파워포인트를 사용하여 그래프를 그리는 것이 훨씬 간단한데 군이 이렇게 코드로 작성해야 하나?'라는 생각이 들지도 모르겠다. 하지만 여러분이 근무하는 회사에서 매출량이 다른 데이터를 가지고 매일 그래프를 작성해야 할 경우 파이썬을 이용해서 엑셀 파일 이름만 변경하면 더 이상 변경할 작업이 없을 것이다. 자동화 즉 프로그래밍이 되어 있기 때문이다. 요즈음 기업과 공공기관에서 파이썬 코드로 데이터를 분석하는 일들이 점점 더 많아지고 있다.

그래프를 조금 더 보기 좋게 만들어 보고, 막대 그래프, 산점도 그래프처럼 다양한 형태의 그래프로도 바꿔보고, 여러 가지 공공데이터를 가져와서 그래프로 작성해 보며 각자 실력을 향상시켜 보자.

🔍 MISSION - 판다스 차트

1. 두 동네의 인구수 그래프를 한 그래프에 그려서 차트를 비교해 보자.

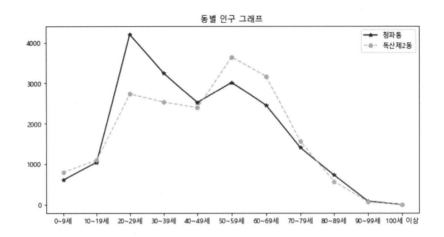

2. 각자 원하는 다양한 형태의 그래프로 바꿔 보자.

3. 여러 사이트에서 다양한 데이터를 가져와 그래프로 그려 보자.

1. 빅데이터(데이터)를 분석하기 위한 내용 중 틀린 것은?

   ① pandas에서 read_excel( )을 이용해 엑셀 파일을 가져올 수 있다.
   ② 기상청, 공공데이터 포털 사이트 등 다양한 기관에서 csv나 엑셀 파일 등으로 된 여러 가지 데이터를 무료로 다운 받을 수 있다.
   ③ csv 파일은 기본적으로 쉼표(,)로 각 항목이 구분되어 있는 파일이다.
   ④ matplotlib 라이브러리를 이용해 차트 작성 시 한글로 차트 제목을 적는 방법은 없다.

2. 파이썬에서 라이브러리를 추가로 설치할 때 사용하는 명령문을 적어 보세요.

3. 파이썬으로 지도를 그리기 위해 사용하는 라이브러리(모듈) 명을 적어 보세요.

4. 파이썬에서 folium 라이브러리를 사용하여 지도를 그리고자 한다. 다음 설명 중 틀린 것은?

   ① folium으로 작성된 지도를 웹 페이지 형식인 htm 이나 html 파일로 저장할 수 있다.
   ② folium.Map( )을 사용하면 그리려는 장소의 위도, 경도를 중심으로 지도가 표시된다.
   ③ folium.Marker( )에 위도, 경도를 적어 해당 위치에 풍선모양의 마커를 생성할 수 있다.
   ④ folium.Marker( )로 마커를 생성할 때 location인수에 값을 넣으면 마커에 대한 팝업 설명이 추가된다.

데이터 분석
- 타이타닉

C O N T E N T S

① ▸▸ ● 타이타닉 생존자 분석 실습

　타이타닉호 침몰은 1912년 타이타닉호가 빙산과 충돌하여 바닷속으로 가라앉으면서 2,200여명 중 1,500여명이 사망한 대형 참사 사건이었다. 타이타닉호는 영국 사우스햄프턴에서 출발하여 프랑스 쉘부르, 뉴질랜드 퀸스타운을 거쳐 미국 뉴욕이 최종 목적지였지만, 마지막 미국으로 항해 도중 배가 바다에 가라앉는 불운으로 목적지에 도착하지 못하고 많은 희생자가 발생하였다.

　타이타닉호에 승선했던 승객에 대한 성별, 나이, 승선 장소, 사망 여부 등이 담긴 실제 데이터의 일부를 이용하여 데이터 분석을 하려고 한다. 타이타닉 데이터는 실제로 빅데이터 분석 학습에서 가장 첫 번째로 하는 분석 자료로서 교과서처럼 쓰이고 있다. 사실 사이즈가 그리 크지 않아서 빅데이터라기보다 데이터 분석이라고 하는 것이 더 좋겠다. 우리는 seaborn에서 데이터셋으로 제공하고 있는 타이타닉 데이터를 이용해 성별에 따른 생존자 분석, 연령별 생존자 분석 등 다양한 데이터 분석을 해 본다. 여기서는 seaborn의 데이터셋을 활용할 예정이므로 별도로 데이터 파일을 다운 받는 준비 과정은 필요하지 않다.

 교재 소스 파일 : 9장 / 데이터 분석-타이타닉.ipynb

1.1 분석에 필요한 설정 및 라이브러리 import

　이번 분석에서는 데이터 분석에 필요한 라이브러리 import와 함께 한글 출력에 대한 조치와 경고 문구를 무시하도록 처리하는 코드를 먼저 수행해 보자. 이런 부분은 매번 입력하기 귀찮을 수 있는 작업이므로 코드의 맨 앞에 한번 해 주면 편리하다. seaborn이 설치되어 있지 않다면 pip install seaborn으로 설치한다.

```
❶  import numpy as np
   import pandas as pd
   import matplotlib.pyplot as plt
   import seaborn as sns
```

```
❷  plt.rcParams['font.family'] = 'Gulim'
❸  import warnings
   warnings.filterwarnings('ignore')
```

❶ numpy, pandas, matplotlib, seaborn 라이브러리를 import 한다.
❷ 한글이 출력될 수 있도록 한글 출력 폰트를 지정한다. 코랩을 사용한다면 나눔글꼴 설치 후에 한글 출력 폰트를 'NanumGothic'으로 지정한다. 이 코드 대신에 plt.rc('font',family='Gulim') 이라고 해도 그 기능은 같다.
❸ 파이썬에서 현재 설치한 버전보다 이전 버전의 코드를 쓸 경우 경고창이 뜨는데 무시해도 되는 수준이므로 경고창이 뜨지 않도록 한다.

1.2 타이타닉 데이터셋 가져오기

```
d = sns.load_dataset('titanic')
d
```

seaborn에서 제공하는 타이타닉 데이터를 가져와서 사용하기 위해 sns.load_dataset( )의 괄호 안에 'titanic' 이라고 적는다. d를 출력해 데이터를 확인해 보기 바란다.

1.3 타이타닉 데이터 구성 살펴보기

데이터프레임의 info( ) 메소드를 이용하여 가져온 타이타닉 데이터의 칼럼 정보를 확인할 수 있다.

```
d.info()
```

실행 결과

```
<class 'pandas.core.frame.DataFrame'>
RangeIndex: 891 entries, 0 to 890
Data columns (total 15 columns):
 #   Column       Non-Null Count  Dtype
---  ------       --------------  -----
 0   survived     891 non-null    int64
 1   pclass       891 non-null    int64
 2   sex          891 non-null    object
 3   age          714 non-null    float64
 4   sibsp        891 n
 5   parch
```

각 필드의 의미를 정리하면 다음과 같다. 미리 데이터 필드에 대한 이해가 있어야 분석에 유용하니 필드별 의미를 유의해서 살펴보기 바란다.

필드명	의미
survived	생존여부(1 : 생존, 0 : 사망)
pclass	승선권 클래스(1 : 1등석, 2 : 2등석, 3 : 3등석)
sex	승객 성별
age	승객 나이
sibSp	동반한 형제자매, 배우자 수
parch	동반한 부모, 자식 수
fare	티켓의 요금
embarked	승선한 항구명(C : Cherbourg, Q : Queenstown, S : Southampton)
class	승선권 클래스(First : 1등석, Second : 2등석, Third : 3등석)
who	남성, 여성, 어린이 구분 (man, woman, child)
adult_male	성인 남성 구분
deck	갑판
embark_town	승선한 항구명
alive	생존 여부(yes : 생존, no : 사망)
alone	동반자 유무(True일 때 동반자 없음)

d.head( ) 문장을 통해 5개의 데이터를 보면서 어떤 식으로 데이터가 입력되어 있는지 미리 확인한다.

```
d.head()
```

실행 결과

	survived	pclass	sex	age	sibsp	parch	fare	embarked	class	who	adult_male	deck	embark_town	alive	alone
0	0	3	male	22.0	1	0	7.2500	S	Third	man	True	NaN	Southampton	no	False
1	1	1	female	38.0	1	0	71.2833	C	First	woman	False	C	Cherbourg	yes	False
2	1	3	female	26.0	0	0	7.9250	S	Third	woman	False	NaN	Southampton	yes	True
3	1	1	female	35.0	1	0	53.1000	S	First	woman	False	C	Southampton	yes	False
4	0	3	male	35.0	0	0	8.0500	S	Third	man	True	NaN	Southampton	no	True

1.4 생존자 집계

데이터를 살펴보면 'alive' 필드에 생존 여부가 'yes', 'no'로 되어 있는 것을 알 수 있다. 생존자와 사망자 수를 집계하려면 'yes'의 개수, 'no'의 개수를 각각 세면 된다. 결국 'alive' 필드를 groupby로 묶어서 같은 데이터끼리의 개수를 세면 되므로, pandas의 groupby와 count( )를 이용해서 생존 여부별 개수를 쉽게 구할 수 있다.

```
d.groupby('alive').count()
```

실행 결과

	survived	pclass	sex	age	sibsp	parch	fare	embarked	class	who	adult_male	deck	embark_town	alone
alive														
no	549	549	549	424	549	549	549	549	549	549	549	67	549	549
yes	342	342	342	290	342	342	342	340	342	342	342	136	340	342

타이타닉 데이터 d를 'alive' 필드로 그룹화해서 집계한 데이터의 개수를 보여준다.

출력 결과를 확인해 보니, 'alive' 필드의 'yes', 'no' 별 모든 필드의 데이터 개수가 모두 출력되어 나오는 것을 확인할 수 있다. 우리는 'alive' 필드의 개수만 궁금하기 때문에 코드를 아래와 같이 변경한다.

```
d.groupby('alive')['alive'].count()
```

실행 결과

```
alive
no     549
yes    342
Name: alive, dtype: int64
```

생존자는 342명, 사망자는 549명으로 집계된 것을 확인하였다. 실제 승선자 수는 2,200여명이라고 하였으나, 이 데이터는 891명으로 승선한 모든 승객의 데이터를 가지고 있지 않다는 것을 알 수 있다.

생존자 수와 사망자 수를 비교하는 그래프를 seaborn의 countplot( )을 이용하여 간단하게 그려보자.

```
sns.countplot('alive',data=d)
plt.title('타이타닉 생존자')
plt.show()
```

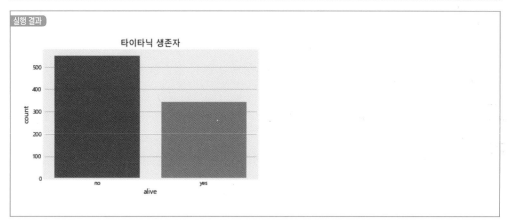

countplot( )으로 차트를 그릴 때 데이터를 구분해서 집계하는 필드명은 'alive'로 하였고, data는 타이타닉 데이터셋 변수 d로 지정하였다. 'alive' 필드에 해당하는 값별로 개수를 세어 막대 그래프로 그려준다.

그래프로 그려보면 생존자(342)보다 사망자(549)가 많음을 한눈에 알 수 있다. 데이터를 분석할 때는 이렇게 텍스트 수치값으로도 데이터를 확인해 보고, 차트를 그려 쉽게 차이를 확인할 수 있게 시각화하는 작업을 하는 것이 바람직하다. 이 그래프를 조금 더 보기 좋게 여러 옵션들을 사용해 그래프 모양을 변경해도 좋다.

1.5 성별 생존자 수와 생존율 분석

(1) 성별에 따른 생존자 수

성별에 따른 생존자 수가 어떻게 다른지 분석해 보자.

■ 성별에 따른 생존자 수

먼저 성별에 따른 생존자 수를 숫자로 확인해 보자. 생존자와 사망자 수를 파악하기 위해 사용한 groupby( )를 활용하여 'sex', 'alive'로 데이터를 묶고 'alive'의 개수만 파악한다.

```
d.groupby(['sex','alive'])['alive'].count()
```

실행 결과

```
sex     alive
female  no       81
        yes     233
male    no      468
        yes     109
Name: alive, dtype: int64
```

생존자 수를 성별로 구분해 보니 여성이 남성보다 많이 생존한 것을 볼 수 있다.

■ 성별로 구분한 생존자 수 차트로 표현하기

```
sns.countplot(x='sex',hue='alive', data=d)
plt.title('성별 생존자 수')
plt.show()
```

실행 결과

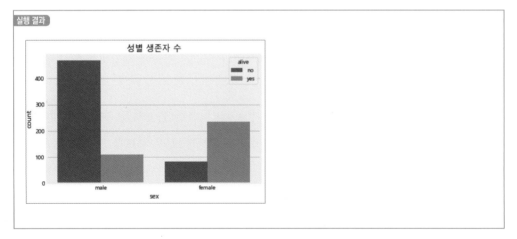

x축에는 성별('sex'), hue에는 생존자('alive')를 사용하였고 data는 변수 d를 사용하였다. 성별에 따라 생존자와 사망자 수가 막대 그래프로 표현된다.

위에서처럼 텍스트로 출력해 수치로 보는 데이터도 의미가 있지만, 이렇게 그래프로 표현하면 남자의 생존과 여자의 생존이 얼마나 다른지 한 눈에 확인할 수 있다. 데이터와 상관없이 아이와 여자를 살리기 위해 노력한 분들의 마음에 고개가 숙여진다. 단순히 데이터를 분석하는 코드에만 집중하지 말고, 분석한 결과가 의미하는 것이 무엇인지에도 관심을 갖는 것도 중요하다.

(2) 성별에 따른 생존율

위에서 성별을 구분해서 생존한 사람들의 인원 수를 확인해 보니 여성이 많이 생존한 것을 알 수 있었다. 그러면 여기서 성별에 따른 생존율은 어떤지도 궁금해질 것이다.

■ 타이타닉 데이터 확인

먼저 판다스를 이용해 데이터를 살펴보면, 생존여부에 대한 값으로 'alive' 필드와 'survived' 필드 두 개가 존재하는 것을 알 수 있다.

	survived	pclass	sex	age	sibsp	parch	fare	embarked	class	who	adult_male	deck	embark_town	alive	alone
0	0	3	male	22.0	1	0	7.2500	S	Third	man	True	NaN	Southampton	no	False
1	1	1	female	38.0	1	0	71.2833	C	First	woman	False	C	Cherbourg	yes	False
2	1	3	female	26.0	0	0	7.9250	S	Third	woman	False	NaN	Southampton	yes	True
3	1	1	female	35.0	1	0	53.1000	S	First	woman	False	C	Southampton	yes	False
4	0	3	male	35.0	0	0	8.0500	S	Third	man	True	NaN	Southampton	no	True

'alive' 필드는 생존 여부가 'yes', 'no'로 구분되지만 'survived' 필드는 1과 0으로 구분되어 있다. 따라서 생존율을 계산하려면 'alive' 필드보다 'survived' 필드를 이용하면 쉽게 구할 수 있다. 0과 1의 수치로 되어 있기 때문에 이 값들의 평균을 구하면 곧 생존율이 되기 때문이다.

■ 성별에 따른 생존율을 수치로 확인하기

```
d[['sex','survived']].groupby('sex').mean()
```

실행 결과

sex	survived
female	0.742038
male	0.188908

※ d.groupby('sex')['sex','survived'].mean() 와 같이 코드해도 같은 결과를 얻을 수 있다.

여자는 74%, 남자는 18% 정도로 남자의 생존율이 확연히 낮은 것을 확인할 수 있다.

■ 성별 생존율을 차트로 표현하기

이번에는 seaborn의 barplot( )을 이용해 남녀 생존율을 차트로 그려보자.

```
plt.title('성별 생존율')
sns.barplot(data=d,x='sex',y='survived')
plt.show()
```

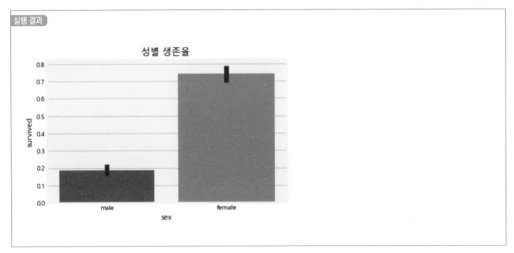

'sex' 필드별로 구분된 'survived' 필드의 평균값을 막대 그래프로 나타낸다.

남자(18%)에 비해 여자(74%)가 월등히 많이 생존한 것을 확인할 수 있다.

1.6 어린이/성인남자/성인여자별 생존자 수와 생존율 분석

성별로 생존자 수와 생존율을 분석해 보았는데 여성의 생존율이 월등히 높은 것을 확인할 수 있었다. 이는 어린이, 어른 여부와 상관없이 성별로만 구분하여 분석한 것이다. 그렇다면 어른과 어린이를 비교했을 때 어린이가 더 많이 생존했을까? 어린이, 성인남자, 성인여자로 나누어 어린이 생존자 수와 어린이 생존율을 분석해 보자.

(1) 데이터 확인하기 – 1

```
d.head(10)
```

실행 결과

	survived	pclass	sex	age	sibsp	parch	fare	embarked	class	who	adult_male	deck	embark_town	alive	alone	family_size
0	0	3	male	22.0	1	0	7.2500	S	Third	man	True	NaN	Southampton	no	False	1
1	1	1	female	38.0	1	0	71.2833	C	First	woman	False	C	Cherbourg	yes	False	1
2	1	3	female	26.0	0	0	7.9250	S	Third	woman	False	NaN	Southampton	yes	True	0
3	1	1	female	35.0	1	0	53.1000	S	First	woman	False	C	Southampton	yes	False	1
4	0	3	male	35.0	0	0	8.0500	S	Third	man	True	NaN	Southampton	no	True	0
5	0	3	male	33.0	0	0	8.4583	Q	Third	man	True	NaN	Queenstown	no	True	0
6	0	1	male	54.0	0	0	51.8625	S	First	man	True	E	Southampton	no	True	0
7	0	3	male	2.0	3	1	21.0750	S	Third	child	False	NaN	Southampton	no	False	4
8	1	3	female	27.0	0	2	11.1333	S	Third	woman	False	NaN	Southampton	yes	False	2
9	1	2	female	14.0	1	0	30.0708	C	Second	child	False	NaN	Cherbourg	yes	False	1

　head()를 이용해 위에서 5개의 데이터를 조회해 보면 'who' 필드에 'man', 'woman' 밖에 보이지 않는다. 따라서 범위를 조금 넓혀서 head(10)을 이용해 위에서 10개의 데이터를 미리 조회해 보니 'who' 필드에 'child', 'man', 'woman'으로 구분되어 있는 것을 볼 수 있다. 즉, 'who' 필드를 이용하면 어린이, 성인남자, 성인여자의 생존자 수를 알 수 있으므로 'who' 필드를 이용해서 어린이를 포함해 데이터를 분석해 보자.

(2) 데이터 확인하기 – 2

　앞에서 했던 것처럼 d.head(10)과 같은 명령문을 사용해서 'who' 필드에 있는 전체 값을 확인하기는 어렵다. d.head(10)을 해도 'who' 필드에 어떤 데이터들이 들어 있는지 그 종류를 모두 알 수 없기 때문이다. 따라서 'who' 필드를 기준으로 그룹(groupby)으로 묶어 'who' 필드가 갖는 값의 종류별 개수(count( ))를 같이 살펴보려고 한다.

```
d.groupby('who').count()
```

실행 결과

who	survived	pclass	sex	age	sibsp	parch	fare	embarked	class	adult_male	deck	embark_town	alive	alone
child	83	83	83	83	83	83	83	83	83	83	13	83	83	83
man	537	537	537	413	537	537	537	537	537	537	99	537	537	537
woman	271	271	271	218	271	271	271	269	271	271	91	269	271	271

groupby 문장을 사용하면 'who' 필드의 값이 어린이(child), 성인남자(man), 성인여자 (woman) 세 가지로 구분되어 있다는 것을 쉽게 알 수 있다.

(3) 어린이/성인남자/성인여자별 생존자 수와 생존율 차트로 표현하기

타이타닉 데이터셋의 'who' 필드를 이용해 어린이, 남자, 여자의 생존자 수와 생존율을 차트로 그려보자. 여기서 생존자 수는 'alive' 필드를 이용해서 차트를 그리고, 생존율은 'survived' 필드를 이용해 차트를 그린다. 그리고 생존자 수 차트와 생존율 차트를 옆으로 나란히 함께 그리기 위해 subplots( )를 활용한다.

```
❶  f, ax = plt.subplots(1,2,figsize=(8,5))
❷  sns.countplot('who',hue='alive', data=d, ax=ax[0])
   ax[0].set_title('성별 생존자 (어린이 구분)')
   ax[0].set_ylabel('명수')

❸  sns.barplot(data=d,x='who',y='survived',ax=ax[1])
   ax[1].set_title('성별 생존율(어린이 구분)')
   plt.show()
```

실행 결과

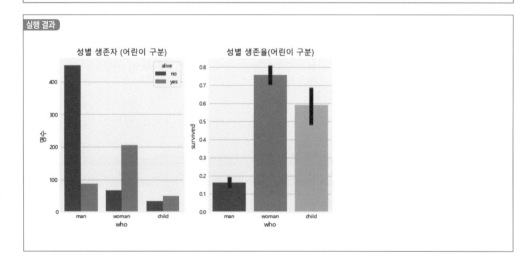

❶ 차트를 그리는 영역을 1행 2열 형태로 나누고 차트 영역 전체의 크기를 가로 8, 세로 5로 지정한다. 이 지정된 영역에 한 줄로 2개의 차트가 그려진다. 첫 번째 영역이 ax[0]이 되고, 두 번째 영역이 ax[1]이 된다.

❷ 분할한 첫 번째 차트 영역에 'alive' 필드의 값을 구분해서 'who' 필드별 데이터 개수를 막대 그래프로 나타낸다. 첫 번째 차트 영역에 그리기 위해 ax를 ax[0]으로 지정한다.

❸ 분할한 두 번째 차트 영역에 'who' 필드별 'survived' 필드 값의 평균을 막대 그래프로 나타낸다. 두 번째 차트 영역에 그리기 위해 ax를 ax[1]로 지정한다.

생존자 수와 생존율을 차트로 표현해 보니 성인여자(woman)가 생존율이 가장 높고, 다음 어린이(child), 성인남자(man)의 순으로 나타났다. 정확한 것은 알 수 없으나 아마도 어린이를 가장 우선시하여 구하려 했으나 어린이들이 위험한 상황에서 생존하는 것이 쉽지 않았기 때문에 생존율이 낮은 것이 아닐까 짐작해 본다.

간단해 보이는 데이터로 이렇게 다양한 그래프를 그려 분석할 수 있다는 사실이 놀랍지 않은가? 그럼 이번에는 승선한 객실 등급별 생존자 수는 어떤지 궁금해진다. 지금까지 데이터 분석 결과에 따르면 여성과 아이를 우선해서 구한 것을 알 수 있다. 이 원칙이 등급이 낮은 객실에도 그대로 적용이 되었는지 데이터 분석을 통해 살펴보자.

1.7 객실 등급별, 성별 생존자 수와 생존율 분석

(1) 객실 등급별 생존자 수

객실 등급별로 생존자 수가 어떻게 다른지 확인해 보자.

■ 타이타닉호 객실의 등급 확인

타이타닉호의 객실 등급은 'class' 필드에 있으므로 그룹화해서 각각 확인해 보자.

```
d.groupby('class').count()
```

실행 결과

class	survived	pclass	sex	age	sibsp	parch	fare	embarked	who	adult_male	deck	embark_town	alive	alone
First	216	216	216	186	216	216	216	214	216	216	175	214	216	216
Second	184	184	184	173	184	184	184	184	184	184	16	184	184	184
Third	491	491	491	355	491	491	491	491	491	491	12	491	491	491

타이타닉호에 승선한 승객의 객실 등급은 'class' 필드에 저장되어 있는데 그 값은 'First', 'Second', 'Third'로 나뉘어져 있고 다른 필드들과의 관계도 확인해 볼 수 있다. 'First' 등급 객실의 승객이 216명, 'Second' 등급 객실의 승객이 184명, 'Third' 등급 객실의 승객이 491명이다. 'Third' 등급 객실의 승객이 가장 많고, 'Second' 등급 객실의 승객 수가 가장 적다.

■ 승선한 객실 등급별 생존자 수 확인

```
d.groupby(['class','alive'])['alive'].count()
```

실행 결과

```
class   alive
First   no       80
        yes     136
Second  no       97
        yes      87
Third   no      372
        yes     119
Name: alive, dtype: int64
```

　승선한 객실 등급별 생존자 수를 확인해 보니 'First' 클래스인 1등급이 136명으로 가장 많이 생존했고, 3등급이 119명, 2등급이 87명으로 나타났다. 앞서 전체 승선 인원수에서는 3등급이 가장 많이 승선했는데, 생존자 수에서는 1등급 객실의 승객이 더 많이 생존했다. 얼마나 차이가 있는지 승선자 수와 생존자 수를 차트로 함께 그려서 비교해 보자.

■ 승선한 객실 등급별 생존자 수를 차트로 표현하기

　승선한 객실 등급별 차트를 subplots( )을 이용해서 등급별 승선자 수와 등급별 생존자 수로 나누어 차트로 그려 보자.

```
❶  f, ax = plt.subplots(1,2,figsize=(8,5))
    sns.countplot('class',data=d, ax=ax[0])
    ax[0].set_title('승선 등급별 승선자 수')
    ax[0].set_xlabel('승선 등급')
    ax[0].set_ylabel('명수')

❷  sns.countplot('class',hue='alive',data=d, ax=ax[1])
    ax[1].set_title('등급별 생존자 수')
    ax[1].set_xlabel('승선 등급')
    ax[1].set_ylabel('명수')
    plt.show()
```

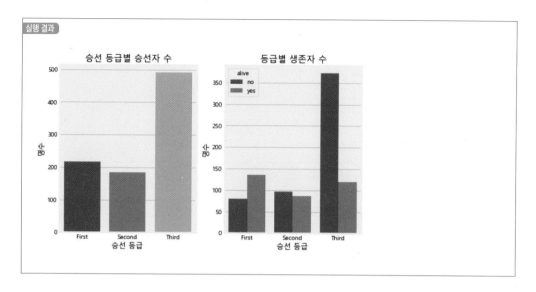

❶ 'class' 필드별 집계한 데이터 개수를 막대그래프로 나타낸다.
❷ 'class' 필드별 생존자('alive') 수를 막대그래프로 나타낸다.

이 데이터와 차트에서 보면 3등급 객실에 승선한 승객이 2등급 객실에 승선한 승객보다 생존한 숫자는 많지만 생존확률이 높지 않을 것이라는 것을 유추할 수 있다. 단순히 3등급 객실에 승선한 승객의 인원 수가 월등히 많았기 때문에 생존자 수도 높은 것으로 보인다. 따라서 이 수치는 생존율이 아니므로 생존자 수보다는 생존율로 확인해 봐야 할 것이다.

(2) 승선한 객실 등급별 생존율

■ 승선한 객실 등급별 생존율 확인하기

승선한 객실 등급별 생존자 수를 확인하였으니 이번에는 생존율을 확인해 보자.

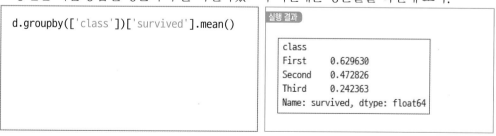

```python
d.groupby(['class'])['survived'].mean()
```

실행 결과

```
class
First     0.629630
Second    0.472826
Third     0.242363
Name: survived, dtype: float64
```

1등급, 2등급, 3등급 순으로 생존율이 집계되는 것을 볼 수 있다.

■ 승선한 객실 등급별 생존율 차트로 표현하기

```python
sns.barplot(data=d,x='class',y='survived')
plt.xlabel('객실 등급')
plt.ylabel('생존율')
plt.title('등급별 생존율')
plt.show()
```

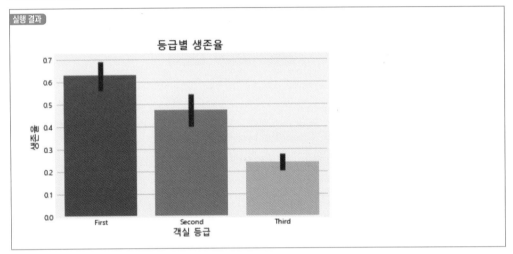

등급('class')별 생존률('survived' 필드값 평균)을 막대 그래프로 그려보니 객실 등급 순으로 생존율이 높은 것을 확인할 수 있다. 이 데이터만 보면 1등급 객실의 승객을 우선해서 구했다고 해석할 수도 있지만, 똑같이 구조하려고 했음에도 불구하고 3등급 객실이 탈출하기에 취약한 곳에 위치하고 있어 생존율이 낮게 나온 것일 수도 있다. 데이터를 분석하고 해석할 때 데이터에 나타나지 않은 부분도 고려해서 잘못된 분석 결과가 도출되지 않도록 해야 하니 자세한 내용을 알아보는 것도 좋겠다.

이번에는 승선한 객실 등급과 성별에 따라서 생존율이 어떻게 다를까 궁금해진다. 3등급 객실에서도 여성과 어린이의 생존율이 높은 지 알아보자.

(3) 승선한 객실 등급별, 성별 생존율

■ 승선한 객실 등급별, 성별에 따른 생존율 수치 확인하기

객실 등급별 수치를 구하는 코드에 성별('sex') 필드만 더 넣으면 어렵지 않게 객실 등급별, 성별에 따른 생존율을 구할 수 있다.

```
d.groupby(['class','sex'])['survived'].mean()
```

실행 결과

```
class    sex
First    female     0.968085
         male       0.368852
Second   female     0.921053
         male       0.157407
Third    female     0.500000
         male       0.135447
Name: survived, dtype: float64
```

■ 승선한 객실 등급별과 성별에 따른 생존율을 차트로 표현하기

```
sns.barplot(data=d,x='class',y='survived', hue='sex')
plt.xlabel('객실 등급')
plt.ylabel('생존율')
plt.title('등급별 생존율')
plt.show()
```

실행 결과

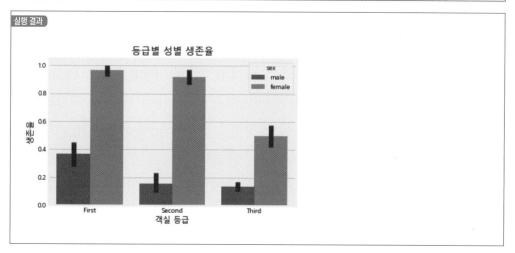

성별('sex') 등급별('class') 생존율('survived' 필드 평균)을 막대 그래프로 작성했다.

성별에 상관없이 생존율이 높은 것은 1등급, 2등급, 3등급 순서임을 알 수 있고, 객실

등급에 상관없이 여성의 생존율이 높다는 것도 확인할 수 있다. 3등급 객실 여성의 생존율

은 1등급 객실 남성의 생존율보다 높다. 즉, 객실 등급에 상관없이 여성을 먼저 구조했다는 것을 데이터로 확인할 수 있다. 그럼 어린이의 경우는 어떨까 궁금해진다.

(4) 승선한 객실 등급별, 어린이/성인남자/성인여자 생존율

■ 승선한 객실 등급별, 어린이/성인남자/성인여자 생존율을 수치로 확인하기

승선한 객실 등급별을 구분하여 어린이/성인남자/성인여자의 생존율을 조회해 보자.

```
d.groupby(['class','who'])['survived'].mean()
```

실행 결과

```
class   who
First   child    0.833333
        man      0.352941
        woman    0.978022
Second  child    1.000000
        man      0.080808
        woman    0.909091
Third   child    0.431034
        man      0.119122
        woman    0.491228
Name: survived, dtype: float64
```

3등급 객실의 어린이의 생존율이 1등급 객실 성인 남성의 생존율보다 높다. 객실 등급에 상관없이 어린이를 먼저 구조했다는 것을 알 수 있다. 하지만, 1등급 객실과 2등급 객실의 어린이 생존율에 비해 3등급 객실에 승선한 어린이의 생존율이 낮다는 것도 확인할 수 있다. 3등급 객실의 성인 생존율이 떨어지는 상황에서 성인의 도움을 받아야 하는 3등급 객실의 어린이도 도움을 받지 못한 게 아닐까 추측해 본다.

타이타닉 데이터를 가져온 데이터프레임의 필드 중에 'adult_male'이라는 필드가 있다. 성별('sex')이 남성('male')이면서 성인인 경우 'adult_male' 필드의 값이 True이고, 여성이거나 어린이일 경우 'adult_male'의 값은 False이다.

	survived	pclass	sex	age	sibsp	parch	fare	embarked	class	who	adult_male	deck	embark_town	alive	alone
5	0	3	male	NaN	0	0	8.4583	Q	Third	man	True	NaN	Queenstown	no	True
6	0	1	male	54.0	0	0	51.8625	S	First	man	True	E	Southampton	no	True
7	0	3	male	2.0	3	1	21.0750	S	Third	child	False	NaN	Southampton	no	False
8	1	3	female	27.0	0	2	11.1333	S	Third	woman	False	NaN	Southampton	yes	False

'adult_male' 필드를 이용해서 승선한 객실의 등급에 따른 성인 남성의 생존율과 여성과 어린이의 생존율을 비교하는 코드를 아래와 같이 작성한다.

```
d.groupby(['class','adult_male'])['survived'].mean()
```

실행 결과

```
class   adult_male
First   False         0.969072
        True          0.352941
Second  False         0.929412
        True          0.080808
Third   False         0.470930
        True          0.119122
Name: survived, dtype: float64
```

이 결과를 확인하면, 객실 등급에 상관없이 성인 남성의 생존율이 낮다는 것을 확인할 수 있다.

■ 승선한 객실 등급별, 어린이/성인남자/성인여자의 생존율을 차트로 표현하기

확인한 데이터들을 그래프로 그려보자.

```
    f, ax = plt.subplots(1,3,figsize=(10,4))

❶ sns.barplot(data=d,x='class',y='survived',hue='sex',ax=ax[0])
    ax[0].set_xlabel('객실 등급')
    ax[0].set_ylabel('생존율')
    ax[0].set_title('등급별 생존율')

❷ sns.barplot(data=d,x='class',y='survived',hue='who',ax=ax[1])
    ax[1].set_title('등급별 생존율(어린이 구분)')
    ax[1].set_xlabel('객실 등급')
    ax[1].set_ylabel('생존율')

❸ sns.barplot(data=d,x='class',y='survived',
    hue='adult_male',ax=ax[2])
```

```
    ax[2].set_title('등급별 생존율(성인 남성 vs 그외)')
    ax[2].set_xlabel('객실 등급')
    ax[2].set_ylabel('생존율')
    plt.show()
```

실행 결과

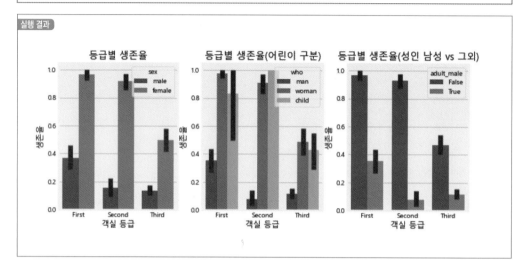

❶ 첫 번째 차트 영역에 객실 등급('class')별 성('sex')별 생존율('survived' 필드 값 평균)을 막대 그래프로 나타낸다.

❷ 두 번째 차트 영역에 객실 등급('class')별 성인 남성, 성인 여성, 어린이('who')별 생존율('survived' 필드 값 평균)을 막대 그래프로 나타낸다.

❸ 세 번째 차트 영역에 객실 등급('class')별 성인 남성과 그외('adult_male')별 생존율('survived' 필드 값 평균)을 그래프로 나타낸다.

이렇게 다양하게 생존자 수와 생존율을 분석해 보았다.

지금까지 성인과 어린이를 구분하여 데이터를 분석했는데, 노인의 경우는 생존율이 어떨까? 또는 신체가 건강한 젊은 사람이라면 생존율이 더 높지 않을까? 나이별로는 어떤 생존 분포를 보이는지 궁금해졌다. 나이별 생존자 수를 분석하기 위해서는 데이터를 분석에 맞게 조금 더 가공해야 한다. 데이터를 어떤 방식으로 가공해야 하는지 살펴보자.

1.8   나이별 생존자 수 분석

이번에는 나이별 생존자 수를 분석해 보자. 승객의 나이는 'age' 필드의 값으로 알 수 있다.

	survived	pclass	sex	age	sibsp	parch	fare	embarked	class	who	adult_male	deck	embark_town	alive	alone
0	0	3	male	22.0	1	0	7.2500	S	Third	man	True	NaN	Southampton	no	False
1	1	1	female	38.0	1	0	71.2833	C	First	woman	False	C	Cherbourg	yes	False
2	1	3	female	26.0	0	0	7.9250	S	Third	woman	False	NaN	Southampton	yes	True
3	1	1	female	35.0	1	0	53.1000	S	First	woman	False	C	Southampton	yes	False
4	0	3	male	35.0	0	0	8.0500	S	Third	man	True	NaN	Southampton	no	True
...	...	...	...	...	...	...	...	...	...	...	...	...	...	...	...
886	0	2	male	27.0	0	0	13.0000	S	Second	man	True	NaN	Southampton	no	True
887	1	1	female	19.0	0	0	30.0000	S	First	woman	False	B	Southampton	yes	True
888	0	3	female	NaN	1	2	23.4500	S	Third	woman	False	NaN	Southampton	no	False

원래 분석 작업을 수행하기 전에 모든 데이터는 결측치 유무를 확인하여 결측치가 있을 경우 결측치가 없도록 데이터를 조정해 주어야 한다. 위의 예제까지는 결측치가 없기 때문에 확인 작업을 염두에 두지 않았지만 'age' 필드에서는 NaN이라는 결측치가 보인다. 'age' 필드를 사용하기 위해서는 결측치에 대한 작업을 먼저 수행해야 한다.

(1) 'age'(나이) 필드 결측치 확인

'age'에 결측치가 몇 개나 있는지 확인해 보자.

```d['age'].isnull().sum()```	**실행 결과** 177

'age' 필드에 대한 결측치가 177개가 있다는 것을 확인할 수 있다. 이제 결측치가 있는 데이터를 어떻게 처리해야 합리적일 지 고민해야 한다.

가장 쉽게 생각할 수 있는 방법은 결측치가 있는 레코드를 모두 삭제하는 것이다. 그러나 결측치가 있는 177개나 되는 데이터를 삭제한다는 건 너무 많기 때문에 합리적인 결정이 아닌 것 같다.

결측치 값을 0으로 대체하는 방법도 생각해 보자. 여기서는 이 방식도 좋은 해결책이 되기는 어려워 보인다. 이런 방식으로 처리하면 성인이지만 나이가 0살인 비합리적인 데이터가 만들어진다. 결측치를 잘못된 값으로 대체하면 분석에 잘못된 영향을 주어 분석 결과에 신뢰성이 떨어지게 된다.

'age' 필드의 결측치 데이터에 어떤 값을 넣어 주면 가장 좋을 지를 고민해 보자. 다양한 아이디어가 있겠지만 성인 남성인 경우 성인 남성의 평균 연령을, 여성의 경우 여성의 평균 연령을, 어린이인 경우 어린이의 평균 연령을 입력하면 어떨까? 완벽한 정답은 아닐지라도 데이터의 합리성을 크게 깨지 않는다는 점에서 적용해 볼 수 있을 것 같다. 이 예제에서 이 아이디어를 가지고 결측치를 해결해 보도록 하겠다.

(2) 어린이, 성인남자, 성인여자의 평균 나이 확인

어린이, 남성, 여성의 데이터를 가지고 있는 'who' 필드를 기준으로 그룹화해서 그룹별 평균값을 구해 보겠다.

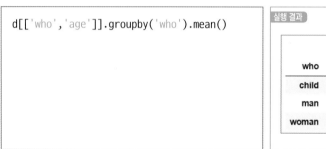

```
d[['who','age']].groupby('who').mean()
```

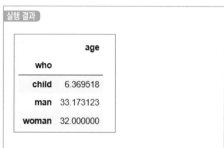

실행 결과

who	age
child	6.369518
man	33.173123
woman	32.000000

어린이(child)는 대략 평균 6세, 남자(man)는 33세, 여자(woman)는 32세를 평균값으로 하여 결측치에 넣어 주면 좋을 것 같다. 이런 결측치를 결정하는 것은 전적으로 분석자의 능력에 따라 달라지는데, 데이터에 대한 이해가 높을수록 더 합리적인 값으로 결측치를 대체할 수 있다.

(3) 'age' 필드의 결측치를 어린이, 성인남자, 성인여자의 평균 나이로 채우기

```
❶  d.loc[(d['age'].isnull())&(d['who']=='child'),'age'] = 6
❷  d.loc[(d['age'].isnull())&(d['who']=='man'),'age'] = 33
❸  d.loc[(d['age'].isnull())&(d['who']=='woman'),'age'] = 32
```

❶ 'age' 필드의 값이 NaN이면서 'who' 필드의 값이 'child' 인 행에서 'age' 필드의 값을 6으로 지정한다.
❷ 'age' 필드의 값이 NaN 이면서 'who' 필드의 값이 'man' 인 행에서 'age' 필드의 값을 33으로 지정한다.
❸ 'age' 필드의 값이 NaN 이면서 'who' 필드의 값이 'woman' 인 행에서 'age' 필드의 값을 32로 지정한다.

코드를 실행한 후 결측치가 남아 있는지 확인해 보자.

```
d['age'].isnull().sum()
```

실행 결과
```
0
```

결측치가 모두 제거된 것을 확인할 수 있다.

(4) 각 나이별 인원수 확인

각 나이별 승객의 수를 확인해 보자.

```
d.groupby('age')['age'].count()
```

실행 결과
```
age
0.42     1
0.67     1
0.75     2
0.83     2
0.92     1
         ..
70.00    2
70.50    1
71.00    2
74.00    1
80.00    1
Name: age, Length: 88, dtype: int64
```

나이별 승객수를 집계한 결과를 확인하면 'age' 필드의 값이 정수가 아니라 실수라는 것을 알 수 있다. 'age' 필드의 값이 0.42처럼 소수점으로 표현되어 있는데 이는 외국에서는 나이를 개월 수로도 표현하기 때문으로 보인다. 그렇다면 위에서 결측치를 나이의 평균값으로 넣어줄 때 소수 이하 두 번째 자리까지로 업데이트 했어도 좋았을 것이다. 이 부분은 각자의 판단에 맡기겠다.

(5) 나이별 생존자 수

나이별 생존자 수도 조회해 보자. 'survived' 필드를 이용해서 같은 나이끼리 합하면 생존자 수를 알 수 있다.

```
d.groupby('age')['survived'].sum()
```

실행 결과

```
age
0.42      1
0.67      1
0.75      2
0.83      2
0.92      1
          ..
70.00     0
70.50     0
71.00     0
74.00     0
80.00     1
Name: survived, Length: 88, dtype: int64
```

(6) 나이별 승선자 수와 생존자 수를 차트로 표현하기

각 연령별 승선자 수와 생존자 수를 차트로 그려보자. 나이는 다양한 값을 가지므로 seaborn의 lineplot( )을 이용하여 차트를 작성해 본다.

```
      plt.figure(figsize=(10,5))
❶    sns.lineplot(data=d.groupby('age')['age'].count(), label='승선자 수')
❷    sns.lineplot(data=d.groupby('age')['survived'].sum(), label='생존자 수')
      plt.xlabel("나이")
      plt.ylabel("인원수")
      plt.show()
```

실행 결과

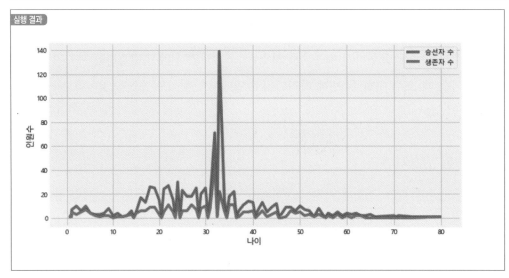

❶ 나이('age')별 승객의 수(나이의 개수)를 선 그래프로 나타낸다.

❷ 나이('age')별 생존자 수('survived' 합계)를 선 그래프로 나타낸다. 생존한 경우 'survived' 필드의 값이 1 이기 때문에 연령별로 'survived' 값을 합하면 각 연령별 생존자 수를 알 수 있다.

　　차트를 살펴보면 각 나이별로 얼마나 승선했고, 얼마나 생존했는지를 확인할 수 있다. 차트를 크게 그려보면 더 보기 좋을 것이다. 차트를 그리고 나서 가장 어린 나이와 가장 많은 나이, 그리고 나이의 평균을 한번 확인해 보는 것도 좋겠다.

```
print('가장 많은 나이:',d['age'].max(),'살')
print('가장 어린 나이:',d['age'].min(),'살')
print('　　평균 나이:',d['age'].mean(),'살')
```

실행 결과

```
가장 많은 나이: 80.0 살
가장 어린 나이: 0.42 살
　　평균 나이: 30.29536475869809 살
```

　　타이타닉의 데이터를 보면서 여러 가지 분석을 해 보고, 그래프도 다양한 방식으로 그려 보면 좋을 것이다. 캐글(kaggle.com)은 전세계 빅데이터 분석가들이 다양한 분석자료를 공유하여 누구나 학습할 수 있게 되어 있으니 참고해 보기 바란다.

📝 MISSION

동반 가족 수와 생존자 수의 관계를 아래의 순서대로 조회해 보고 그래프로도 표현해 보자. (필요한 필드명 : 'sibsp', 'parch' , 'survived')

▪ 1단계 : 동반한 형제 자매, 배우자 수에 따른 생존율

```
sibsp
0    0.345395
1    0.535885
2    0.464286
3    0.250000
4    0.166667
5    0.000000
8    0.000000
Name: survived, dtype: float64
```

- 2단계 : 동반한 부모, 자식 수에 따른 생존율

```
parch
0    0.343658
1    0.550847
2    0.500000
3    0.600000
4    0.000000
5    0.200000
6    0.000000
Name: survived, dtype: float64
```

- 3단계 : 단독 승선 여부에 따른 생존율

```
alone
False    0.505650
True     0.303538
Name: survived, dtype: float64
```

- 4단계 : 동반 승선 인원수에 따른 생존율 비교를 시각화하여 표현하기

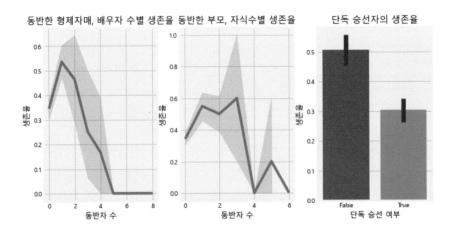

- 5단계 : 형제 자매 배우자와 부모, 자식의 수를 모두 합하여 총 동반자 수를 구하여 신규 칼럼을 생성

- 6단계 : 전체 동반자 수(5단계에서 생성한 family_size)에 따른 생존율을 시각화하여 표현

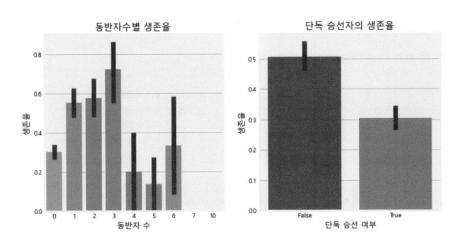

1. 아래와 같이 seaborn의 데이터셋을 이용해 타이타닉에 승선한 승객들의 데이터를 조회하였다.

	survived	pclass	sex	age	sibsp	parch	fare	embarked	class	who	adult_male	deck	embark_town	alive	alone
0	0	3	male	22.0	1	0	7.2500	S	Third	man	True	NaN	Southampton	no	False
1	1	1	female	38.0	1	0	71.2833	C	First	woman	False	C	Cherbourg	yes	False
2	1	3	female	26.0	0	0	7.9250	S	Third	woman	False	NaN	Southampton	yes	True

이 데이터에서 성별 생존자와 사망자수를 조회해 보려고 한다. 아래 그림의 실행 결과처럼 나타나게 하기 위한 코드로 적합한 것은?

```
sex     alive
female  no       81
        yes     233
male    no      468
        yes     109
Name: sex, dtype: int64
```

① d.groupby(['sex']).count()

② d.groupby(['sex','alive'])['sex'].count()

③ d.groupby(['sex','alive'])['sex'].mean()

④ d.groupby(['sex','alive']).count()

2. 다음 설명 중 틀린 것은?

① matplotlib 라이브러리에서 countplot()을 이용해 데이터의 개수를 나타내는 차트를 그릴 수 있다.

② seaborn 라이브러리에서는 'titanic', 'tips' 등 다양한 데이터셋을 제공한다.

③ seaborn 라이브러리에서 barplot()을 이용해 막대 차트를 그릴 수 있다.

④ seaborn과 matplotlib 라이브러리를 활용하여 차트를 그릴 수 있다.

3. seaborn에서 제공하는 데이터셋을 가져오기 위해 사용하는 함수는?

① dataset()   ② load()

③ load_dataset()   ④ DataFrame()

머신러닝 입문

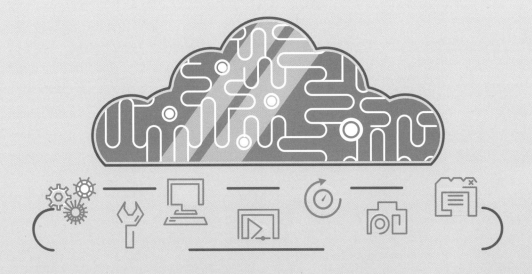

CONTENTS

①▸▸• 머신러닝의 이해

1.1 '머신러닝'이란?

머신러닝(Machine Learning)은 말 그대로 기계(컴퓨터)가 학습하는 것을 의미한다. 머신러닝(Machine Learning)은 인공지능의 한 분야로 사람의 학습 방식을 모방하여 컴퓨터로 구현한 것이다. 학습할 데이터를 컴퓨터에 입력하고, 기계(컴퓨터)가 수학적 기법을 활용하여 데이터에서 규칙과 패턴을 찾아 학습 모델을 생성하도록 한다. 이 모델에 새로운 데이터가 입력되면 학습한 규칙과 패턴을 기반으로 결과(정답)를 예측한다.

출처 : 네이버 지식백과(https://terms.naver.com/entry.nhn?docId=3386834&cid=58369&categoryId=58369)

1.2 머신러닝 학습 방법

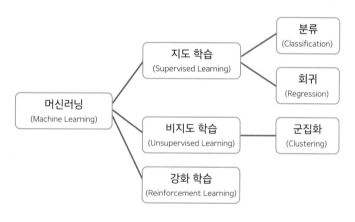

[머신러닝의 학습 방법]

머신러닝의 학습 방식을 다양한 방법으로 분류하는데 일반적으로 지도 학습, 비지도 학습, 강화 학습으로 나눈다.

(1) 지도 학습

고양이와 강아지(개) 사진이 10장씩 있다고 생각해 보자. 지도 학습은 고양이 사진들을 데이터로 입력하고, 이 사진들이 고양이임을 알려 주어 컴퓨터가 '이 사진들이 고양이구나'라고 학습하게 한다. 마찬가지로 강아지(개) 사진들도 컴퓨터에 입력하여 강아지(개)라고 학습하게 한다. 즉, 입력 데이터(사진)와 그 결과에 해당하는 정답(개 혹은 고양이)을 알려 주어 컴퓨터가 고양이와 강아지의 사진을 분류할 수 있도록 학습시키는 것이다.

이러한 학습 과정을 거치면 개와 고양이 사진을 구분할 수 있는 모델이 생성된다.(모델을 함수라고 생각하면 이해하기 쉽다.) 개와 고양이를 구분하는 모델을 생성한 후 새로운 사진 (입력값)을 모델에 입력하면 모델은 개인지 고양이인지를 판단하여 결괏값을 알려준다.

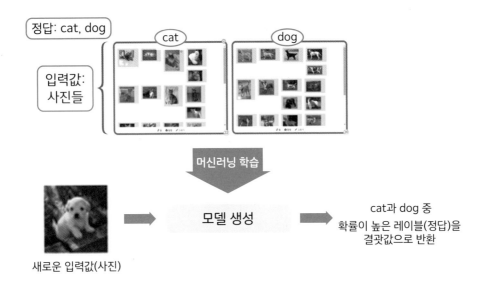

(2) 비지도 학습

비지도 학습은 고양이, 강아지(개)가 무작위로 섞인 다량의 사진을 컴퓨터가 스스로 학습하여 새로운 모델을 생성한다. 비지도 학습은 지도 학습과 달리 정답이 주어지지 않은 상태에서 입력 데이터만을 기반으로 학습한다. 데이터의 특징을 스스로 찾아내서 데이터를 분류하는 것이다. 입력된 사진을 강아지(개)와 고양이로 분류할 수도 있고, 큰 동물과 작은 동물, 또는 색깔별로 동물을 분류할 수도 있다. 즉, 비지도 학습에서는 정답을 제시하지 않았기 때문에 어떻게 구분할지는 정해져 있지 않다. 목표하는 정답 없이 데이터의 특징만으로 컴퓨터가 데이터를 분류하는 학습이 비지도 학습이다.

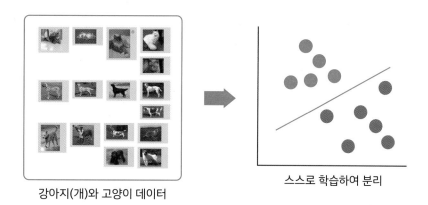

강아지(개)와 고양이 데이터   스스로 학습하여 분리

(3) 강화 학습

강화 학습은 지도 학습, 비지도 학습과 별개로 문제를 풀기 위한 시도를 하면서 시행착오와 보상의 과정을 통해 학습하는 방식이다.

	지도 학습 (Supervised Learning)	비지도 학습 (Unsupervised Learning)	강화 학습 (Reinforcement Learning)
개념 및 특징	• 데이터와 정답을 함께 제공 • 주어진 데이터와 정답을 학습하여 모델 생성	• 데이터만 주고 정답을 알려주지 않아 스스로 분류하게 함 • 인공지능이 데이터에서 특징을 찾아 스스로 구분하여 학습	• 목표를 달성했을 때 보상(Reward)을 주는 방식으로 최선의 방법을 찾아가는 학습 • 여러 번의 시행 착오를 거쳐 계속 학습을 진행하며 목표를 달성
종류	• 분류(classification) : 예측값이 어떤 그룹에 속하는지 분류할 때 사용 • 회귀(regression) : 예측값이 분류가 아니라 수치값일 때 사용	• 군집화(clustering) : 유사한 특징을 가진 데이터들끼리 모음	

이 교재에서 강화 학습에 대해서는 자세히 다루지 않고 지도 학습과 비지도 학습에 대해 알아본다.

② ▸▸ 머신러닝 맛보기 - 코드 없는 간단한 예제

2.1 '티처블 머신(teachable machine)' 알아보기

파이썬으로 머신러닝을 구현하기 전에 어린이들을 위해 만들어진 '티처블 머신' 사이트를 이용하여 인공지능을 실습해 보자. '티처블 머신'을 실습하면 인공지능에 대한 기본 개념을 쉽게 이해할 수 있다.

'티처블 머신'은 구글에서 무료로 제공하는 웹 기반의 머신러닝 학습 도구로 이미지, 사운드, 자세를 인식하는 머신러닝 모델을 생성할 수 있다. 이 사이트(https://teachablemachine.withgoogle.com)는 크롬(Chrome) 웹 브라우저에 최적화되어 있으므로 크롬을 이용하는 것을 추천한다.

2.2 '티처블 머신' 예제1 - 개/고양이를 구분하는 머신러닝(이미지 파일)

이미지 파일을 이용하여 개와 고양이를 구분하는 머신러닝을 실습해 보자. 컴퓨터에 카메라가 있는 경우는 '티처블 머신 예제 2'의 가위, 바위, 보 예제를 실습해도 좋으며, 둘 중하나만 실습해도 된다.

크롬에서 '티처블 머신'(https://teachablemachine.withgoogle.com/)에 접속해서 [시작하기] 버튼을 클릭한다.

이 메뉴와 화면은 한글로 번역된 형태이고 영문으로 나올 수도 있다.

[새 프로젝트] 페이지에서 [이미지 프로젝트]를 클릭한다.

[표준 이미지 모델]을 선택한다.

생성된 프로젝트는 왼쪽에서부터 [Class], [학습], [미리보기] 세 개의 영역으로 구성되어 있다.

'Class1' → '개', 'Class2' → '고양이'로 수정한다. (두 그룹의 데이터에 대한 레이블(정답)이 각각 '개', '고양이'로 지정된 것이다.)

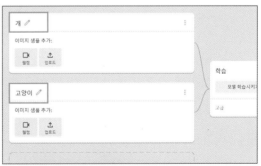

무료 이미지 파일 제공 사이트(예: https://pixabay.com)에서 개, 고양이 사진 파일을 각각 10개씩 찾아 다운로드한다. 사이트에서 다운로드할 수 없는 경우 교재에 제공된 '10장/개와 고양이' 폴더의 이미지를 사용하여 진행할 수 있다.

[업로드] 아이콘을 사용하여 각각의 클래스에 개, 고양이 이미지 사진 10개씩을 업로드한다.('10장/개와 고양이/개 사진', '10장/개와 고양이/고양이사진' 폴더 참고)

개와 고양이 이미지가 모두 업로드 되면 [모델 학습시키기]를 클릭한다.

[모델 학습시키기] 버튼을 누르면 입력한 개와 고양이 이미지 데이터를 기반으로 개와 고양이를 구분하는 머신러닝 모델이 만들어진다.

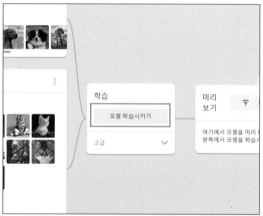

학습이 완료된 후 [미리보기] → [파일]에서 학습에 사용하지 않은 개나 고양이 사진을 업로드 한다. '10장/개와 고양이/미리보기 테스트용 사진' 폴더의 사진을 이용하거나 pixabay 같은 사이트에서 사진을 다운받아 사용하면 된다.

새로운 사진을 입력하면 이 사진이 '개'인지 '고양이'인지 결과를 출력한다. 결과와 함께 확률도 알려주는데, 오른쪽 그림은 개로 100% 확신한 경우이다.

오른쪽의 경우에는 '토끼' 사진을 미리보기에 넣었는데, 79%의 확률로 '개'에 가깝다는 결과가 출력됐다. 즉 학습에 사용하지 않은 새로운 데이터에 대해서도 가능성이 가장 높은 것으로 결과를 도출해 주는 것이다. 재미있는 사진들을 가져와 머신러닝이 어떻게 판단하는지 테스트 해 보자.

2.3 '티처블 머신' 예제2 - 가위/바위/보를 구분하는 머신러닝(웹캠 사용)

만일 웹캠이 가능한 컴퓨터를 사용 중이라면 직접 웹캠으로 촬영하여 가위, 바위, 보를 인식하는 예제를 해 볼 것을 추천한다. 가위, 바위, 보를 구분하는 머신러닝도 기본 사용법은 개와 고양이 이미지 머신러닝과 동일하다. 하단 그림에 나온 번호 순서대로 작성하면 된다.

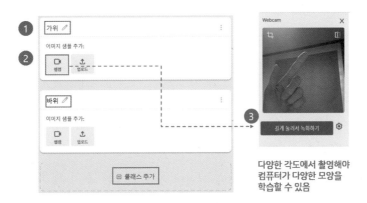

❶ '가위','바위' 라는 글자를 class 즉 입력 레이블(정답)에 입력하고, 하단의 [클래스 추가] 버튼을 선택하여 '보'를 입력한다.

❷ 각각의 클래스에 해당하는 [웹캠] 버튼을 누른다.

❸ [길게 눌러서 녹화하기] 버튼을 클릭한다. 이때 다양한 각도로 촬영해야 다양한 형태의 모양이 입력된다.

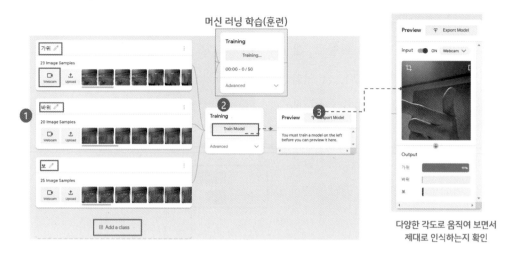

다양한 각도로 움직여 보면서
제대로 인식하는지 확인

❶ '가위', '바위', '보'의 모든 데이터를 입력 완료한다.

❷ [모델 학습시키기] 버튼을 클릭하면 입력된 데이터를 기준으로 모델이 생성된다.

❸ [미리 보기]에서 입력한 사진과 다른 각도에서 촬영하여 새로운 형태의 사진이 되도록 '가위', '바위', '보'를 촬영하여 결괏값을 확인한다. '가위', '바위', '보'가 아닌 다른 물건(연필, 인형, 지우개 등)들을 촬영해도 '가위', '바위', '보' 중의 하나로 예측하니 다양한 물건을 촬영해 보자.

인공지능 생성 과정을 정리하면 ❶ 각각의 이미지에 대해 '가위', '바위', '보' 라는 정답(class, 레이블)을 적어 두고 ❷ [모델 학습시키기](Train Model)를 누르면 '훈련 중(Training)'이라는 메시지가 뜨면서 데이터가 훈련되는 것을 확인할 수 있다. 훈련이 끝난 후 ❸ [미리 보기](Preview)창에 새로운 데이터를 넣으면 아래쪽에 결과(Output)값과 확률이 함께 출력된다.

즉 입력된 데이터를 기준으로 학습하여 모델이 생성되고 이 모델에 새로운 데이터를 넣어 결과를 도출해 낸다.

새로운 입력값은 이전 입력 데이터에 있었던 것을 사용할 수 있겠지만, 학습에 사용한 입력 데이터와 다른 새로운 입력값을 사용해도 결과가 도출된다. 인공지능은 새로운 값이 입력되었을 때, 정확하지 않더라도 근사치의 결괏값을 도출해 준다는 특징이 있다.

쉬운 방법으로 인공지능의 전반적인 과정을 이해해 보았으니 파이썬을 이용하여 인공지능을 구현해 보자.

③ ▸▸ 파이썬으로 간단한 머신러닝 코드 작성하기

입력한 데이터가 어떤 범주(그룹)에 속하는지 판단하는 인공지능 모델을 지도 학습 중 '분류'라고 한다. 여기서는 자세한 이론을 살펴보지 않고 '티처블 머신'처럼 입력 데이터와 정답을 알려주고 학습하게 한 뒤 새로운 데이터에 대한 정답을 도출하는 간단한 지도 학습을 파이썬 코드로 구현해 보자.

'티처블 머신'의 강아지(개)와 고양이를 구분하는 예제를 파이썬 코드로 구현해 보려고 한다. 다만 '티처블 머신'에서는 이미지를 이용해 학습을 진행하였지만, 여기서는 텍스트 데이터를 사용한다. 파이썬을 활용한 가장 쉬운 코드를 작성하기 위해 텍스트 데이터로 간단한 인공지능을 구현해 보자.

 교재 소스 파일 : 10장 / 머신러닝 입문.ipynb

3.1 학습 데이터 준비하기

학습을 위해 사실 여부와 관계없이 다음과 같은 데이터를 텍스트로 정의하였다.

학습할 데이터

귀모양	수염 길이	입이 나옴	호피무늬	꼬리 길이		정답
세모	길다	No	Yes	길다	⟶	고양이
세모	길다	No	No	짧다	⟶	고양이
원형	짧다	Yes	No	짧다	⟶	개

입력 데이터   결과 데이터

첫 번째 줄의 데이터를 보면 귀 모양이 세모이고, 수염이 길고, 입이 앞으로 나와 있지 않으면서 호피 무늬이며 꼬리가 긴 것은 고양이라고 분류하였다. 이런 방식으로 3개의 데이터를 준비하였다.

이 3개의 데이터를 가지고 결정 트리 알고리즘을 이용하여 학습해 본다. 결정 트리 알고리즘이 무엇을 하는 것인지는 다음 장에서 학습하고, 이 단계에서는 결정 트리 알고리즘이 '티처블 머신'의 Model 생성 부분이라고 생각하면 된다.

파이썬의 결정 트리 알고리즘을 이용하여 간단한 인공지능을 구현하기 위해서는 모든

값은 텍스트가 아닌 숫자값을 갖고 있어야 한다. 모든 데이터를 숫자값으로 치환해야 하므로 각 값에 대응하는 숫자값을 정의해서 치환하도록 하겠다. 여기서 세모는 0, 원형은 1처럼 모든 데이터를 숫자로 정의하였는데 다른 숫자로 정의해도 좋다.

학습 데이터

귀모양	수염 길이	입이 나옴	호피무늬	꼬리 길이		정답	
세모 0	길다 1	No 0	Yes 1	길다 1		고양이	2
세모 0	길다 1	No 0	No 0	짧다 0		고양이	2
원형 1	짧다 0	Yes 1	No 0	짧다 0		개	1

입력 데이터   결과 데이터

세모 : 0, 원형 : 1   (개 : 1, 고양이 : 2)
짧다 : 0, 길다 : 1
No : 0,   Yes : 1

이제 학습할 데이터가 준비되었으므로 코드를 작성해 보자.

3.2 파이썬으로 코드 작성하기

(1) 사이킷런(scikit-learn) 설치

파이썬으로 머신러닝 모델을 만드는 프로그램을 작성하기 위해서 다양한 머신러닝 알고리즘을 구현한 파이썬 머신러닝 라이브러리인 사이킷런(scikit-learn)을 설치한다.

```
pip install sklearn
```

(2) 학습할 데이터를 입력 후 모델 생성하기

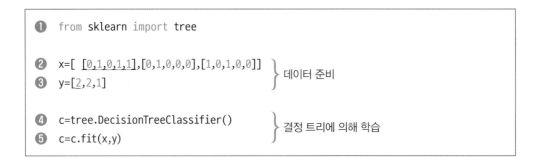

```
❶  from sklearn import tree

❷  x=[ [0,1,0,1,1],[0,1,0,0,0],[1,0,1,0,0]]
❸  y=[2,2,1]

❹  c=tree.DecisionTreeClassifier()
❺  c=c.fit(x,y)
```

데이터 준비

결정 트리에 의해 학습

귀모양	수염 길이	입이 나옴	호피무늬	꼬리 길이	정답	
세모 0	길다 1	No 0	Yes 1	길다 1	고양이	2
세모 0	길다 1	No 0	No 0	짧다 0	고양이	2
원형 1	짧다 0	Yes 1	No 0	짧다 0	개	1

❶ 사이킷런(scikit-learn)을 import 한다. 이 예제에서는 결정 트리 알고리즘을 사용할 것이므로 from sklearn import tree 라고 적는다.

❷ 보통 수학의 함수(y=ax+b)에서 보면 x가 입력값(독립변수), y는 결괏값(종속변수)이 된다. 그래서 입력 데이터를 x라는 변수에, 결괏값을 y라는 변수로 사용하였다. 결정 트리 알고리즘 모델에서 입력값 x는 2차원 리스트여야 하므로, 리스트 안에 리스트 형태로 준비한 입력 데이터를 한 줄씩 순서대로 입력한다. x 변수에서 밑줄 친 데이터와 y 변수에서 밑줄 친 데이터가 첫 번째 입력값과 결괏값을 표현한 것이다. 각각의 입력값과 출력값을 순서대로 열거해야 한다.

❸ y라는 변수에는 정답에 해당하는 결괏값을 순서대로 입력한다.

❹ tree모듈의 DecisionTreeClassifier( )라는 문장을 통해 결정 트리 알고리즘을 사용하여 학습을 수행할 모델을 만든다. c라는 변수에 이 결정 트리 알고리즘 객체를 생성하였다.

❺ 이렇게 생성한 c 변수에 fit(입력 데이터, 정답 데이터)의 형식으로 데이터 값을 넣으면 자동으로 결정 트리 알고리즘 모델이 이 데이터를 학습해서 머신러닝 모델을 완성하게 된다. 따라서 c.fit(x,y)라고 적으면 x를 입력 데이터, y를 정답 데이터로 사용해서 학습이 이루어진다.

(3) 새로운 데이터를 생성한 학습 모델에 넣어 결과 예측하기

이제 새로운 데이터를 입력하여 개와 고양이 중 무엇이라고 판단하는지 확인해 보자. 귀모양이 원형이면서 수염이 길고, 입은 나오지 않았고, 호피 무늬가 아니고, 꼬리가 긴 동물을 머신러닝 코드로 예측해 보자.

귀모양	수염 길이	입이 나옴	호피무늬	꼬리 길이
원형 1	길다 1	No 0	No 0	길다 1

예측 방법은 간단하다. 결정트리변수.predict([[새로운 데이터]]) 와 같이 2차원 리스트 형태로 새로운 데이터를 입력하면 결과를 도출해 준다.

```
c.predict([[1,1,0,0,1]])
```

실행 결과
```
array([2])
```

실행 결과가 array([2])라고 출력되었다. 이는 귀 모양이 원형(1)이고, 수염 길이가 길고(1), 입이 나오지 않았으며(0), 호피무늬가 없고(0), 꼬리가 긴(1) 동물을 '고양이(2)'라고 예측한 것이다.

이로써 **"결정 트리 알고리즘에 의해 데이터를 학습하여 모델이 생성되었고, 이 모델에 새로운 데이터를 넣어 결과를 도출해 낸다."**는 인공지능의 프로세스를 이해하였을 것이다.

파이썬으로 코드를 작성했을 뿐 '티처블 머신'과 같은 과정을 거친 것이다.

학습한 데이터가 3개뿐인데도 이 정도의 답을 도출해 내는 것이 신기하지 않은가? 이제 predict( ) 안에 다른 데이터도 다양하게 넣어보자.

귀모양	수염 길이	입이 나옴	호피무늬	꼬리 길이
원형 1	짧다 0	No 0	No 0	짧다 0

```
c.predict([[1,0,0,0,0]])
>>> array([1])
```

위의 예시는 귀 모양이 원형, 수염 길이는 짧고, 입이 나오지 않았고, 호피무늬도 아니고, 꼬리 길이가 짧은 동물을 개로 판단한 것이다.

다음의 예시도 살펴보자.

귀모양	수염 길이	입이 나옴	호피무늬	꼬리 길이
원형 1	짧다 0	Yes 1	Yes 1	짧다 0

```
c.predict([[1,0,1,1,0]])
>>> array([1])
```

이 예제도 비록 호피무늬가 있지만 귀 모양이 원형이고, 입이 나온 동물을 개로 판단하고 있다.

그럼 이번에는 아래의 예시에 대한 결과도 확인해 보자. 여러분들은 아래의 예제는 어떤 동물이라고 생각하는가? 귀 모양도 원형이고, 입도 나와 있고, 꼬리도 길기 때문에 수염 길이가 긴 개라고 생각할 수 있다. 이것을 머신러닝은 어떻게 판단할까?

귀모양	수염 길이	입이 나옴	호피무늬	꼬리 길이
원형 1	길다 1	Yes 1	No 0	짧다 0

```
c.predict([[1,1,1,0,0]])
>>> array([2])
```

여기서 코드는 개로 판단할 줄 알았더니 고양이로 판단하였다.

이는 학습 데이터의 양이 너무 적고 편향되어 있기 때문인데, 이를 샘플링 편향이라고 한다. 편향되지 않은 많은 데이터를 가지고 학습할수록 더욱 정확한 예측이 가능해질 것이다. 머신러닝 즉 인공지능은 대량의 편향되지 않은 양질의 빅데이터가 있을 때 더욱 정확하게 판단한다.

마지막으로 '티처블 머신'과 파이썬 코드의 과정을 비교해 보자.

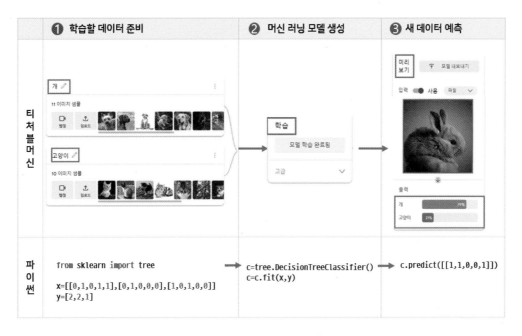

'티처블 머신'은 이미지이고, 파이썬은 텍스트로 된 코드라는 것이 다를 뿐 기본 과정은 동일하다는 것을 알 수 있다. 먼저 학습할 데이터를 준비하고, 머신러닝 모델을 생성한 후 그 모델에 새로운 데이터를 넣어 결괏값을 예측하는 과정을 거치면 된다.

앞서 수행한 예제를 통해 인공지능을 코드로 구현하는 일이 어렵지 않다는 것을 느꼈을 것이다. 코드는 간단하지만 제대로 된 데이터를 준비하는 일과 결과가 나왔을 때 문제점을 확인할 수 있는 데이터에 대한 이해가 더 중요한 것이라 볼 수 있다. 이 교재에서는 코드를 배우는 것을 목적으로 하므로 여러분들은 코드에도 집중하되 나중에는 데이터를 이해하고 분석하는 능력을 키우면 좋을 것이다.

인공지능 프로그래밍의 기본 개념과 순서를 이해했으니 다음 장에서는 본격적으로 여러 가지 알고리즘을 활용한 인공지능 모델을 만들어 보려고 한다.

📑 MISSION

1. 자녀의 키가 속하는 그룹을 예측하는 코드 작성하기

부모의 키가 다음과 같을 때 자녀의 키가 큰 키(3) 그룹에 속할지, 중간 키(2) 그룹에 속할지, 작은 키 (1) 그룹에 속할지를 예측해 보자. 부모의 키는 이미 숫자값으로 정해져 있고, 그룹도 큰 키(3), 중간 키(2), 작은 키(1)로 정의해 두었으니 이 문제에서 별도의 수치화 작업은 필요 없다.

훈련 데이터

부	모	자녀	
180	165	큰 키	3
175	160	중간 키	2
180	172	중간 키	2
165	160	작은 키	1
171	152	작은 키	1

입력 데이터   결과 데이터

예측 데이터

부 : 175 , 모 : 153 일때
자녀의 키가 어느 그룹에 속할지
예측해 봅시다.

⬇

| 큰 키(3) | 중간 키(2) | 작은 키(1) |

?

2. 자동차와 컵을 구분하는 코드 작성하기

자동차와 컵을 구분해 보자. 모든 데이터를 수치화해야 하므로 나름의 값으로 수치화하고 코딩해 보자.

훈련 데이터

바퀴	헤드라이트	유리	손잡이	동그란 모양	
No	No	Yes	Yes	Yes	컵
Yes	Yes	Yes	Yes	No	자동차
No	Yes	Yes	No	No	자동차

입력 데이터   결과 데이터

예측 데이터

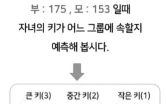

바퀴	헤드라이트	유리	손잡이	동그란 모양
No	Yes	Yes	Yes	No

위의 데이터를 컵과 자동차 중
어떤 것으로 판단하는지 예측해
봅시다.

?

3. 다이어트 방법이 건강한 지 여부를 판단하는 코드 작성하기

다이어트를 하고 나서 무기질, 몸무게, 폐활량, 수분, 지방, 근육량 등의 변화를 체크하였다. 건강한 다이어트를 했는지(건강), 건강하지 못한 다이어트를 했는지(미흡) 구분한다. 각 항목의 수치값은 각자 원하는대로 정하자.

학습할 데이터

무기질	몸무게	폐활량	수분	지방	근육량	결과
감소	감소	증가	증가	증가	증가	건강
감소	감소	증가	감소	감소	증가	건강
증가	증가	증가	증가	감소	감소	미흡
증가	증가	감소	증가	감소	감소	미흡
감소	감소	감소	감소	감소	증가	건강

예측할 데이터

무기질	몸무게	폐활량	수분	지방	근육량	결과
감소	감소	증가	감소	증가	감소	?
증가	감소	증가	감소	감소	감소	?

1. 다음 중 머신러닝의 지도 학습(Supervised learning)에 해당하는 설명으로 옳은 것은?

   ① 데이터만 주고 정답을 알려주지 않아 컴퓨터가 스스로 분류하게 하는 학습법이다.
   ② 목표를 달성했을 때 보상을 주는 방식의 학습법이다.
   ③ 기계에게 사람이 계속해서 다음 할 일을 알려주는 방법을 지도 학습법이라 한다.
   ④ 입력 데이터와 정답 데이터를 사용해 모델을 생성하고, 이 모델을 이용해 컴퓨터가 새로운 데이터에 대한
      정답을 예측할 수 있도록 하는 학습법이다.

2. 다음은 파이썬으로 DecisionTree를 이용한 머신러닝을 구현한 예제이다. 다음 빈 칸에 들어갈 코
   드를 알맞게 채워 넣으세요.

```
from ____ⓐ____ import tree

x=[[0,1,0,1,1],[0,1,0,0,0],[1,0,1,0,0]]
y=[2,2,1]

c=tree. ⓑ
c=c. ⓒ
c.__ⓓ__ ([[1,1,1,0,1]])
```

3. sklearn(scikit-learn) 라이브러리를 사용해 결정 트리 알고리즘을 사용하여 새로운 데이터를 예
   측하고자 한다. 이때 새로운 결괏값을 추론(예측)하기 위해 사용하는 것은?

   ① fit( )   ② predict( )
   ③ DecisionTreeClassifier( )   ④ sklearn( )

4. sklearn(scikit-learn) 라이브러리를 이용하고 결정 트리 알고리즘을 사용하여 새로운 데이터를
   예측하고자 한다. 다음 설명 중 잘못된 것은?

   ① 학습할 데이터를 수치값으로 치환해 준비해야 한다.
   ② 학습할 데이터 중 독립변수(x)는 1차원 리스트로 입력해야 한다.
   ③ 학습할 데이터 중 종속변수(y)는 1차원 리스트로 입력해야 한다.
   ④ fit( ) 문장을 사용하고 나면 모델의 학습이 완료된다.

머신러닝
- 지도 학습(분류)

CONTENTS

① ▶▶● 지도 학습 분류 소개

1.1 지도 학습의 개념

머신러닝은 크게 지도 학습, 비지도 학습, 강화 학습으로 나눌 수 있다. 그중에서 지도 학습이란 정답이 제공된 훈련 데이터들을 사용해서 학습을 진행하여 머신러닝 모델을 만든 뒤에 새로운 값에 대한 결괏값을 산출하는 방식이다. 지도 학습은 입력값과 그 입력값에 대한 정답 즉 출력값으로 구성된 훈련 데이터를 활용하여 입력값과 출력값 간의 관계를 학습하고 그 관계를 토대로 어떤 규칙(함수)을 만든다. 규칙이 만들어지면 새로운 입력값을 이 규칙(함수)에 넣어서 결괏값을 예측하는 것이다. 이러한 지도 학습의 종류에는 분류(Classification)와 회귀(Regression)가 있는데, 이번 장에서는 지도 학습 중에서 분류에 대해서 학습하려고 한다.

1.2 지도 학습의 분류(Classification)란?

분류(Classification)는 말 그대로 데이터를 지정된 범주로 구분하는 것을 말한다. 입력값과 결괏값으로 구성된 학습 데이터를 받아서 입력값과 그 입력값이 속하는 범주(결괏값)를 이용하여 분류하는 규칙을 학습하여 모델을 생성한다. 생성한 모델에 새로운 입력값을 전달하여 그 새로운 입력값이 어떤 범주에 속하는지 예측하는 것이다. 앞서 연습했던 개와 고양이를 구분하는 머신러닝이 바로 지도학습 분류에 속한다.

분류는 입력한 데이터를 두 개의 범주 중 하나로 분류하는 '이항 분류(binary classification)'와 세 개 이상의 범주 중에서 어떤 범주에 속하는지 판단하는 '다중 분류(multiclass classification)'로 구분할 수 있다. 예를 들어, 메일 중 스팸 메일인지의 여부나 마스크 착용 여부를 판별하는 경우가 이항 분류이다. 반면 다양한 꽃의 종류를 구분해 내야 하는 경우라면 다중 분류에 속한다.

머신러닝의 분류 학습을 수행하기 위해서 결정 트리(Decision Tree) 알고리즘, K 최근접 이웃(K-Nearest Neighbor : KNN) 알고리즘, 랜덤 포레스트(Random forest) 알고리즘 등의 다양한 알고리즘을 활용한다.

1.3 분류 모델을 생성하는 절차

머신러닝 분류 학습을 통해 예측 모델을 만드는 과정은 다음과 같다.

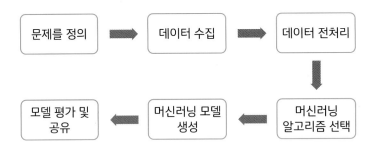

- **문제를 정의** : 머신러닝을 사용하여 해결할 문제를 정의한다. 이 문제는 머신러닝을 활용했을 때 효과적인 해결이 가능해야 한다.
- **데이터 수집** : 정의된 문제를 해결하기 위해 어떤 데이터가 필요한 지 정의하고, 필요한 데이터를 수집할 수 있는 방법과 데이터의 형태를 확인하여 수집한다.
- **데이터 전처리** : 수집한 데이터를 학습에 적합한 형태로 변형, 가공한다. 판다스를 활용하면 이 데이터 전처리 과정의 효율을 높일 수 있다.
- **머신러닝 알고리즘 선택** : 데이터의 특징을 파악하여 알맞은 머신러닝 알고리즘을 선택한다. 판다스와 그래프 등을 활용하여 데이터의 특징을 파악하고, 파악한 특징에 따라 효과적으로 동작할 알고리즘을 선택한다.
- **머신러닝 모델 생성** : 전처리된 데이터를 학습하여 머신러닝 모델을 생성한다.
- **모델 평가 및 공유** : 생성된 모델을 평가한다. 훈련 데이터가 아닌 테스트 데이터를 활용하여 결과를 예측한다. 지도 학습 분류에서는 테스트 데이터의 정답과 예측 결과를 비교하여 정확도, 정밀도, 재현율 등을 측정하여 모델을 평가한다. 평가 후 모델이 완성된 것으로 판단되면 모델을 저장하고 공유한다.

② ▸● 머신러닝 모델 만들기 - 분류

머신러닝 모델을 만들기 위해 사용하게 되는 데이터 예제 파일로 교재의 '11장/사과배복숭아-학습.xlsx', '11장/사과배복숭아-테스트.xlsx' 파일을 준비한다. 이 파일의 데이터에는 과일의 크기, 당도 등의 데이터가 들어 있다. 이 데이터를 이용하여 사과, 배, 복숭아를 분류하는 머신러닝 모델을 만들어 본다. 나중에 이 머신러닝 프로그램을 과일 분류 기계에 소프트웨어로 설치한다면 다양한 과일이 들어올 때 자동으로 분류해 줄 것이다.

 교재 소스 파일 : 11장/머신러닝-지도학습 분류.ipynb

2.1 의사결정 트리(Decision Tree) 알고리즘

(1) 의사결정 트리 알고리즘 소개

의사결정 트리 알고리즘은 지도 학습 중 분류(Classification)의 대표적인 알고리즘 중 하나로 입력 데이터에 '예'와 '아니오'로 답하면서 정답을 예측해 가는 스무고개와 유사한 방식이다.

학습을 통해 비슷한 특징을 갖는 데이터끼리 모일 수 있도록 자동으로 분류 기준을 찾고, 찾아낸 기준에 따라 나무(트리, Tree) 모양으로 분류 규칙을 구성한다. 의사결정 트리 알고리즘은 결과를 해석하고 이해하기 쉽다는 장점이 있지만, 구성된 규칙 트리가 최적의 트리가 된다고 보장할 수 없다는 한계를 가지고 있다.

(2) 의사결정 트리 알고리즘을 활용한 분류 모델 만들기

■ 문제 정의

주어진 학습 데이터를 가지고 사과, 배, 복숭아를 분류할 수 있도록 머신러닝 모델을 완성하고, 테스트 데이터를 활용하여 모델을 평가한다.

■ 데이터 수집

학습과 테스트를 위한 과일 데이터는 농촌진흥청 국립원예특작과학원에서 제공하는 품질정보 자료(https://fruit.nihhs.go.kr)를 참조하여 구성하였다. 해당 사이트에서 제공하는 자료는 다음과 같은 형태를 가지고 있고, 파일 형태의 자료를 제공하지 않는다.

지역	조사일자	과중 (g)	종경 (mm)	횡경 (mm)	L/D 비율	경도1 (N/ ø11mm)	경도2 (N/ ø11mm)	경도평균 (N/ ø11mm)	당도 (°Brix)	산도 (%)	착색 (Hunter L)	착색 (Hunter a)	착색 (Hunter b)
포천	2021-10-29	314.3	77.3	91.1	0.85	34.2	34.0	34.1	12.9	0.35	45.7	16.9	15.8
화성	2021-10-28	273.7	76.7	85.6	0.9	41.8	40.5	41.2	13.5				

이런 형태의 원본 자료를 데이터 분석과 머신러닝 분류 학습에 용이한 형태로 변형하여 엑셀 파일 '11장/사과배복숭아−학습.xlsx', '11장/사과배복숭아−테스트.xlsx'로 다음과 같이 구성하였다. '11장/사과배복숭아−학습.xlsx'은 학습을 위한 데이터 파일이고, '11장/사과배복숭아−테스트.xlsx'은 머신러닝 모델을 평가하기 위해 사용할 테스트 데이터 파일이다.

	A	B	C	D	E	F	G	H
1	fruit	weight	height	width	hardness	sweet	sour	color
2	복숭아	310.7	76.2	86.3	45.2	12.7	0.35	60.8
3	복숭아	265.9	74.5	81.8	29.5	14.2	0.24	61
4	복숭아	407.5	82.6	90.1	34.1	14.3	0.29	68.2
5	복숭아	314.6	74.5	86.1	22.1	14.9	0.28	62.1
6	복숭아	310.7	77.5	85.7	31.1	13	0.4	64.6
7	복숭아	330.2	78.4	88.7	44.4	8.6	0.37	60.9
8	복숭아	436	84.4	97.5	29.5	11.1	0.29	64.5
9	복숭아	356.4	80.7	90.6	39.2	10	0.27	48.5
10	복숭아	362.9	81.2	91.9	39.5			
	복숭아	285.2	75.3					

프로그램 작성 순서

- 학습을 위한 과일 엑셀 파일 데이터를 가져와서 데이터 전처리 과정을 수행
- 사이킷런에서 제공하는 결정 트리 알고리즘 객체를 생성
- 학습 데이터를 사용하여 결정 트리 객체 모델의 학습을 수행해서 머신러닝 모델을 생성
- 테스트 엑셀 데이터를 학습 모델에 입력해서 테스트 데이터에 대한 예측값 생성
- 예측값과 실제 정답(target에 저장된 레이블 값)을 비교해서 정확도 평가

■ 데이터 전처리

대상 데이터를 머신러닝 수행이 가능한 형태의 데이터로 가공하는 과정이 데이터 전처리이다. '11장/사과배복숭아–학습.xlsx'에 있는 데이터를 판다스 데이터프레임으로 저장한 후 결측치를 확인하여 처리하고 문자형 데이터를 수치형 데이터로 전환하는 인코딩 작업을 수행한다. 데이터의 내용을 분석하여 데이터의 기본 구성과 특성을 파악하고 머신러닝을 위한 추가적인 데이터 변환 작업을 수행한다.

● **데이터 준비**

학습 데이터를 가져와서 데이터프레임 형태로 저장한다.

```
❶ import pandas as pd
   import numpy as np

❷ df = pd.read_excel('사과배복숭아-학습.xlsx')
❸ df
```

실행 결과

	fruit	weight	height	width	hardness	sweet	sour	color
0	복숭아	310.7	76.2	86.3	45.2	12.7	0.35	60.8
1	복숭아	265.9	74.5	81.8	29.5	14.2	0.24	61.0
2	복숭아	407.5	82.6	90.1	34.1	14.3	0.29	68.2
3	복숭아	314.6	74.5	86.1	22.1	14.9	0.28	62.1
4	복숭아	310.7	77.5	85.7	31.1	13.0	0.40	64.6
...	...	...	...	...	...	...		
163	사과	221.3	73.2	80.0				

168 rows × 8 columns

칼럼명	설명
fruit	과일 종류
weight	과일 무게
height	세로 길이
width	가로 길이
hardness	단단한 정도
sweet	당도
sour	산도
color	착색도

❶ 필요한 모듈을 import한다.

❷ 준비된 파일 '사과배복숭아-학습.xlsx'을 읽어 데이터프레임으로 생성하여 df 변수에 저장한다. 코랩의 경우 세션 저장소에 '11장/사과배복숭아-학습.xlsx'파일을 업로드하여 사용한다.

❸ 데이터프레임 df를 출력하여 파일의 데이터를 확인한다.

8개의 속성(칼럼)을 가진 168개의 데이터가 저장되었고, 칼럼의 이름은 영문으로 지정되어 있다. 'fruit' 칼럼에는 과일 종류가 문자형 데이터로 구분되어 있고, 다른 칼럼의 항목값은 실수형 데이터이다.

결측치가 존재하는 자료가 있을 경우 머신러닝 학습을 정상적으로 수행할 수 없으므로 결측치 자료에 대한 별도의 처리가 필요하다. 결측치가 존재하는지 확인하고, 결측치가 있을 경우 결측치가 없는 데이터가 되도록 조정해 주어야 한다.

결측치를 처리하는 방법은 결측치가 있는 레코드나 해당 칼럼을 삭제하는 방법도 있고, 결측치를 0이나 평균값 등의 특정 값으로 대체하는 방법도 있다. 결측치를 어떤 방식으로 조정할지는 데이터의 특성에 따라 달라진다. 여기서는 모든 결측치를 0으로 대체하는 방법을 선택하였다.

• **결측치의 유무를 확인**

• **결측치 대신 0을 입력**

❶ 데이터프레임의 fillna( ) 메소드를 활용하여 결측치를 모두 0으로 대체한다. 'inplace = True' 옵션을 적용하여 0으로 대체된 결과가 데이터프레임 df에 그대로 반영되도록 한다.

❷ 결측치의 유무를 다시 조회하여 결측치에 대한 처리가 잘 되었는지 점검한다.

  사이킷런 머신러닝 알고리즘은 숫자형 자료만을 입력값으로 허용한다. 따라서 모든 문자형은 숫자형으로 변환해야 사이킷런 머신러닝 알고리즘을 수행할 수 있다. 문자형을 숫자형으로 변환하는 것을 인코딩이라고 표현한다. 현재 데이터에서 숫자형이 아닌 칼럼은 'fruit'이므로 해당 칼럼의 값을 숫자형으로 변환해 주어야 한다.

  인코딩을 수행하기 전에 데이터프레임의 value_counts( ) 메소드를 이용하여 'fruit' 칼럼의 항목이 어떤 값을 가지고 있는지 확인하고, 데이터프레임의 replace( ) 메소드를 이용하여 확인된 항목값을 숫자값으로 대체하는 인코딩 작업을 수행한다.

• 'fruit' 칼럼의 항목값별 개수 세기

```
df['fruit'].value_counts()
```

실행 결과

```
사과     77
배      49
복숭아    42
Name: fruit, dtype: int64
```

  데이터프레임 df의 'fruit' 칼럼에 있는 값별로 존재하는 개수를 출력한다. 'fruit' 칼럼은 '사과', '배', '복숭아' 라는 세 종류의 과일이 문자형 값으로 표현되어 있으며, 각각 77개, 49개, 42개의 개수를 가지고 있다.

🔍 사용법

```
데이터프레임명.replace({ '칼럼명' : { 바꿔야 하는 값1 : 바꿀 값1, . . . } },
                  inplace=False/True))
```

• 특정 칼럼의 바꿔야 하는 값을 찾아 바꿀 값으로 일괄 변경한다.

• 'fruit' 칼럼의 값 변환 : 인코딩

```
❶ df.replace({'fruit':{'사과':0, '배':1, '복숭아':2}},inplace=True)
❷ df
```

실행 결과

	fruit	weight	height	width	hardness	sweet	sour	color
0	2	310.7	76.2	86.3	45.2	12.7	0.35	60.8
1	2	265.9	74.5	81.8	29.5	14.2	0.24	61.0
2	2	407.5	82.6	90.1	34.1	14.3	0.29	68.2
3	2	314.6	74.5	86.1	22.1	14.9	0.28	62.1
4	2	310.7	77.5	85.7	31.1	13.0	0.40	64.6
...	...	...	...	...	...	...	...	...
163	0	221.3	73.2	80.0	55.8	10.5	0.31	43.6
164	0	252.2	71.3	84.3	34.5	13.4	0.40	42.6
165	0	284.3	78.2	88.0	36.2	13.6	0.36	44.8
166	0	314.3	77.3	91.1	34.1	12.9	0.35	45.7
167	0	273.7	76.7	85.6	41.2	12.6	0.29	44.5

168 rows × 8 columns

❶ 데이터프레임의 replace( ) 메소드를 활용하여 '사과'는 0, '배'는 1, '복숭아'는 2로 변환한다. replace( ) 메소드는 딕셔너리 형식을 활용하여 특정 칼럼의 특정 값을 변환할 수 있다.

❷ df를 출력하여 'fruit' 칼럼의 값이 변경된 것을 확인한다. 'fruit' 칼럼의 값을 살펴보면 '사과', '배', '복숭아'라는 문자열이 0, 1, 2로 변경된 것을 확인할 수 있다.

머신러닝 분류 모델 객체를 생성하고 모델을 학습시키기 전에 대상 데이터가 어떤 형태로 구성되어 있는지 확인해야 한다. 데이터의 값들의 구성 형태를 분석하고, 칼럼간의 상관관계에 대한 분석도 이루어져야 한다. 이 분석을 통해 분류 학습에 필요 없는 필드를 제거하거나, 필드의 값을 다른 값으로 대체하기도 한다. 또 데이터 값에 따라 연속적 수치 자료를 범주형 자료로 변형하는 작업이 필요할 수도 있다.

지금 사용하고 있는 데이터에서는 사과, 배, 복숭아를 분류하는 것이 목적이므로 데이터의 값들이 분류가 잘 이루어질 수 있도록 구성되어 있는지 확인하고, 어떤 필드(칼럼)가 분류에 가장 큰 영향을 미칠 것인지도 예측해 보자.

● 과일 종류별 평균값 확인

```
df.groupby('fruit').mean()
```

실행 결과

fruit	weight	height	width	hardness	sweet	sour	color
0	291.206494	78.167532	87.055844	43.549351	13.903896	0.310000	52.781818
1	617.228571	96.612245	93.832653	33.234694	12.300000	0.208163	0.000000
2	340.166667	79.159524	88.573810	34.238095	12.466667	0.313810	63.019048

데이터프레임의 groupby( )를 이용하여 과일 종류별 각 칼럼의 평균값을 조회한다.

'weight' 칼럼의 평균값을 확인하면 과일별로 비교적 뚜렷하게 차이를 보인다. 분류에서 'weight'가 주요한 필드가 될 것을 예상할 수 있다. 'fruit' 1(배)은 'height', 'width'의 평균값이 크다. 'fruit' 0(사과)은 'hardness', 'sweet'의 평균값이 다른 과일들의 평균값과 차이를 보인다. 머신러닝에서는 이러한 각 필드값의 특징들이 결합되어 'fruit'을 분류할 수 있게 된다.

● 그래프로 살펴보기

```
❶ import matplotlib.pyplot as plt
   import seaborn as sns

❷ sns.scatterplot(data=df, x='weight', y='width',hue='fruit')
   plt.show()

❸ sns.scatterplot(data=df, x='sweet', y='sour', hue='fruit')
   plt.show()
```

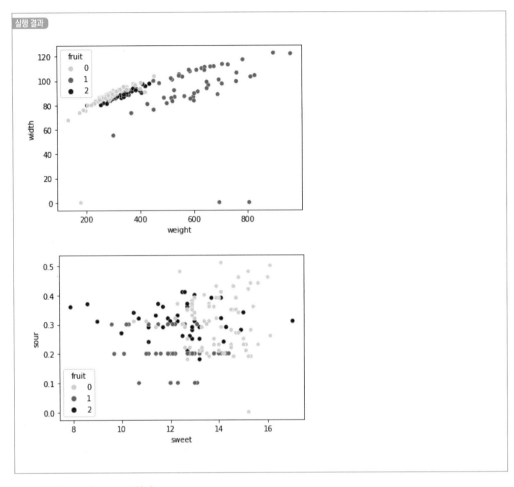

① 필요한 모듈을 import한다.

② scatterplot( )를 활용하여 x축은 'weight' 칼럼의 값으로, y축은 'width' 칼럼값을 갖는 산점도 그래프를 그린다. 'fruit'의 값에 따라 데이터의 색을 다르게 표현한다.

결과를 살펴보면 'weight', 'width'에 따라서 'fruit' 값이 구분되어 모여 있는 형태의 그래프를 확인할 수 있다. 'weight', 'width' 칼럼이 'fruit'을 분류하는 주요한 필드가 될 것을 예상할 수 있다.

③ scatterplot( )를 활용하여 x축은 'sweet' 칼럼의 값으로, y축은 'sour' 칼럼값을 갖는 산점도 그래프를 그린다. 'fruit'의 값에 따라 데이터의 색을 다르게 표현한다.

결과를 살펴보면 'sour', 'sweet'로 그려진 산점도 그래프에서 'fruit'의 데이터 구성이 뚜렷하게 구분되어 있지 않다는 것을 확인할 수 있다. 이 두 가지 특성이 'fruit'을 분류하는데 주요하게 기여하지 않을 것을 예상할 수 있다.

■ 머신러닝 알고리즘 선택

이 예제에서는 의사결정 트리 알고리즘을 활용하여 사과, 배, 복숭아 세 가지 과일을 분류하는 머신러닝 모델을 만들어 보려고 한다.

■ 머신러닝 모델 생성

데이터 준비가 완료되면, 모델의 객체를 생성하고 데이터를 학습하여 모델을 완성한다. 학습을 수행하기 위해 입력값을 의미하는 속성 데이터와 결괏값(범주)을 의미하는 정답 데이터로 나눈다. 이 머신러닝은 입력한 데이터로 사과, 배, 복숭아 세 개의 과일을 분류해야 하므로 다중 분류에 속한다. 의사결정 트리 알고리즘 모델 객체를 생성하고 학습을 수행하여 모델이 완성되면, 완성된 모델이 예측을 잘 하는지도 확인해 보자.

• **머신러닝 학습**

```
❶  from sklearn.tree import DecisionTreeClassifier

❷  x_train = df.iloc[:,1:]
    y_train = df.iloc[:,0]

❸  tr_model = DecisionTreeClassifier(random_state=0)
❹  tr_model.fit(x_train, y_train)
```

실행 결과

```
DecisionTreeClassifier(random_state=0)
```

❶ 필요한 모듈을 import한다.
❷ 학습을 위한 데이터를 준비한다.
　 x_train 변수에는 분류에 사용할 속성 데이터를 저장하고, y_train에는 속성 데이터에 대응되는 정답값(레이블, target)을 저장한다.
　 데이터프레임 df의 첫 번째 칼럼인 'fruit'가 정답에 해당하는 과일 종류 값을 갖는다. 첫 번째 칼럼을 제외한 나머지 칼럼을 가져오기 위해 df.iloc[: ,1:]를 x_train 변수에 할당하고, 정답인 첫 번째 칼럼만 가져오기 위해 df.iloc[: ,0]을 y_train에 할당한다.
❸ DecisionTreeClassifier( )를 호출하여 의사결정 트리 알고리즘 모델 객체를 생성하고, 그 이름을 tr_model로 한다. 머신러닝에서 내부적으로 임의의 값들을 사용하여 학습을 수행하게 되는 경우들이 발생하는데, 프로그램을 수행할 때마다 항상 같은 난수 체계를 사용하도록 'random_state'의 값을 0으로 고정한다. random_state를 고정하지 않을 경우 프로그램을 재실행할 때마다 생성된 모델의 학습 결과가 달라질 수 있다.
❹ tr_model의 fit( ) 메소드를 호출하여 학습을 수행한다. 데이터 속성값을 갖는 x_train과 정답값을 갖는 y_train을 훈련 데이터로 사용한다.

- **예측하기**

```
❶   new_fruit = pd.DataFrame([[270.0, 75.0, 85.0, 37.0, 13.0, 0.22, 55.0]],
                                    columns = x_train.columns)
❷   tr_model.predict(new_fruit)
```

실행 결과

```
array([0], dtype=int64)
```

❶ 새로운 사과 데이터를 한 개 만들어 학습 데이터의 x_train과 같은 데이터프레임 형식으로 만들어 new_fruit에 저장한다. 새로운 입력값 new_fruit은 x_train과 같은 형식이므로 칼럼명도 x_train과 동일하게 생성한다.

❷ 학습을 완료한 모델 tr_model의 predict( ) 메소드에 새로운 입력값 new_fruit을 적용하여 분류 결과를 사과로 예측하는지 확인한다. 'fruit' 칼럼의 데이터 값을 인코딩할 때 사과를 0으로 인코딩 했으므로 결과인 0은 사과를 의미한다.

■ 모델 평가

학습이 완료된 모델이 항상 좋은 성능을 발휘하여 정확하게 예측하는 것은 아니다. 모델이 얼마나 잘 예측하는지를 평가하여 모델의 성능을 높이도록 학습 방법이나 학습 데이터를 조정해 주어야 한다. 그렇게 하려면 생성한 모델이 좋은 성능을 가진 모델인지 아닌지를 평가할 수 있어야 한다. 분류에서는 예측을 수행한 결과와 실제 정답이 일치하는 비율이 높을수록 좋은 모델이라고 평가할 수 있다.

우선, 모델을 평가하기 위해 어떤 데이터를 사용하는 것이 좋을지 생각해 보자. 훈련에 사용했던 데이터를 그대로 사용할 경우 객관적인 평가가 이루어지지 않을 수 있다. 시험을 보기 전에 풀었던 문제에서 그대로 시험 문제가 나온다면 당연히 높은 성적이 나오는 것과 같다. 정확한 평가를 위해서는 풀었던 문제와 형태는 같지만 다른 문제를 출제해야 한다. 모델을 평가하기 위해서는 평가를 위한 테스트 데이터가 필요하며, 이 테스트 데이터는 훈련 데이터와 구분되어야 한다. 테스트를 위한 데이터를 준비하고, 준비된 테스트 데이터로 예측을 수행한 후 모델을 평가해 보자.

　'11장/사과배복숭아–테스트.xlsx'에 있는 엑셀 파일의 데이터를 데이터프레임으로 저장한다. 학습했던 데이터와 같은 구조의 데이터로 예측을 수행해야 하기 때문에 훈련 데이터에서 작업했던 결측치 처리, 인코딩 등을 동일하게 수행한다.

- **테스트를 위한 데이터 저장**

```
❶ df_test = pd.read_excel('사과배복숭아-테스트.xlsx')
❷ df_test.fillna(0, inplace=True)
❸ df_test.replace({'fruit':{'사과':0, '배':1, '복숭아':2}}, inplace=True)
❹ df_test
```

실행 결과

	fruit	weight	height	width	hardness	sweet	sour	color
0	2	400.5	82.6	90.1	32.1	15.3	0.29	68.2
1	2	310.6	73.5	80.1	20.1	15.0	0.28	62.1
2	2	340.0	75.0	86.7	20.5	14.1	0.32	58.4
3	2	330.0	78.8	85.0	41.5	13.0	0.31	58.6
4	1	680.0	100.0	111.6	36.8	12.0	0.10	0.0
5	1	640.0	99.0	96.3	30.1	12.0	0.20	0.0
6	1	599.6	104.1	86.7	31.5	10.1	0.20	0.0
7	0	319.0	87.0	89.2	57.7	13.3	0.21	56.1
8	0	350.0	89.0	91.8	35.0	13.6	0.31	57.8
9	0	270.0	75.0	85.0	37.0	13.3	0.22	55.6

❶ 준비된 파일 '사과배복숭아-테스트.xlsx'을 읽어 데이터프레임으로 생성하여 df_test 변수에 저장한다. 코랩의 경우 세션 저장소에 '11장/사과배복숭아-테스트.xlsx'파일을 업로드하여 사용한다.

❷ df_test 데이터프레임에 있는 모든 결측치를 0으로 대체한다.

❸ 데이터프레임의 replace( ) 메소드를 활용하여 '사과'는 0, '배'는 1, '복숭아'는 2로 변환한다.

❹ 테스트를 위한 데이터 df_test를 출력하여 확인한다.

　모델에 테스트 데이터를 적용하여 결과를 예측하고, 예측한 결과와 실제 정답을 비교하여 정확도를 측정한다.

- **예측하기**

```
❶  x_test =  df_test.iloc[:,1:]
    y_test =  df_test.iloc[:,0]

❷  tr_prd = tr_model.predict(x_test)
❸  tr_prd
```

실행 결과

```
array([0, 2, 2, 2, 1, 1, 1, 0, 0, 0], dtype=int64)
```

❶ 예측을 위한 데이터를 준비한다. x_test 변수에는 예측을 위한 속성 데이터를 저장하고, y_test에는 테스트 데이터의 정답을 저장한다.

❷ 생성한 모델 tr_model의 predict( ) 메소드에 테스트 데이터의 속성값 x_test를 적용하여 결과를 예측한다.

❸ 예측 결과를 확인한다.

- **평가하기**

10개의 입력값에 대한 결괏값(정답)을 예측했다. 예측 결과가 정답과 일치할 수도 있고, 그렇지 않을 수도 있다. 예측한 결과와 정답을 비교하여 모델의 성능을 평가할 수 있다.

🔍 **사용법**

```
accuracy_score(테스트용 target, 예측한 값)
```

- 머신러닝 모델로 예측한 값이 실제로 얼마나 맞는지 정확도를 평가

```
❶  from sklearn.metrics import accuracy_score

❷  print('정확도 =',accuracy_score(y_test, tr_prd))
❸  for i in range(len(y_test)):
        print('예측:', tr_prd[i], ' 정답:',y_test.iloc[i])
```

```
정확도 = 0.9
예측: 0  정답: 2
예측: 2  정답: 2
예측: 2  정답: 2
예측: 2  정답: 2
예측: 1  정답: 1
예측: 1  정답: 1
예측: 1  정답: 1
예측: 0  정답: 0
예측: 0  정답: 0
예측: 0  정답: 0
```

→ 정확도 0.9의 높은 확률로 예측이 잘 맞는다는 것을 확인할 수 있다. 구체적으로 예측 결과와 정답을 비교한 데이터를 확인하면 첫 번째 데이터에 대해서 잘못된 예측을 하고 있는 것을 알 수 있다. 정답은 2(복숭아)지만, 예측 결과는 0(사과)으로 예측하고 있다.

❶ 필요한 모듈을 import 한다.

❷ 테스트 데이터의 정답이 저장된 y_test와 예측 결과가 저장된 tr_prd로 정확도를 측정한다. 정확도(Accuracy)는 전체 데이터 중 예측 값과 정답이 일치하는 비율을 의미한다.

❸ 예측 결과와 실제 정답을 함께 출력해서 잘못 예측한 데이터가 어떤 것인지 확인한다.

■ 결정 트리 알고리즘을 활용한 지도 학습 분류 모델을 생성하는 전체 코드

```python
# 모듈 import
import pandas as pd
import numpy as np
import matplotlib.pyplot as plt
import seaborn as sns
from sklearn.tree import DecisionTreeClassifier
from sklearn.metrics import accuracy_score

# 데이터를 가져오기
df = pd.read_excel('사과배복숭아-학습.xlsx')

# 모든 결측치를 0으로 대체
df.isna().sum()

df.fillna(0, inplace=True)
df.isna().sum()

#문자로 되어 있는 fruit(과일 종류) 칼럼의 값을 수치값으로 변경
df['fruit'].value_counts()
df.replace({'fruit':{'사과':0, '배':1, '복숭아':2}}, inplace=True)
```

```
#과일 종류별 평균값 확인
df.groupby('fruit').mean()
#그래프 그리기
sns.scatterplot(data=df, x='weight', y='width', hue='fruit')
plt.show()
sns.scatterplot(data=df, x='sweet', y='sour', hue='fruit')
plt.show()

#모델 생성
x_train = df.iloc[:,1:]    # 학습 데이터의 속성값
y_train = df.iloc[:,0]     # 학습 데이터의 정답

#의사결정 트리 알고리즘 모델 객체를 생성
tr_model = DecisionTreeClassifier(random_state=0)
# 학습 데이터를 전달하여 머신러닝 모델 완성
tr_model.fit(x_train, y_train)

# 테스트용 데이터 읽어 오기
df_test = pd.read_excel('사과배복숭아-테스트.xlsx')
df_test.fillna(0, inplace=True)
df_test.replace({'fruit':{'사과':0, '배':1, '복숭아':2}}, inplace=True)

# 테스트 데이터
x_test =  df_test.iloc[:,1:]     # 테스트 데이터의 속성값
y_test =  df_test.iloc[:,0]      # 테스트 데이터의 정답
#생성한 모델을 사용해서 테스트 데이터의 속성값을 이용해 예측값 산출
tr_prd = tr_model.predict(x_test)

# 예측값과 테스트 데이터의 정답을 비교해서 정확도 계산
print('정확도 =',accuracy_score(y_test, tr_prd))
# 예측값과 테스트 데이터의 정답을 동시 출력해서 비교
for i in range(len(y_test)):
    print('예측:',tr_prd[i], ' 정답:',y_test.iloc[i])
```

2.2 K 최근접 이웃(K-Nearest Neighbor : KNN) 알고리즘

(1) K 최근접 이웃 알고리즘 소개

K 최근접 이웃 알고리즘은 데이터를 분류할 때 학습 데이터에서 새로운 데이터와 가장 가까운 이웃 데이터 K개를 선택한 뒤 K개 안에 가장 많은 개수를 가진 그룹으로 새로운 데이터를 분류하는 방식의 알고리즘이다. 어떤 문제에 대한 답을 구하기 위해 K명의 가까운 이웃들의 의견 중 다수결에 따라 결론을 내린다고 생각하면 쉽게 이해할 수 있다.

가장 가까운 이웃 데이터가 어떤 것인지를 선택할 때 거리 기반 알고리즘을 활용하기 때문에 데이터를 구성하는 값의 범위가 많이 다를 경우 의사결정 트리보다 정확도가 떨어질 수 있다. 선택할 데이터의 개수인 K는 일반적으로 홀수로 지정하는데, 이것은 K를 짝수로 지정했을 때 각 그룹에 속하는 개수가 동점이 되어 데이터를 분류할 수 없는 경우를 방지하기 위해서이다.

K 최근접 이웃 알고리즘은 단순하여 알고리즘을 이해하기 쉽다. 반면, 데이터의 관계를 파악해서 적절한 K의 선택이 필요하고, 데이터의 개수가 많아지면 알고리즘의 성능이 떨어질 수 있다는 점에 유의해야 한다.

(2) K 최근접 이웃 알고리즘 이해하기

K 최근접 이웃 알고리즘이 어떤 방식으로 동작하는지 조금 더 쉽게 알아보려고 한다.

오른쪽 그림은 분류에 따라 원(●), 삼각형(▲), 사각형(■)으로 데이터를 표현하여 데이터의 위치를 표시한 것이다. 예를 들어 보면, 개(●)와 고양이(▲), 사자(■)의 크기나 무게, 색상 등과 같은 특징 데이터들을 수치를 기반으로 그래프로 표현하였다고 가정하자. 이 그래

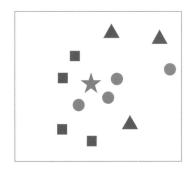

프에서 새로 들어온 데이터인 어떤 동물(★)의 특징에 해당하는 좌표점을 찍어 보고, 이 새로운 동물(★)이 개, 고양이, 사자 중 어떤 그룹에 속하는지를 K 최근접 이웃 알고리즘을 이용해 분류해 보자.

먼저, 가까운 이웃의 개수인 K를 5로 지정해 보자. K 를 5로 지정하면 새로운 데이터인 별표(★)와 다른 데이터들과 거리를 계산하여 거리가 가까운 데이터 5개를 찾는다. 오른쪽 그림과 같이 분류가 원(●)인 데이터 3개와 사각형(■)인 데이터 2개가 별표(★) 데이터의 이웃이다. 이웃 중 원(●)으로 분류된 데이터가 더 많으므로 별표(★) 데이터를 원(●)으로 분류한다.

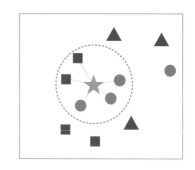

이웃의 개수 K를 9로 하여 K 최근접 이웃 알고리즘을 수행해 보면, 그림과 같이 원(●)인 데이터 3개, 삼각형(▲)인 데이터가 2개, 사각형(■)인 데이터 4개가 별표(★) 데이터의 이웃 데이터가 된다. 사각형(■) 이웃의 개수가 더 많으므로 별표(★) 데이터를 사각형(■)으로 분류한다.

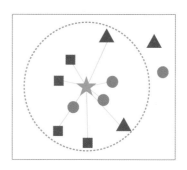

K 최근접 이웃 알고리즘은 학습 데이터로 별도의 학습을 하지 않고, 학습 데이터를 새로운 데이터의 이웃을 찾는 과정에만 사용한다. 따라서 데이터의 특징과 필드의 관계에 따른 복합적인 사항들을 반영하여 학습 데이터를 구성해야 하므로 사전 분석 작업을 충실하게 해야 한다. 또한, 정확한 예측을 위한 적절한 K의 선택이 중요하다.

(3) K 최근접 이웃 알고리즘을 활용한 분류 모델 만들기

■ 문제 정의

앞서 의사결정 트리 모델에 사용했던 데이터로 같은 전처리 방법을 사용하여 학습 데이터와 테스트 데이터를 만들고 K 최근접 이웃 알고리즘 모델을 생성하고 평가한다.

프로그램 작성 순서

- 학습을 위한 과일 엑셀 파일 데이터를 가져와서 데이터 전처리 과정을 수행
- 사이킷런에서 제공하는 K 최근접 이웃 알고리즘 객체를 생성
- 학습 데이터를 사용하여 K 최근접 이웃 알고리즘 객체 모델의 학습을 수행해서 머신러닝 모델을 생성

- 테스트 엑셀 데이터를 모델에 입력하여 테스트 데이터에 대한 예측값 생성
- 예측값과 실제 정답(target에 저장된 레이블 값)과 비교해서 정확도 평가

■ 데이터 전처리

앞서 의사결정 트리 알고리즘 모델에서 수행했던 전처리 과정을 그대로 수행한다.

```
❶  import pandas as pd
    import numpy as np
    import matplotlib.pyplot as plt
    import seaborn as sns

❷  df = pd.read_excel('사과배복숭아-학습.xlsx')
❸  df.fillna(0, inplace=True)
❹  df.replace({'fruit':{'사과':0, '배':1, '복숭아':2}}, inplace=True)
    df
```

실행 결과

	fruit	weight	height	width	hardness	sweet	sour	color
0	2	310.7	76.2	86.3	45.2	12.7	0.35	60.8
1	2	265.9	74.5	81.8	29.5	14.2	0.24	61.0
2	2	407.5	82.6	90.1	34.1	14.3	0.29	68.2
3	2	314.6	74.5	86.1	22.1	14.9	0.28	62.1
4	2	310.7	77.5	85.7	31.1	13.0	0.40	64.6
...	...	...	...	...	...	...	...	...
163	0	221.3	73.2	80.0	55.8	10.5	0.31	43.6
164	0	252.2	71.3	84.3	34.5	13.4	0.40	42.6
165	0	284.3	78.2	88.0	36.2	13.6	0.36	44.8
166	0	314.3	77.3	91.1	34.1	12.9	0.35	45.7
167	0	273.7	76.7	85.6	41.2	12.6	0.29	44.5

168 rows × 8 columns

❶ 필요한 모듈을 import한다.

❷ 준비된 파일 '사과배복숭아-학습.xlsx'을 읽어 데이터프레임 df 변수에 저장한다.

❸ 결측치를 모두 0으로 대체한다.

❹ '사과'는 0, '배'는 1, '복숭아'는 2로 변환한다.

■ 머신러닝 알고리즘 선택

이 예제에서는 K 최근접 이웃 알고리즘을 활용하여 사과, 배, 복숭아 세 가지 과일을 분류하는 머신러닝 모델을 만들어 보려고 한다.

■ 머신러닝 모델 생성

준비된 데이터를 속성 데이터와 정답 데이터로 나누어 학습 데이터를 준비하고, K 최근접 이웃 알고리즘 모델 객체를 생성하여 학습을 수행한다.

```
❶    from sklearn.neighbors import KNeighborsClassifier

❷    x_train = df.iloc[:,1:]
     y_train = df.iloc[:,0]

❸    kn_model = KNeighborsClassifier(n_neighbors=5)
❹    kn_model.fit(x_train, y_train)
```

실행 결과

```
KNeighborsClassifier()
```

❶ 필요한 모듈을 import한다.
❷ 학습을 위한 데이터를 준비한다. x_train 변수에는 분류에 사용할 속성 데이터를 저장하고, y_train에는 속성 데이터에 대응되는 정답값을 저장한다.
❸ KNeighborsClassifier( )를 호출하여 K 최근접 이웃 알고리즘 모델 객체를 생성하고, 그 이름을 kn_model로 한다. K 최근접 이웃 알고리즘은 가까운 이웃의 개수인 K를 지정해야 한다. 여기서는 n_neighbors를 5로 하여 이웃의 개수 K를 5로 설정하였다.
❹ kn_model의 fit( ) 메소드를 호출하여 학습을 수행한다. 데이터 속성값을 갖는 x_train과 정답값을 갖는 y_train을 훈련 데이터로 사용한다.

■ 모델 평가

모델 평가를 위한 테스트 데이터를 의사결정 트리 모델의 테스트 데이터와 같은 데이터로 준비하고, 예측을 수행한 후 정확도를 살펴보자.

• 테스트를 위한 데이터 저장

```
    import pandas as pd
    import numpy as np
①  df_test = pd.read_excel('사과배복숭아-테스트.xlsx')
②  df_test.fillna(0, inplace=True)
③  df_test.replace({'fruit':{'사과':0, '배':1, '복숭아':2}}, inplace=True)
    df_test
```

실행 결과

	fruit	weight	height	width	hardness	sweet	sour	color
0	2	400.5	82.6	90.1	32.1	15.3	0.29	68.2
1	2	310.6	73.5	80.1	20.1	15.0	0.28	62.1
2	2	340.0	75.0	86.7	20.5	14.1	0.32	58.4
3	2	330.0	78.8	85.0	41.5	13.0	0.31	58.6
4	1	680.0	100.0	111.6	36.8	12.0	0.10	0.0
5	1	640.0	99.0	96.3	30.1	12.0	0.20	0.0
6	1	599.6	104.1	86.7	31.5	10.1	0.20	0.0
7	0	319.0	87.0	89.2	57.7	13.3	0.21	56.1
8	0	350.0	89.0	91.8	35.0	13.6	0.31	57.8
9	0	270.0	75.0	85.0	37.0	13.3	0.22	55.6

① 준비된 파일 '사과배복숭아-테스트.xlsx'을 읽어 데이터프레임 df_test 변수에 저장한다.
② 모든 결측치를 0으로 대체한다.
③ '사과'는 0, '배'는 1, '복숭아'는 2로 변환한다.

• 예측하기

```
①  x_test =  df_test.iloc[:,1:]
    y_test =  df_test.iloc[:,0]

②  kn_prd = kn_model.predict(x_test)
    kn_prd
```

실행 결과

```
array([0, 2, 2, 2, 1, 1, 1, 0, 2, 0], dtype=int64)
```

① 예측을 위한 데이터를 준비한다.
② 생성한 모델 kn_model의 predict( ) 메소드에 테스트 데이터의 속성값 x_test를 적용하여 결과를 예측한다.

- **평가하기**

```
❶ from sklearn.metrics import accuracy_score

❷ print('정확도 =',accuracy_score(y_test, kn_prd))
❸ for i in range(len(y_test)):
      print('예측:',kn_prd[i], ' 정답:', y_test.iloc[i])
```

실행 결과

정확도 = 0.8
예측: 0 정답: 2
예측: 2 정답: 2
예측: 2 정답: 2
예측: 2 정답: 2
예측: 1 정답: 1
예측: 1 정답: 1
예측: 1 정답: 1
예측: 0 정답: 0
예측: 2 정답: 0
예측: 0 정답: 0

→ 정확도가 0.8인 높은 확률로 예측이 잘 맞는다는 것을 확인할 수 있다. 구체적으로 예측 결과와 정답을 비교한 데이터를 확인하면 첫 번째 데이터와 아홉 번째 데이터가 잘못된 예측을 하고 있는 것을 알 수 있다.

❶ 필요한 모듈을 import 한다.
❷ 테스트 데이터의 정답이 저장된 y_test와 예측 결과가 저장된 kn_prd로 정확도를 측정한다.
❸ 예측 결과와 실제 정답을 함께 출력해서 잘못 예측한 데이터가 어떤 것인지 확인한다.

같은 학습 데이터와 테스트 데이터를 사용하여 의사결정 트리 알고리즘 모델과 K 최근접 이웃 알고리즘 모델로 머신러닝 분류 작업을 수행했다. 정확도만을 살펴보면 의사결정 트리 알고리즘이 더 좋은 성능을 보여준다. 이것은 의사결정 트리 알고리즘이 더 좋은 알고리즘이라는 의미가 아니다. 같은 알고리즘으로 학습을 수행하더라도 학습 데이터의 구성과 규모, 머신러닝 모델을 구성하는 여러 조건에 따라 모델의 성능 평가 결과가 달라질 수 있다. 머신러닝 모델을 완성한다는 것은 데이터 분석, 정규화, 학습 수행 조건 변경 등의 다양한 요소의 변경을 통해 모델에 대한 성능을 높여 조금 더 나은 모델을 만들어 가는 과정을 의미하며, 이 과정 중에 가장 높은 평가 점수를 받은 모델이 최종 모델이 된다.

■ K 최근접 이웃 알고리즘을 활용하여 지도 학습 모델을 생성하는 전체 코드

```python
# 모듈 import
import pandas as pd
import numpy as np
import matplotlib.pyplot as plt
import seaborn as sns
from sklearn.neighbors import KNeighborsClassifier
from sklearn.metrics import accuracy_score


# 데이터 가져오기
df = pd.read_excel('사과배복숭아-학습.xlsx')


# 모든 결측치를 0으로 대체
df.fillna(0, inplace=True)


#문자로 되어 있는 fruit(과일 종류) 칼럼의 값을 수치값으로 변경
df.replace({'fruit':{ '사과':0, '배':1, '복숭아':2}}, inplace=True)


#모델 생성
x_train = df.iloc[:,1:]    # 학습 데이터의 속성값
y_train = df.iloc[:,0]     # 학습 데이터의 정답


#모델 객체를 생성(최근접 이웃의 개수를 5개로 지정.)
kn_model = KNeighborsClassifier(n_neighbors=5)
# 학습 데이터를 전달하여 머신러닝 모델 완성
kn_model.fit(x_train, y_train)


# 테스트용 데이터 읽어 오기
df_test = pd.read_excel('사과배복숭아-테스트.xlsx')
df_test.fillna(0, inplace=True)
df_test.replace({'fruit':{'사과':0, '배':1, '복숭아':2}}, inplace=True)


# 테스트 데이터
x_test =  df_test.iloc[:,1:]    # 테스트 데이터의 속성값
y_test =  df_test.iloc[:,0]     # 테스트 데이터의 정답


#생성한 모델을 사용해서 테스트 데이터의 속성값을 이용해 예측값 산출
kn_prd = kn_model.predict(x_test)
```

```
# 예측값과 테스트 데이터의 정답을 비교해서 정확도 계산
print('정확도 =',accuracy_score(y_test, kn_prd))

# 예측값과 테스트 데이터의 정답을 동시 출력해서 비교
for i in range(len(y_test)):
    print('예측:',kn_prd[i], ' 정답:', y_test.iloc[i])
```

2.3 랜덤 포레스트(Random forest) 알고리즘

(1) 랜덤 포레스트 알고리즘 소개

랜덤 포레스트 알고리즘은 여러 개의 의사결정 트리 모델을 통해 학습을 진행한 뒤 각각의 결정 트리 모델의 결과를 취합해서 최종 결괏값을 찾는 분류 알고리즘이다. 의사결정 트리가 하나의 나무로 분류 문제를 해결한다면, 랜덤 포레스트는 여러 개의 나무가 모여 숲을 만들어서 분류 문제를 해결한다고 할 수 있다. 여러 개의 결정 트리가 학습 데이터의 일부를 임의로 선택해서 각각 학습을 수행한 뒤, 트리별로 예측값을 산출하고 다수결에 따라 최종 예측값을 정하는 방식이다. 따라서 랜덤 포레스트 알고리즘을 사용해서 모델을 만들 때 결정 트리가 몇 개인지 지정해야 한다.

랜덤 포레스트 알고리즘을 활용한 머신러닝 모델을 생성하는 과정은 의사결정 트리 알고리즘 모델이나 K 최근접 이웃 알고리즘 모델을 생성하는 절차와 유사하다. 따라서, 앞의 과정을 참고하여 미션으로 수행해 보자.

프로그램 작성 순서

- 학습을 위한 과일 엑셀 파일 데이터를 가져와서 데이터 전처리 과정을 수행
- 사이킷런에서 제공하는 랜덤 포레스트 알고리즘 객체를 생성
- 학습 데이터를 사용하여 랜덤 포레스트 알고리즘 객체 모델의 학습을 수행해서 머신러닝 모델을 생성
- 테스트 엑셀 데이터를 모델에 입력해서 테스트 데이터에 대한 예측값 생성
- 예측값과 실제 정답(target에 저장된 레이블 값)과 비교해서 정확도 평가

📑 MISSION

1. 랜덤 포레스트 모델 생성 코드 작성해 보기

앞서 만들었던 의사결정 트리 알고리즘 모델, K 최근접 이웃 알고리즘 모델과 동일하게 훈련 데이터와 테스트 데이터를 구성하여 랜덤 포레스트 알고리즘 모델을 생성하는 프로그램을 다음의 힌트 코드를 참조하여 완성해 보자. 랜덤 포레스트 알고리즘 모델 객체를 생성할 때는 의사결정 트리 알고리즘 모델 객체를 생성할 때와 달리 n_estimators 인수에 의사결정 트리의 개수를 지정해야 한다는 점에 유의해야 한다. 훈련 데이터로 학습을 수행하여 모델을 완성한 후 테스트 데이터로 해당 모델을 평가해 보자. 그리고, 결정 트리의 개수를 변경하여 여러 개의 랜덤 포레스트 알고리즘 모델을 만들어 보면서 정확도가 어떻게 변하는지도 확인해 보자.

```
힌트 코드1:   from sklearn.ensemble import RandomForestClassifier

힌트 코드2:   RandomForestClassifier(n_estimators=3) # n_estimators : 결정 트리 개수
```

2.4 분류 모델의 평가 및 검증

머신러닝의 절차는 데이터 처리, 모델 학습, 모델 예측과 평가로 구성되어 있다. 마지막 단계인 모델 평가에는 다양한 방법들이 존재하는데 이러한 평가 방법들을 성능 평가 지표라고 한다. 앞서 분류 모델에서는 정확도를 사용하여 모델을 평가하였다. 분류 모델을 평가하는 다른 방법으로 재현율, 정밀도 등을 측정하는 방법도 있다. 이외에도 분류를 위한 다른 평가 지표들도 있다.

오른쪽 그림과 같이 10개의 동그란 사과와 10개의 세모 사과가 뒤섞여 담겨 있는 상자에서 동그란 사과와 세모 사과를 분류하는 두 개의 머신러닝 모델인 모델1과 모델2를 만들었다고 가정하고 성능 평가 지표의 차이를 알아보자. 이 분류 모델에서는 동그란 사과

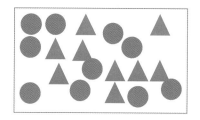

를 더 중요한 데이터로 보고, 동그란 사과에 집중해서 성능을 평가한다.

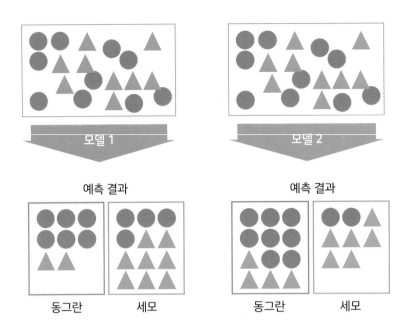

(1) 오차행렬(confusion matrix)

오차행렬은 분류 모델이 어떤 유형의 예측 오류를 가지고 있는지를 보여주는 지표이다. 다음과 같은 4분면 행렬에서 실제값과 예측값이 어떤 유형으로 조합되는지를 표현한다. 실제값과 예측값이 일치하는 경우 앞에 True라고 표현하고, 잘못 예측한 경우는 False라고 표현한다. 양성으로 예측한 경우는 Positive로 표현하고, 음성으로 예측한 경우는 Negative로 표현한다.

구분	예측 양성	예측 음성
실제 양성	True Positive (TP) 실제 양성을 양성으로 바르게 예측	False Negative (FN) 실제 양성을 음성으로 잘못 예측
실제 음성	False Positive (FP) 실제 음성을 양성으로 잘못 예측	True Negative (TN) 실제 음성을 음성으로 바르게 예측

사과를 분류하는 모델1을 오차행렬로 표현하면 다음과 같다. 여기서는 동그란 사과를 양성으로, 세모 사과를 음성으로 표현하여 설명하였다.

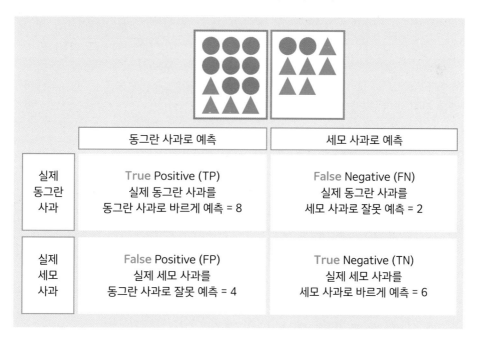

	동그란 사과로 예측	세모 사과로 예측
실제 동그란 사과	True Positive (TP) 실제 동그란 사과를 동그란 사과로 바르게 예측 = 6	False Negative (FN) 실제 동그란 사과를 세모 사과로 잘못 예측 = 4
실제 세모 사과	False Positive (FP) 실제 세모 사과를 동그란 사과로 잘못 예측 = 2	True Negative (TN) 실제 세모 사과를 세모 사과로 바르게 예측 = 8

사과를 분류하는 모델2를 오차행렬로 표현하면 다음과 같다.

	동그란 사과로 예측	세모 사과로 예측
실제 동그란 사과	True Positive (TP) 실제 동그란 사과를 동그란 사과로 바르게 예측 = 8	False Negative (FN) 실제 동그란 사과를 세모 사과로 잘못 예측 = 2
실제 세모 사과	False Positive (FP) 실제 세모 사과를 동그란 사과로 잘못 예측 = 4	True Negative (TN) 실제 세모 사과를 세모 사과로 바르게 예측 = 6

(2) 정확도(Accuracy)

정확도는 예측 결과가 얼마나 정확하고 잘못 예측한 경우가 없었는가를 확인하는 지표로 정답을 맞춘 비율이라고도 할 수 있는데, 전체 사과 중에 동그란 사과를 동그란 사과로 세모 사과를 세모 사과로 얼마나 잘 예측했는가를 측정한다. 정확도는 0부터 1사이의 수를 가지며, 1에 가까울수록 정확도가 높아 모델의 예측력이 높다고 할 수 있다. 정확도는 직관적으로 모델의 예측 성능을 평가하는 방법이지만, 정확도 수치 하나만을 가지고 모델을 평가할 수는 없다. 100개 중 90개가 1로 분류되고, 10개가 0으로 분류되는 데이터를 가정했을 때 무조건 1로 예측해도 0.9의 정확도를 얻게 된다. 이처럼 정확도는 데이터의 구성에 따라 모델 예측 성능을 평가하는데 한계가 있다.

정확도를 오차행렬을 참조하여 수식으로 표현하면 다음과 같다.

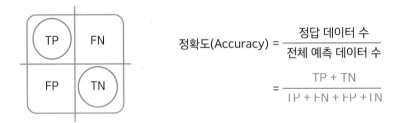

$$\text{정확도(Accuracy)} = \frac{\text{정답 데이터 수}}{\text{전체 예측 데이터 수}}$$

$$= \frac{TP + TN}{TP + FN + FP + TN}$$

사과를 분류한 두 모델의 정확도를 계산해 보자.

구분	예측 결과	오차행렬	정확도
모델 1		TP=6 FN=4 FP=2 TN=8	$\dfrac{6 + 8}{(6 + 4 + 2 + 8)}$ $= \dfrac{14}{20} = 0.7$
모델 2		TP=8 FN=2 FP=4 TN=6	$\dfrac{8 + 6}{(8 + 2 + 4 + 6)}$ $= \dfrac{14}{20} = 0.7$

두 모델 모두 0.7로 정확도가 일치한다. 동그란 사과를 세모 사과보다 월등히 비싸게 판매할 수 있다고 가정한다면, 판매자 입장에서는 동그란 사과를 더 많이 찾아낼 수 있는 모델2를 선택하고 싶을 것이다. 하지만, 정확도만으로 모델을 평가하면 어떤 모델이 동그란 사과를 더 많이 찾아낼 수 있는지 알 수 없다.

(3) 재현율(Recall) 또는 민감도(Sensitivity)

실제 참인 데이터 중에서 참이라고 예측한 비율이 재현율이다. 재현율은 실제 참인 데이터에 집중해서 모델을 평가하는 방식이다. 실제 참인 데이터가 거짓으로 예측되었을 때 더 큰 위험성을 갖고 있다면 재현율이 높은 모델을 더 우수한 모델로 평가한다. 예를 들어, 전염성이 높은 위험한 질병의 감염자를 분류해야 한다면, 감염자를 비감염자로 분류할 경우 위험성이 높아진다. 일부 비감염자가 감염자로 분류되더라도 한 명의 감염자도 놓치지 않는 것이 중요하다. 이럴 경우 재현율이 높은 모델을 채택해야 한다.

재현율을 오차행렬을 참조하여 수식으로 표현하면 다음과 같다.

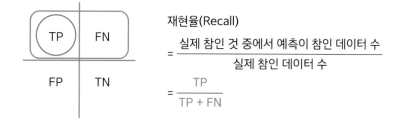

사과를 분류한 두 모델의 재현율을 계산해 보자. 재현율은 실제 동그란 사과 중에서 동그란 사과로 얼마나 잘 예측했는가를 나타낸다.

구분	예측 결과	오차행렬	재현율
모델 1		TP=6 FN=4 FP=2 TN=8	$\dfrac{6}{(6+4)} = 0.6$

구분	예측 결과	오차행렬	재현율
모델 2		TP=8 FN=2 FP=4 TN=6	$\dfrac{8}{(8+2)}$ = 0.8

두 모델의 재현율은 모델1이 0.6, 모델2는 0.8이다. 동그란 사과를 놓치지 않고 모두 찾아내고 싶다면 재현율이 높은 모델을 선택해야 한다. 하지만, 재현율이 높으면 동그란 사과로 잘못 분류되는 세모 사과들이 늘어나게 된다는 것도 확인할 수 있다.

(4) 정밀도(Precision)

참이라고 예측한 데이터 중에서 실제 참인 데이터의 비율이 정밀도이다. 정밀도는 참으로 예측한 데이터에 집중해서 모델을 평가하는 방식이다. (반면, 재현율은 실제 참인 데이터에 집중한다.) 거짓인 데이터가 참으로 예측되었을 때 더 큰 위험성을 갖고 있다면 정밀도가 높은 모델을 더 우수한 모델로 평가한다. 예를 들어, 품질이 좋은 물건만을 구매하고 싶을 때 품질이 떨어지는 물건을 좋은 물품으로 분류하는 것은 바람직하지 않다. 설사 품질이 좋은 일부 물건을 구매하지 못하게 되더라도 정밀도를 높여 품질이 좋은 물건만을 구매할 수 있도록 하는 것이 바람직하다.

정밀도를 오차행렬을 참조하여 수식으로 표현하면 다음과 같다.

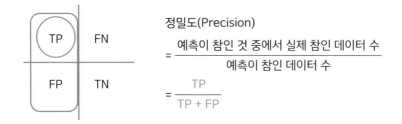

정밀도(Precision)

$$= \frac{\text{예측이 참인 것 중에서 실제 참인 데이터 수}}{\text{예측이 참인 데이터 수}}$$

$$= \frac{TP}{TP + FP}$$

사과를 분류한 두 모델의 정밀도를 계산해 보자. 동그란 사과로 예측한 것들 중에서 실제 동그란 사과가 얼마나 있는가를 표현한다.

구분	예측 결과	오차행렬	정밀도
모델 1		TP=6　FN=4 FP=2　TN=8	$\dfrac{6}{(6+2)}$ $=\dfrac{6}{8}=0.75$
모델 2		TP=8　FN=2 FP=4　TN=6	$\dfrac{8}{(8+4)}$ $=\dfrac{8}{12}=0.66667$

　　모델1의 정밀도는 0.75이고, 모델2의 정밀도는 0.66667이다. 만일 고객에게 세모 사과가 적게 섞여 있는 상태로 동그란 사과를 판매하고 싶다면 정밀도가 높은 모델을 선택해야 한다. 정밀도가 낮은 모델을 선택하여 분류 작업을 할 경우 세모 사과를 동그란 사과 가격으로 판매하게 되어 고객의 신뢰를 잃을 수도 있다.

　　사과 판매자는 동그란 사과를 모두 찾아내고 싶기도 하고, 고객에게 신뢰를 유지하고 싶기도 할 것이다. 일반적으로 재현율이 높으면 정밀도가 낮고, 정밀도가 높으면 재현율이 낮아지게 된다. 모델을 평가할 때는 정확도, 재현율, 정밀도 등의 성능 평가 지표를 종합적으로 활용하여 평가해야 하며, 분류 목적에 따라 특정 지표에 조금 더 중요도를 둘 수도 있다.

(5) 학습 모델의 성능 평가

　　앞서 완성했던 의사결정 트리 모델, K 최근접 이웃 모델, 미션으로 수행한 랜덤 포레스트 모델의 정확도, 재현율, 정밀도를 계산해 보자.

■ 모델 생성 및 예측

```python
# 모듈 import
import pandas as pd
import numpy as np
import matplotlib.pyplot as plt
import seaborn as sns
from sklearn.tree import DecisionTreeClassifier
from sklearn.neighbors import KNeighborsClassifier
from sklearn.ensemble import RandomForestClassifier
# 데이터 가져오기
df = pd.read_excel('사과배복숭아-학습.xlsx')
df.fillna(0, inplace=True)
df.replace({'fruit':{'사과':0, '배':1, '복숭아':2}}, inplace=True)
df_test = pd.read_excel('사과배복숭아-테스트.xlsx')
df_test.fillna(0, inplace=True)
df_test.replace({'fruit':{'사과':0, '배':1, '복숭아':2}}, inplace=True)

x_train = df.iloc[:,1:]    # 학습 데이터의 속성값
y_train = df.iloc[:,0]     # 학습 데이터의 정답
x_test =  df_test.iloc[:,1:]     # 테스트 데이터의 속성값
y_test =  df_test.iloc[:,0]      # 테스트 데이터의 정답

#의사결정 트리 알고리즘 모델
❶ tr_model = DecisionTreeClassifier(random_state=0)
tr_model.fit(x_train, y_train)
tr_prd = tr_model.predict(x_test)

# K 최근접 이웃 알고리즘 모델
❷ kn_model = KNeighborsClassifier(n_neighbors=5)
kn_model.fit(x_train, y_train)
kn_prd = kn_model.predict(x_test)

# 랜덤 포레스트 알고리즘 모델
❸ rf_model=RandomForestClassifier(n_estimators=7)
rf_model.fit(x_train, y_train)
rf_prd = rf_model.predict(x_test)
```

❶ 의사결정 트리 알고리즘 모델을 완성하고 테스트 데이터로 예측을 수행하여 예측 결과를 tr_prd에 저장한다.

❷ K 최근접 이웃 알고리즘 모델을 완성하고 테스트 데이터로 예측을 수행하여 예측 결과를 kn_prd에 저장한다.

❸ 랜덤 포레스트 알고리즘 모델을 완성하고 테스트 데이터로 예측을 수행하여 예측 결과를 rf_prd에 저장한다.

■ 평가하기

🔲 **사용법**

- accuracy_score(테스트용 target, 예측한 값)
- recall_score(테스트용 target, 예측한 값, average=None/'binary')
- precision_score(테스트용 target, 예측한 값 , average=None/'binary')

- 머신러닝 모델로 예측한 값에 대해서 정확도, 재현율, 정밀도를 계산
- sklearn.metrics 모듈 안에 있는 accuracy_score, recall_score, precision_score를 이용하기 때문에 sklearn.metrics로부터 accuracy_score, recall_score, precision_score를 import

```
① from sklearn.metrics import accuracy_score
   from sklearn.metrics import recall_score, precision_score

   print("==의사결정 트리 모델==")
   print('정확도:', accuracy_score(y_test, tr_prd ))
② print('재현율:', recall_score(y_test, tr_prd, average=None))
③ print('정밀도:', precision_score(y_test, tr_prd, average=None))


   print("==K 최근접 이웃 모델==")
   print('정확도:', accuracy_score(y_test, kn_prd ))
② print('재현율:', recall_score(y_test, kn_prd, average=None))
③ print('정밀도:', precision_score(y_test, kn_prd, average=None))


   print("==랜덤 포레스트 모델==")
   print('정확도:', accuracy_score(y_test, rf_prd ))
② print('재현율:', recall_score(y_test, rf_prd, average=None))
③ print('정밀도:', precision_score(y_test, rf_prd, average=None))
```

실행 결과

```
==의사결정 트리 모델==
정확도: 0.9
재현율: [1.   1.   0.75]
정밀도: [0.75 1.   1.  ]
==K 최근접 이웃 모델==
정확도: 0.8
재현율: [0.66666667 1.         0.75       ]
정밀도: [0.66666667 1.         0.75       ]
==랜덤 포레스트 모델==
정확도: 1.0
재현율: [1. 1. 1.]
정밀도: [1. 1. 1.]
```

❶ 필요한 모듈을 import 한다.

❷ recall_score( )에 실제 정답 데이터와 예측 결과를 주어 재현율을 계산한 결과를 얻는다. 분류 그룹이 3개 이상일 경우 average를 None으로 지정해야 한다. 분류 그룹이 2개이면 average의 기본값이 'binary' 이므로 별도로 설정하지 않아도 된다.

❸ precision_score( )에 실제 정답 데이터와 예측 결과를 주어 정밀도를 계산한 결과를 얻는다. 분류 그룹이 2개 이상일 경우 average를 None으로 지정해야 한다.

정밀도와 재현율은 분류 그룹별로 3개의 분류 그룹으로 평가 수치가 출력된다.

의사결정 트리 모델의 평가를 살펴보면, 'fruit' 칼럼 값이 0인 사과의 경우는 재현율이 높고 정밀도가 낮다. 이것은 모든 사과는 사과로 예측을 잘 했지만, 다른 과일을 사과로 잘못 예측한 경우가 있음을 나타낸다. 'fruit' 칼럼의 값이 2인 복숭아는 재현율이 낮고 정밀도가 높다. 이것은 실제 복숭아인데 다른 과일로 예측한 경우가 있고, 복숭아로 예측한 것들은 모두 복숭아가 맞다는 것을 의미한다. 랜덤 포레스트 모델의 경우 정확도, 재현율, 정밀도 모두 1이다. 이 결과만을 놓고 보면 랜덤 포레스트 모델이 세 모델 중 가장 성능이 좋다고 판단할 수 있다. 다만, 현재 사용한 테스트 데이터에 대한 평가 결과이므로 다른 데이터로 예측했을 때는 결과가 다를 수 있다.

■ 세 가지 모델을 생성하여 정확도, 재현율, 정밀도를 평가하는 전체 코드

```python
# 모듈 import
import pandas as pd
import numpy as np
import matplotlib.pyplot as plt
import seaborn as sns
from sklearn.tree import DecisionTreeClassifier
from sklearn.neighbors import KNeighborsClassifier
from sklearn.ensemble import RandomForestClassifier
from sklearn.metrics import accuracy_score
from sklearn.metrics import recall_score, precision_score

# 데이터 가져오기
df = pd.read_excel('사과배복숭아-학습.xlsx')
df.fillna(0, inplace=True)
df.replace({'fruit':{'사과':0, '배':1, '복숭아':2}}, inplace=True)
df_test = pd.read_excel('사과배복숭아-테스트.xlsx')
df_test.fillna(0, inplace=True)
df_test.replace({'fruit':{'사과':0, '배':1, '복숭아':2}}, inplace=True)
```

```
x_train = df.iloc[:,1:]          # 학습 데이터의 속성값
y_train = df.iloc[:,0]           # 학습 데이터의 정답
x_test =  df_test.iloc[:,1:]     # 테스트 데이터의 속성값
y_test =  df_test.iloc[:,0]      # 테스트 데이터의 정답


#의사결정 트리 알고리즘 모델
tr_model = DecisionTreeClassifier(random_state=0)
tr_model.fit(x_train, y_train)
tr_prd = tr_model.predict(x_test)

# K 최근접 이웃 알고리즘 모델
kn_model = KNeighborsClassifier(n_neighbors=5)
kn_model.fit(x_train, y_train)
kn_prd = kn_model.predict(x_test)

# 랜덤 포레스트 알고리즘 모델
rf_model=RandomForestClassifier(n_estimators=7)
rf_model.fit(x_train, y_train)
rf_prd = rf_model.predict(x_test)

# 성능 평가
print("==의사결정 트리 모델==")
print('정확도:', accuracy_score(y_test, tr_prd ))
print('재현율:', recall_score(y_test, tr_prd, average=None))
print('정밀도:', precision_score(y_test, tr_prd, average=None))

print("==K 최근접 이웃 모델==")
print('정확도:', accuracy_score(y_test, kn_prd ))
print('재현율:', recall_score(y_test, kn_prd, average=None))
print('정밀도:', precision_score(y_test, kn_prd, average=None))

print("==랜덤 포레스트 모델==")
print('정확도:', accuracy_score(y_test, rf_prd ))
print('재현율:', recall_score(y_test, rf_prd, average=None))
print('정밀도:', precision_score(y_test, rf_prd, average=None))
```

1. 머신러닝의 분류 학습에 사용하는 알고리즘이 아닌 것은?

    ① 결정 트리(Decision Tree) 알고리즘   ② K 최근접 이웃 알고리즘
    ③ 랜덤 포레스트 알고리즘   ④ K 최근접 이웃 회귀 알고리즘

2. 머신러닝을 수행하기 위해 데이터 전처리 작업을 수행할 때 데이터프레임 df에 존재하는 모든 결측
    치를 0으로 대체하려고 한다. 아래의 빈 칸을 채워 넣으시오.(단, 변경 사항은 원본 데이터프레임에
    반영된다.)

    ```
    df.fillna(            )
    ```

3. x_train 변수에는 분류에 사용할 속성 데이터가 저장되어 있고, y_train에는 속성 데이터에 대응
    되는 정답값(레이블, target)이 저장되어 있다. x_train, y_train으로 의사결정 트리 알고리즘 머
    신러닝 모델을 생성하고 학습을 수행하려고 할 때 보기에서 바른 코드를 선택하여 순서대로 바르게
    배열하시오. (단, 예측을 수행하지는 않는다.)

    ```
    ㉠ model = DecisionTreeClassifier(random_state-0)
    ㉡ model = KNeighborsClassifier(n_neighbors=5)
    ㉢ model.fit(x_train, y_train)
    ㉣ model.predict(x_train)
    ㉤ from sklearn.tree import DecisionTreeClassifier
    ㉥ from sklearn.neighbors import KNeighborsClassifier
    ```

4. 다음 그림과 같이 데이터의 위치가 표현되어 있다. K 최근접 이웃 알고리즘을 수행하여 별표(★)
    가 원(●)으로 분류되었다. 이때, 이웃의 개수 K는 몇으로 지정되었을까?

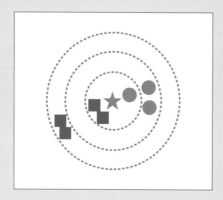

5. x_train 변수에는 분류에 사용할 속성 데이터가 저장되어 있고, y_train에는 속성 데이터에 대응되는 정답값(레이블, target)이 저장되어 있다. x_train, y_train으로 이웃의 개수 K가 3인 K최근접 이웃 알고리즘 머신러닝 모델을 생성하고 학습을 수행하려고 할 때 아래의 빈 칸을 채워 넣으시오.

```
from sklearn.neighbors import KNeighborsClassifier

model = [            ]
model.fit(x_train, y_train)
```

6. x_test 변수에는 예측을 위한 속성 데이터를 저장하고, y_test에는 테스트 데이터의 정답을 저장하였다. 이 데이터로 머신러닝 학습을 완료한 model로 예측을 수행하고 정확도를 평가하려고 한다. 아래의 빈 칸을 채워 넣으시오.

```
from sklearn.metrics import accuracy_score

prd = model.[            ]
print('정확도 =', [            ] )
```

7. 가로수로 심어진 은행나무 중 열매가 열리는 암나무는 가을에 악취 때문에 문제가 되고 있다. 은행나무 암나무를 분류해 내는 머신러닝 모델을 개발한다고 했을 때 정확도, 재현율, 정밀도 중 더 중요한 평가 지표는 무엇인가?

8. '너의 목소리가 보여'라는 프로그램에서는 음치와 실력자 중에서 실력자를 최종적으로 선별해야 한다. 실력자를 분류해 내는 모델을 개발한다고 했을 때 정확도, 재현율, 정밀도 중 더 중요한 평가 지표는 무엇인가?

머신러닝
- 지도 학습(회귀)

CONTENTS

① 》● 지도 학습 회귀 소개

1.1 지도 학습의 회귀(Regression)란?

머신러닝의 지도 학습 유형 중 회귀(Regression)에 대해 알아보려고 한다. 데이터들이 서로 연관성을 갖고 일정한 방향으로 증가 혹은 감소하는 추세를 보일 때 그 추세에 따라서 값을 예측하는 것이 회귀(Regression)이다. 조금 더 구체적으로 말하면, 학습 데이터 속성 값들의 상관관계를 이용하여 추세선을 함수식으로 구하고, 이 함수식으로 새로운 데이터에 대한 결과를 예측하는 것이다. 예를 들어 부모의 키와 자녀의 키가 있는 데이터에서 상관관계를 찾아내 회귀를 통한 추세선(함수식)을 구하고, 이 추세선(함수식)을 이용해 부모의 키를 가지고 자녀의 키를 근사치로 예측할 수 있는 것이다.

이 외에도 회귀는 판매량 예측, 기후 조건에 따른 강수량 예측, 주택 가격 예측 등에 활용되고 있다. 회귀와 분류는 정답이 있는 입력 데이터를 가지고 상관관계를 학습하여 결과를 예측한다는 점은 같지만 예측한 결과가 수치값이냐 아니면 레이블이냐의 차이가 있다.

② 》● 머신러닝 모델 만들기 - 회귀

2.1 선형 회귀(Linear Regression) 알고리즘

(1) 선형 회귀 알고리즘 소개

추정하고자 하는 목표에 해당하는 결괏값인 Y와 이 Y값의 근거가 되는 속성(feature) 데이터인 X가 있을 때 X와 Y의 관계를 가장 직관적이고 간단하게 표현할 수 있는 것이 선형(직선)이다. X는 독립 변수라 하고, X에 따라서 Y값이 변하므로 Y를 종속 변수라 부른다. 쉽게 말하면 X는 입력값에 해당하고, Y는 결괏값에 해당한다.

독립 변수 X와 종속 변수 Y의 관계를 표현하는 선형 방정식을 찾아내고, 찾아낸 방정식을 이용하여 새로운 입력값에 대한 결괏값을 예측하는 모델링 방법이 선형 회귀 알고리즘이다. 선형 회귀 알고리즘은 비교적 간단하고 성능이 뛰어나기 때문에 회귀 알고리즘의 기본 개념을 이해하는 데 도움이 된다.

오른쪽 그림에서 X와 Y의 관계식을 Y $= w_0 + w_1 \times$ X로 나타낼 수 있다. 점으로 표현된 것은 데이터이고, 선으로 표현한 것이 선형 회귀 알고리즘을 통해 얻은 선형 방정식으로 그린 추세선이다. 선형 회귀 알고리즘은 추세선을 그리는 선형 방정식에서 예측값과 실제값 사이의 차이

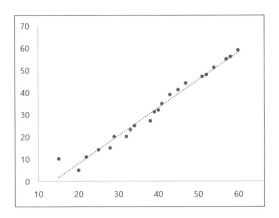

가 작아지는 w_0값(절편)과 w_1값(기울기)을 찾는 것이 목표이다.

X가 하나인 경우는 단순 선형 회귀, X가 여러 개인 경우는 다중 선형 회귀라고 한다.

(2) 선형 회귀 알고리즘을 활용한 회귀 모델 만들기

과일을 재배하고 수확할 때, 재배 면적에 따라 그 수확량이 달라질 것을 짐작할 수 있다. 선형 회귀 알고리즘을 활용하여 재배 면적에 따른 귤 수확량을 예측하는 간단한 머신러닝 모델을 만들어 보려고 한다. 이 모델을 사용하면 재배 면석에 따른 귤 수확량을 추정할 수 있다. 회귀 머신러닝 모델을 만드는 과정은 앞서 서술한 머신러닝의 분류 모델을 만드는 과정과 크게 다르지 않다.

 교재 소스 파일 : 12장/머신러닝-지도학습 회귀-1.ipynb

■ 문제 정의와 데이터 수집

오른쪽 표와 같이 독립 변수 X에 해당하는 재배 면적과 종속 변수 Y에 해당하는 수확량이 주어졌다. 이 학습 데이터를 가지고 선형 회귀 머신러닝 모델을 완성하고, 새로운 데이터를 활용하여 모델을 평가한다.

재배 면적	수확량
2.1	64.9
10	292.6
3	85.9
1	30.92
3.5	110.5
5	163.4
8	230.1

프로그램 작성 순서

- 학습을 위한 데이터 준비하기
- 예측해야 하는 값과 데이터 셋의 다른 속성값과의 상관도를 분석
- 사이킷런에서 제공하는 선형 회귀 알고리즘 객체를 생성
- 학습 데이터를 사용하여 선형 회귀 객체 모델의 학습을 수행하여 머신러닝 모델을 생성
- 새로운 데이터를 모델에 입력해서 예측값 생성

■ 데이터 전처리

데이터의 내용을 분석하여 독립 변수와 종속 변수 사이에 어떤 추세가 있는지 확인하고 회귀 분석에 적합한 데이터인지 확인한다.

• 데이터 준비

학습 데이터를 가져와서 넘파이 배열 형태로 저장한다.

```
❶  import numpy as np

❷  x = np.array( [[2.1], [10], [3], [1], [3.5], [5], [8]] , dtype=float)
❸  y = np.array( [64.9, 292.6, 85.9, 30.92, 110.5, 163.4, 230.1] , dtype=float)

    print("재배 면적")
    print(x)
    print("수확량 :",y)
```

실행 결과

```
재배 면적
[[ 2.1]
 [10. ]
 [ 3. ]
 [ 1. ]
 [ 3.5]
 [ 5. ]
 [ 8. ]]
수확량 : [ 64.9  292.6   85.9   30.92 110.5  163.4  230.1 ]
```

❶ 필요한 모듈을 import한다.

❷ 독립 변수인 재배 면적 데이터를 2차원 넘파이 배열로 생성하는데, 각 항목값의 타입을 실수로 지정한다.

❸ 종속 변수인 수확량 데이터를 1차원 넘파이 배열로 생성하는데, 각 항목값의 타입을 실수로 지정한다. 학습을 위한 종속 변수는 정답에 해당하는 값이다.

머신러닝 회귀 모델의 학습을 수행하기 전에 대상 데이터가 어떤 형태로 구성되어 있는지 확인해야 한다. 그리고 회귀 알고리즘을 이용한 학습을 통해 예측을 수행하는 필드 간의 상관관계에 대한 분석이 이루어져야 한다. 이 분석을 통해 회귀 학습에 필요 없는 필드를 제거하거나, 필드를 구성하고 있는 값을 다른 값으로 대체하기도 한다. 또 수치형 데이터의 범위가 편향되어 있을 경우 조정해 주기도 한다. 지금은 선형 회귀 알고리즘 모델 생성의 기본을 학습하는 중이므로 독립 변수와 종속 변수 사이의 상관관계에 대해서만 산점도 그래프로 확인하도록 하자.

---

❶ `import matplotlib.pyplot as plt`

❷ `plt.scatter(x, y)`
   `plt.show()`

실행 결과

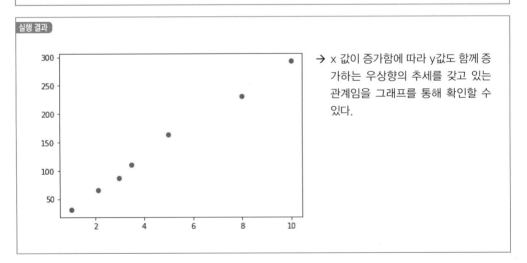

→ x 값이 증가함에 따라 y값도 함께 증가하는 우상향의 추세를 갖고 있는 관계임을 그래프를 통해 확인할 수 있다.

---

❶ 필요한 모듈을 import한다.

❷ scatter( ) 메소드를 활용하여 x축은 x(재배 면적) 값, y축은 y(수확량) 값을 갖는 산점도 그래프를 그린다.

■ 모델 생성

머신러닝 학습을 수행할 기본 데이터 준비가 완료되면, 모델 객체를 생성하고 학습을 수행한다. 학습을 수행한 후 재배 면적이 7일 경우와 12일 경우의 예측 수확량을 계산해 보자.

• **머신러닝 학습**

```
❶  from sklearn.linear_model import LinearRegression

❷  LR_model = LinearRegression()
❸  LR_model.fit(x, y)
```

실행 결과

```
LinearRegression()
```

❶ 필요한 모듈을 import한다.
❷ LinearRegression( )를 호출하여 선형 회귀 알고리즘 모델 객체를 생성하고, 그 이름을 LR_model로 한다.
❸ LR_model의 fit( ) 메소드를 호출하여 학습을 수행한다. 독립 변수 x와 정답값(종속 변수)을 갖는 y를 훈련 데이터로 사용한다.

• **예측하기**

```
❶  prd = LR_model.predict([[7], [12]])
❷  prd
```

실행 결과

```
array([207.26270241, 351.3233478 ])
```

❶ 새로운 재배 면적 7, 12를 독립 변수 x와 같은 2차원 넘파이 배열로 만들어 LR_model의 predict( ) 메소드의 입력값으로 전달해서 수확량을 예측한다. 그 예측 결과를 변수 prd에 저장한다.
❷ 예측 결과 prd를 출력하면 재배 면적 7인 경우에는 수확량을 약 207로 예측했고, 재배 면적이 12인 경우에는 수확량을 약 351 정도로 예측한 것을 확인할 수 있다.

주어진 학습 데이터와 예측 데이터를 그래프로 그려서 비교해 보자.

```
① plt.scatter(x, y, label='Train Data')
② plt.scatter([7, 12], prd, marker='v', label='Predicted Data')

   plt.legend()
   plt.show()
```

실행 결과

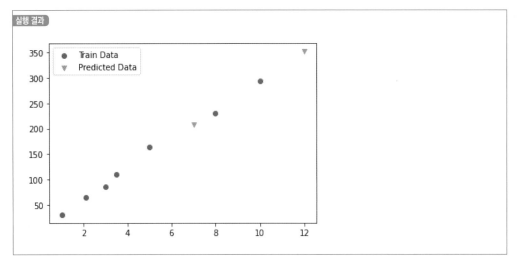

① 학습 데이터 x, y에 대한 산점도 그래프를 그린다. 레이블을 'Train Data'로 지정한다.
② 예측한 결과에 대한 산점도 그래프를 그린다. x좌표의 데이터는 재배 면적인 7과 12가 되고, y 좌표의 데이터는 예측 결과인 prd가 된다. 예측 결과를 표시하는 점의 모양은 역삼각형(marker= 'v')으로 표현하고, 레이블은 'Predicted Data'로 지정한다. 학습 데이터를 표현한 원형 점과 예측 데이터를 표현한 역삼각형 점이 유사한 추세로 구성되어 있는 것을 확인할 수 있다.

선형 회귀 알고리즘 모델은 예측을 위한 추세선에 해당하는 최적의 방정식을 얻는 것이다. 따라서 선형 회귀 알고리즘 모델은 추세선을 그릴 수 있는 기울기와 절편 값을 가지고 있다. 기울기와 절편 값을 이용하여 추세선을 그리고, 이 추세선이 산점도 그래프 위에서 어떻게 나타나는가를 확인해 보자.

```
① line_x = np.array([1, 12])
② line_y = line_x*LR_model.coef_+LR_model.intercept_
③ plt.plot(line_x,line_y)

   plt.scatter(x, y, label='Train Data')
   plt.scatter([7, 12], prd, marker='v', label='Predicted Data')
   plt.legend()
   plt.show()
```

실행 결과

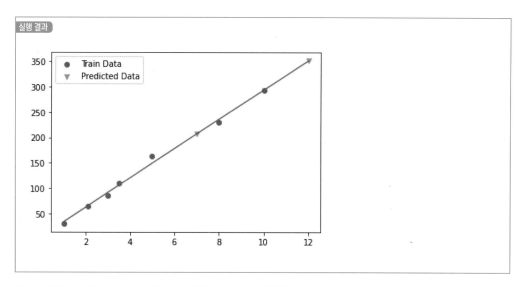

❶ 추세선을 그릴 x축의 최솟값과 최댓값을 1과 12로 저장한다.

❷ 선형 회귀 모델에서 학습한 직선 방정식의 기울기는 coef_에 저장되어 있고, 절편은 intercept_에 저장되어 있다. 따라서 LR_model의 직선 방정식은 종속변수 = (LR_model.coef_)*(독립변수) + (LR_model. intercept_)로 표현할 수 있다. 여기서는 추세선을 그리기 위해 line_x에 저장되어 있는 입력값에 대한 결과 값을 계산하여 line_y에 저장한다.

❸ plot( ) 메소드에 x좌표의 값으로 line_x를, y좌표의 값으로 방정식을 계산한 결과인 line_y를 적용하여 직선을 그린다. 이 직선이 선형 회귀 모델에서 학습한 추세선이다. 이 추세선을 그린 그래프와 앞서 그린 산점도 그래프를 함께 그려서 결과를 확인한다. 추세선을 기준으로 학습 데이터가 모여 있다. 학습 데이터는 추세선에 정확하게 일치하지는 않는다. 예측 데이터는 추세선과 정확하게 일치하고 있는데, 예측이 이 추세선을 기준으로 이루어졌기 때문이다.

분류 머신러닝 모델을 완성한 후 테스트 데이터로 모델 성능을 평가했던 것처럼 회귀 머신러닝 모델도 모델의 성능 평가가 필요하다. 이 예제에서는 회귀 머신러닝 모델을 단순하게 알아보는데 의미를 두고 있기 때문에 회귀 모델에 대한 성능 평가를 하지 않고 다음 예제에서 회귀 모델의 성능을 평가하려고 한다.

2.2 K 최근접 이웃 회귀(KNN Regression) 알고리즘

(1) K 최근접 이웃 회귀 알고리즘 소개

K 최근접 이웃 회귀 알고리즘은 앞서 지도 학습 분류에서 학습한 K 최근접 이웃 알고리즘(KNN)과 동작 방식이 유사하다. 분류에서 K 최근접 이웃 알고리즘은 이웃한 K개의 데

이터 중 다수의 정답값을 예측값으로 결정한다. 이에 반해 K 최근접 이웃 회귀 알고리즘은
학습 데이터에서 새로운 데이터와 가장 가까운 이웃 데이터 K 개를 선택한 후 선택된 K개
의 정답값의 평균을 예측값으로 산출하는 차이점이 있다. 즉 어떤 문제에 대해서 K명의 가
까운 이웃들이 낸 정답의 평균을 예측값으로 하는 것이다.

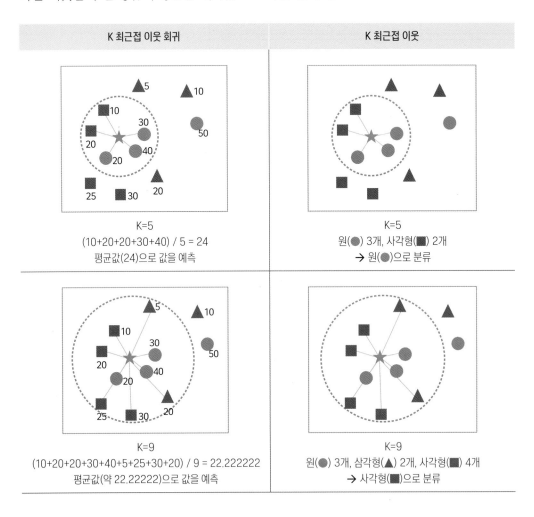

(2) K 최근접 이웃 회귀 알고리즘을 활용한 회귀 모델 만들기

이번에 살펴볼 예제는 공부시간, 수강 과목과 성적 간의 상관관계를 파악하여 성적을
예측하는 것이다. 일반적으로 공부하는 시간이 많다면 좋은 성적을 받을 수 있다고 생각
할 수 있다. 실제로 이런 생각이 맞는지 K 최근접 이웃 회귀 알고리즘 모델을 만들어 공부
시간과 수강 과목 수에 따른 성적을 예측해 보자.

교재 소스 파일 : 12장/머신러닝-지도학습 회귀-2.ipynb

■ 문제 정의

공부 시간, 수강 과목 수와 성적이 상관관계가 있는지 분석하고, 이 관계가 회귀 분석이 가능한 관계라면 공부 시간과 수강 과목으로 성적을 예측할 수 있는 회귀 머신러닝 모델을 완성하고 모델을 평가한다.

■ 데이터 수집

머신러닝 경진 대회를 주최하는 대표적인 온라인 커뮤니티인 캐글(www.kaggle.com)에는 대회를 위한 데이터뿐만 아니라, 머신러닝 학습을 위한 데이터와 커뮤니티에서 활동하는 가입자들의 프로그램 코드들이 공개되어 있다.

회귀 모델을 만들기 위해 캐글에서 공부 시간과 수강 과목에 따른 성적 데이터를 받아 사용하려 한다. 캐글에 접속하여 'Student Marks Dataset'으로 데이터를 검색하여 해당 데이터를 다운로드 받을 수 있고, 교재의 '12장/Student_Marks.csv'를 사용할 수도 있다. '12장/Student_Marks.csv' 파일의 내용은 오른쪽 표와 같다.

	A	B	C
1	number_courses	time_study	Marks
2	3	4.508	19.202
3	4	0.096	7.734
4	4	3.133	13.811
5	6	7.909	53.018
6	8	7.811	55.299
7	6	3.211	17.822
8	3	6.063	29.889
9	5	3.413	17.264

프로그램 작성 순서

- 'Students_Marks.csv'을 읽어 판다스 데이터프레임으로 가져오기
- 예측해야 하는 점수와 데이터 셋의 다른 속성값과의 상관도 분석
- 전체 데이터 중 80%는 학습 데이터로 나머지 20%는 테스트 데이터로 분할
- 사이킷런에서 제공하는 K 최근접 이웃 회귀 알고리즘 객체를 생성
- 학습 데이터로 K 최근접 이웃 회귀 알고리즘 객체 모델의 학습을 수행해서 머신러닝 모델을 생성
- 남겨둔 20%의 테스트 데이터를 생성한 모델에 입력해서 테스트 데이터에 대한 예측값 생성
- 예측값과 실제 정답(target에 저장된 레이블 값)을 비교 평가

■ 데이터 전처리

'12장/Student_Marks.csv'에 있는 데이터를 판다스 데이터프레임으로 저장한 뒤에 결측치 처리, 데이터 인코딩 등의 머신러닝 학습을 위한 처리 작업을 수행한다. 또한 데이터의 내용을 분석하여 속성값들 간의 상관도를 분석한다.

● **데이터 준비**

데이터를 가져와서 데이터프레임 형태로 저장한다.

```
❶  import pandas as pd
    import numpy as np

❷  df = pd.read_csv('Student_Marks.csv')
❸  df.info()
```

실행 결과

```
<class 'pandas.core.frame.DataFrame'>
RangeIndex: 100 entries, 0 to 99
Data columns (total 3 columns):
 #  Column          Non-Null Count  Dtype
--- ------          --------------  -----
 0  number_courses  100 non-null    int64
 1  time_study      100 non-null    float64
 2  Marks           100 non-null    float64
dtypes: float64(2), int64(1)
memory usage: 2.5 KB
```

❶ 필요한 모듈을 import한다.
❷ 준비된 파일 'Student_Marks.csv'을 읽어 데이터프레임으로 생성하여 df 변수에 저장한다. 캐글에서 파일을 직접 다운 받아 사용한다면 다운 받은 파일이 있는 폴더의 경로를 지정하거나 소스 코드와 같은 폴더에 다운 받은 파일을 저장하여 사용한다. 코랩의 경우 세션 저장소에 'Student_Marks.csv'파일을 업로드하여 사용한다. (준비된 파일은 엑셀 파일이 아니라 csv 형식의 파일이므로 read_csv( ) 메소드를 사용해야 한다.)
❸ 데이터프레임 df의 정보를 출력하여 파일의 데이터를 확인한다.

3개의 속성(칼럼)을 가진 100개의 데이터가 저장되었고, 칼럼의 이름은 영문으로 지정되어 있다. Non-Null의 개수와 데이터의 레코드 개수가 일치하므로 결측치를 가진 데이터가 없기 때문에 결측치 제거를 위한 작업을 수행할 필요가 없고, 모든 자료가 숫자형이므로 인코딩 작업이 별도로 필요하지 않다.

머신러닝 회귀 모델을 학습하기 전에 대상 데이터의 독립 변수와 종속 변수 간의 상관 관계에 대한 분석이 이루어져야 한다. 속성값들 중 종속 변수와 더 밀접한 관계를 갖는 속성도 있지만, 종속 변수와 상관관계가 없는 속성도 있을 수 있다. 이런 분석을 통해 필요 없는 칼럼을 제거하거나 데이터의 값들의 분포를 조정하는 작업이 필요할 수도 있다. 공부 시간과 수강 과목이라는 두 칼럼 중 어떤 속성 값이 점수와 더 큰 상관관계가 있는지 확인해 보자.

📁 **사용법**

데이터프레임.corr( )

- 데이터프레임에 있는 칼럼들끼리의 상관도 확인
- 두 칼럼끼리 상관도가 0과 가까우면 서로 상관관계가 없고, 1에 가까울수록 상관관계가 높음(0.3 이상이면 약한 상관관계, 0.7 이상이면 뚜렷한 상관관계)

- **상관도 출력**

```
df.corr()
```

실행 결과

	number_courses	time_study	Marks
number_courses	1.000000	0.204844	0.417335
time_study	0.204844	1.000000	0.942254
Marks	0.417335	0.942254	1.000000

데이터프레임 df에 있는 칼럼들끼리의 상관도를 확인한다. 이 코드의 실행 결과를 살펴보면 'time_study'(공부 시간)와 'Marks'(점수)의 상관도는 0.94 정도로 나오기 때문에 공부 시간과 점수는 높은 상관관계를 갖는다는 것을 알 수 있다. 그리고 'number_courses'(수강 과목 수)와 'Marks'(점수)도 0.41정도의 약한 상관관계가 있음을 알 수 있다.

● **그래프로 살펴보기**

❶
```
import matplotlib.pyplot as plt
import seaborn as sns
```

❷
```
sns.regplot(x='number_courses', y='Marks', data=df)
plt.show()
```

❸
```
sns.regplot(x='time_study', y='Marks', data=df)
plt.show()
```

실행 결과

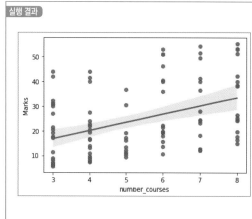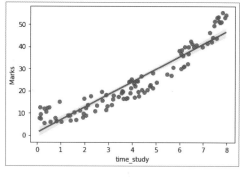

❶ 필요한 모듈을 import한다.

❷ regplot( )를 활용하여 'number_courses' 칼럼과 'Marks' 칼럼의 산점도와 추세선을 동시에 그래프
로 표현한다. x축은 독립 변수에 해당하는 'number_courses' 값으로 하고, y축은 종속 변수에 해당하는
'Marks' 값으로 한다. 이 그래프를 통해서 수강 과목 수에 따른 점수 변화를 살펴볼 수 있다.

   결과를 살펴보면 'number_courses' 값에 따라 'Marks'가 증가하는 우상향 추세를 가진 것을 확인할 수 있다.

❸ regplot( )를 활용하여 'time_study' 칼럼과 'Marks' 칼럼의 산점도와 추세선을 동시에 그래프로 표현한다.
x축은 독립 변수에 해당하는 'time_study' 값으로 하고, y축은 종속 변수에 해당하는 'Marks' 값으로 한다.
이 그래프를 통해서 공부 시간에 따른 점수 변화를 살펴볼 수 있다.

   결과를 살펴보면 'time_study' 값에 따라 'Marks'가 증가하는 우상향 추세를 가진 것을 확인할 수 있다. 추
세선을 따라 데이터가 모여 있어 회귀 분석에 적당한 데이터로 판단할 수 있다.

● **학습 데이터와 테스트 데이터의 분리**

머신러닝 모델은 학습 데이터를 이용해서 학습을 수행하고, 테스트 데이터를 이용해서
학습이 완료된 모델을 평가한다. 학습 데이터와 테스트 데이터가 별도로 제공되는 경우에

는 각각의 데이터로 학습과 평가를 수행할 수 있지만, 지금과 같이 하나의 데이터셋만 주
어진 경우 데이터셋을 학습 데이터와 테스트 데이터로 분리해야 한다.

📖 사용법

> 학습 데이터, 테스트 데이터, 학습 정답, 테스트 정답
> = train_test_split(data,target, train_size=학습 데이터 비율)

- 제공된 데이터를 원하는 비율로 학습 데이터와 테스트 데이터로 분할
- 순서대로 데이터를 분할하는 것이 아니라 무작위로 섞어서 분할
- sklearn.model_selection 모듈 안에 있는 train_test_split( )를 실행해서 분할하므로 sklearn.model_
selection으로부터 train_test_split를 import

```
❶  from sklearn.model_selection import train_test_split

❷  x = df.iloc[:,:-1]
    y = df['Marks']
❸  x_train, x_test, y_train, y_test=train_test_split(x,y, train_size=0.8,
                                                       random_state=0)
```

❶ 필요한 모듈을 import한다.
❷ 데이터프레임 df의 마지막 칼럼인 'Marks'를 뺀 나머지 칼럼들을 속성값 데이터로 x에 저장하고, y에는 마지
막 칼럼인 'Marks'의 값들을 저장한다.
❸ train_test_split( )을 사용해서 전체 데이터를 학습을 위한 속성값 데이터 x_train, 테스트를 위한 속성
값 데이터 x_test, 학습 속성값의 정답인 y_train, 테스트 속성값의 정답인 y_test로 데이터를 분리한다.
train_size를 0.8로 설정하여 학습용 데이터의 비율이 전체 데이터의 80%가 되도록 한다. 프로그램이 재실
행되더라도 분리된 데이터의 결과가 같아질 수 있도록 random_state를 0으로 설정한다.

■ 모델 생성

데이터가 준비되었다면 모델 객체를 생성하여 학습을 수행한다. 학습을 수행한 후 테스
트 데이터로 예측을 수행하고 예측의 결과를 확인해 보자.

• 머신러닝 학습

```
❶  from sklearn.neighbors import KNeighborsRegressor

❷  KN_model = KNeighborsRegressor()
❸  KN_model.fit(x_train, y_train)
```

실행 결과

```
KNeighborsRegressor()
```

❶ 필요한 모듈을 import한다.

❷ KNeighborsRegressor( )를 호출하여 K 최근접 이웃 회귀 알고리즘 모델 객체를 생성하고, 그 이름을 KN_ model로 한다.

❸ KN_model의 fit( ) 메소드를 호출하여 학습을 수행한다. 데이터 속성값을 갖는 x_train과 정답값을 갖는 y_ train을 훈련 데이터로 사용한다.

• 예측하기

❶ KN_prd = KN_model.predict(x_test)

❷ pd.DataFrame({'예측값':KN_prd, '실제값':y_test, '예측-실제':KN_prd-y_test})

실행 결과

	예측값	실제값	예측-실제
26	12.4620	12.647	-0.1850
86	24.8144	23.149	1.6654
2	14.6756	13.811	0.8646
55	18.1174	18.238	-0.1206
75	6.1638	6.217	-0.0532
93	41.8852	42.426	-0.5408
16	32.7114	30.548	2.1634
73	7.2098	7.014	0.1958
54	53.1810	53.158	0.0230
95	20.1534	19.128	1.0254

→ 회귀의 예측값은 실제 정답과 정확하게 일치하지 않는다. 실제 값과 정확하게 일치하면 좋겠지만, 회귀에서는 두 값이 성확하게 일치하지 않더라도 예측값이 실제값과 가까우면 의미를 갖는다. 예측값과 실제값이 정확히 일치해야 의미를 갖는 분류와 다른 점이다.
출력 결과를 살펴보면 실제값보다 크게 예측하는 경우도 있고, 실제값보다 작게 예측하는 경우도 있다는 것을 확인할 수 있다.

❶ KN_model의 predict( ) 메소드에 x_test를 전달하여 산출한 예측값을 KN_prd에 저장한다.

❷ 예측값 KN_prd와 실제값 y_test 값을 데이터프레임으로 구성한다. 이 때, 두 값의 차이를 알기 위해 예측값 에서 실제값을 뺀 값을 '예측-실제'라는 칼럼에 추가한다.

● **산점도 그래프로 살펴보기**

```
❶ plt.scatter(x_test['time_study'],y_test,label='real values')
❷ plt.scatter(x_test['time_study'],KN_prd,label='predicted values', marker='v')
   plt.legend()
   plt.show()
```

실행 결과

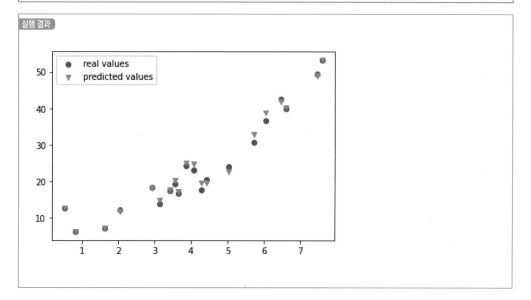

❶ scatter( ) 메소드를 활용하여 공부 시간에 따른 점수 실제값을 산점도 그래프로 표현한다. 테스트 데이터의 'time_study'를 x축으로, 실제값 y_test를 y축으로 하여 실제 데이터를 표현한다.

❷ scatter( ) 메소드를 활용하여 공부 시간에 따른 점수 예측값을 산점도 그래프로 표현한다. 테스트 데이터의 'time_study'를 x축으로, 예측값 KN_prd를 y축으로 하여 예측 데이터를 표현한다. 예측값 데이터는 역삼각형 점으로 표현된다.

실제 데이터와 예측 데이터가 서로 유사한 위치에 표시된 것을 확인할 수 있다. 따라서 이 그래프로 모델의 예측력이 높다는 것을 확인할 수 있다.

■ **모델 평가**

　예측 데이터와 실제 데이터를 하나하나 비교하여 평가하거나 그래프를 그려서 대략적인 추이를 살펴보는 것은 모델 성능의 객관적인 지표가 되기 어렵다. 그렇다면 생성한 회귀 모델이 좋은 성능을 가진 모델인지 아닌지를 객관적인 지표로 어떻게 평가할 수 있을까? 회귀에서는 예측하는 값들이 실제값에 가까울수록 좋은 모델이라고 평가할 수 있다. 이런 개념을 바탕으로 한 회귀의 성능 평가 지표는 다음과 같다.

• MSE(Mean Squared Error)

실제값과 예측값의 차이를 제곱한 값들을 더해서 평균을 구한 값이다.

$$\text{MSE} = \frac{\sum (y - \hat{y})^2}{n} \quad (\text{y는 실제값, } \hat{y}\text{는 예측값, n은 데이터의 수})$$

실제값과 예측값의 차이가 작을수록 좋은 모델이라고 평가할 수 있다. 그러나 단순하게 실제값에서 예측값을 뺀 값들의 합으로 모델의 성능을 평가할 수는 없다. 다음과 같은 두 개의 모델이 있는 경우 성능을 평가해 보자.

모델1		
실제값	예측값	오차 (실제값-예측값)
1	2	-1
2	2	0
3	2	1
4	3	1

모델2		
실제값	예측값	오차 (실제값-예측값)
1	1	0
2	2	0
3	3	0
4	3	1
5	6	-1
6	5	1

구분	모델1	모델2
모든 오차의 합	-1 + 0 + 1 + 1 = 1	0 + 0 + 0 + 1 + (-1) + 1 = 1
오차의 제곱의 합	$(-1)^2 + 0^2 + 1^2 + 1^2 = 3$	$0^2 + 0^2 + 0^2 + 1^2 + (-1)^2 + 1^2 = 3$
오차의 제곱의 합의 평균	3 / 4 = 0.75	3 / 6 = 0.5

단순하게 모든 오차의 합을 구하여 성능을 평가할 경우 양수와 음수의 합이 1이 되어 차이가 드러나지 않는다. 즉, 차이가 발생하는 데이터의 오차의 합과 차이가 발생하지 않은 데이터의 오차의 합이 같아져서 제대로 성능을 평가할 수 없다. 따라서 오차가 음수인 경우 그 음수를 제곱하여 양수로 변환된 값을 만들어 차이라는 개념을 갖도록 한다. 이렇게 오차를 제곱한 값들을 모두 더하면 오차가 많이 발생한 모델은 큰 결괏값을 얻게 된다. 제곱한 값의 평균을 구해야 하는 이유는 데이터의 개수가 많을수록 제곱한 값들의 합은 커질 수밖에 없다. 따라서 평균을 구해서 데이터의 개수에 영향을 받지 않도록 값을 조정해 주어야 한다.

MSE는 회귀 모델의 성능을 평가할 때 가장 단순한 개념으로 생각해 볼 수 있는 방법이다. 같은 데이터로 예측을 수행하는 여러 회귀 모델을 서로 비교하여 평가하는 방법으로 MSE 값이 작을수록 다른 모델에 비해 성능이 좋은 것으로 평가한다. 제곱을 하기 때문에 원래의 차이에 비해 오차가 더 크게 평가될 수 있고, 특이한 몇 개의 데이터 때문에 오차가 커져 잘못된 평가가 이루어질 수도 있다.

- **RMSE(Root Mean Squared Error)**

  MSE의 제곱근을 구한 값이다.

$$RMSE = \sqrt{\frac{\sum (y - \hat{y})^2}{n}} \quad (y는\ 실제값,\ \hat{y}는\ 예측값,\ n은\ 데이터의\ 수)$$

MSE 값은 오차의 제곱을 구하기 때문에 오차가 크게 평가된다. 그래서 제곱에 의한 과대 평가를 줄여주기 위해 MSE값의 제곱근을 계산한 RMSE을 평가지표로 사용한다. RMSE는 가장 일반적으로 사용하는 회귀모델의 성능 지표인데, RMSE도 상대적 평가 방법으로 다른 모델과 비교하여 값이 작을수록 성능이 좋은 것으로 평가한다.

- **R2 Score(Coefficient of Determination)**

  MSE, RMSE 평가 지표는 상대적인 지표로 하나의 모델만을 완성했을 때, 그 성능을 평가하기 어렵다. 반면 R2 Score는 R^2로 표기하기도 하며, 하나의 모델만 있을 때도 평가 지표로 사용할 수 있다. R2 Score는 일반적으로 0부터 1 사이의 범위를 가지며 1에 가까울수록 모델의 예측력이 높은 것으로 해석한다. R2 Score가 음수가 나오는 경우는 모델의 예측력이 전혀 없는 것으로 머신러닝 모델로서 가치가 없다.

$$R^2 = 1 - \sqrt{\frac{\sum (y - \hat{y})^2}{\sum (y - \bar{y})^2}} \quad (y는\ 실제값,\ \bar{y}는\ 실제값\ 평균,\ \hat{y}는\ 예측값)$$

- **점수 예측 회귀 모델의 성능 평가**

  MSE, RMSE, R2 Score라는 세 가지 성능 지표를 사용하여 점수 예측 회귀 모델의 성능을 평가해 보자.

> 🔍 **사용법**
>
> - mean_squared_error(테스트용 실제 결괏값, 예측한 값)
> - r2_score(테스트용 실제 결괏값, 예측한 값)
>
> - 머신러닝 모델로 예측한 값에 대해서 MSE, R2를 계산
> - sklearn.metrics 모듈 안에 있는 mean_squared_error, r2_score를 이용하기 때문에 sklearn.metrics로부터 mean_squared_error, r2_score를 import

```
❶  from sklearn.metrics import mean_squared_error
    from sklearn.metrics import r2_score

❷  mse = mean_squared_error(y_test, KN_prd)
❸  rmse = np.sqrt(mse)
❹  r2 = r2_score(y_test, KN_prd)
❺  score = KN_model.score(x_test, y_test)

    print('mse =',mse)
    print('rmse =', rmse)
    print('r2 score =',r2)
    print('score =',score)
```

실행 결과

```
mse = 1.084407673999999
rmse = 1.041348968405884
r2 score = 0.9937819644602224
score = 0.9937819644602224
```

❶ 필요한 모듈을 import한다.

❷ mean_squared_error( )를 호출하여 모델의 MSE값을 구한다. 인수로 실제값과 예측값을 순서에 맞게 지정해 주어야 한다.

❸ 넘파이의 sqrt( )를 활용하여 MSE의 제곱근을 구하면 RMSE를 구할 수 있다.

❹ r2_score( )를 호출하여 모델의 R2 Score값을 구한다. 인수로 실제값과 예측값을 순서에 맞게 지정해 주어야 한다. 출력된 R2 Score 값이 1에 아주 가까운 것을 확인할 수 있다. 따라서 이 모델의 성능이 좋다고 평가할 수 있다.

❺ 모델의 score( )를 활용하여 모델의 성능을 평가할 수 있는데, 이 score( )가 산출하는 값은 R2 Score 값이다.

• 두 개 모델의 평가 비교

MSE나 RMSE 지표는 상대적인 지표이다. 따라서 두 개 이상의 모델을 생성하여 두 모델의 MSE, RMSE 값을 비교하여 어느 모델이 더 우수한지를 평가해 보자.

K 최근접 이웃 회귀 모델과 선형 회귀 모델로 성적 예측 모델을 만들어 평가해 보려고 한다. K 최근접 이웃 회귀 모델은 앞서 완성한 모델을 그대로 사용하고, 선형 회귀 모델을 같은 학습 데이터와 테스트 데이터를 사용하여 생성, 예측, 평가해 보자.

```
❶ from sklearn.linear_model import LinearRegression

❷ LN_model=LinearRegression()
   LN_model.fit(x_train, y_train)
   LN_prd = LN_model.predict(x_test)

❸ mse = mean_squared_error(y_test, LN_prd)
   rmse = np.sqrt(mse)
   r2 = r2_score(y_test, LN_prd)
   score = LN_model.score(x_test, y_test)

   print('mse =',mse)
   print('rmse =', rmse)
   print('r2 score =',r2)
   print('score =',score)
```

실행 결과

```
mse = 10.823984498942075
rmse = 3.289982446600905
r2 score = 0.9379348542894724
score = 0.9379348542894724
```

❶ 필요한 모듈을 import한다.
❷ LinearRegression( )으로 선형 회귀 모델을 생성하고 학습한 후 예측을 수행한다.
❸ 예측한 결과를 활용하여 모델을 평가한다.

두 모델의 평가 결과를 정리하면 다음과 같다.

구분	K 최근접 이웃 회귀	선형 회귀
MSE	1.084407673999999	10.823984498942073
RMSE	1.041348968405884	3.2899824466009044
R2 Score	0.9937819644602224	0.9379348542894724

R2 Score를 살펴보면 K 최근접 이웃 회귀 모델이 선형 회귀 모델보다 1에 더 가까운 것을 확인할 수 있다. 그리고 MSE 지표의 경우 두 모델의 평가 지표의 차이가 크며, 오차가 있을 경우 그 차이가 더 크게 반영되는 MSE의 특징을 확인할 수 있다. MSE의 제곱근 값인 RMSE는 값의 차이가 MSE보다 줄어든 것도 볼 수 있다.

MSE와 RMSE 값으로 두 모델을 비교해 보면 성적 예측 회귀 모델의 경우 K 최근접 이웃 회귀 알고리즘을 사용한 모델이 선형 회귀 알고리즘을 사용한 모델보다 더 우수한 모델이라고 평가할 수 있다. 그리고 R2 Score 값을 확인하면 K 최근접 이웃 회귀 모델이 선형 회귀 모델보다 더 우수하지만, 선형 회귀 모델도 1에 가까운 R2 Score를 가지므로 성능이 아주 나쁘게 평가될 모델은 아니라는 것을 알 수 있다.

성적 예측 회귀 모델의 경우에는 K최근접 이웃 회귀 알고리즘이 더 좋은 결과를 산출했지만 처음 선형 회귀 알고리즘을 설명할 때 사용했던 재배 면적당 귤 수확량을 예측하는 경우에는 평가가 달라질 수도 있다.

오른쪽과 같은 데이터를 학습 데이터로 사용하는 상태에서 재배 면적이 12일 때의 귤 수확량을 예측해야 하는 경우를 생각해 보자. K 최근접 이웃 회귀 알고리즘으로 재배 면적 12에 대한 귤 수

재배 면적	수확량
2.1	64.9
10	292.6
3	85.9
1	30.92
3.5	110.5
5	163.4
8	230.1

확량을 예측할 때 학습에 사용한 데이터들 중 가까운 K개를 모아서 그 K개들의 수확량 평균을 재배 면적 12에 대한 귤 수확량으로 예측한다. 그런데 학습 데이터에 있는 재배 면적의 최댓값이 10이다. 따라서 10을 넘어가는 재배 면적에 대한 수확량을 예측해야 하는 경우에는 K 최근접 이웃 회귀 알고리즘은 예측력의 한계를 보인다.

〈선형 회귀로 예측한 경우〉

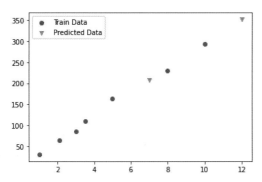

〈K 최근접 이웃 회귀로 예측한 경우〉

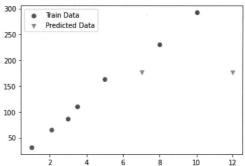

→ 재배면적 12에 대해서 예측한 수확량이 350을 넘는다.

→ 재배면적 12에 대해서 예측한 수확량이 재배면적 7에 대해서 예측한 값과 같다.

따라서 회귀 모델을 만들어 어떤 값을 예측할 때는 학습 데이터의 특징과 예측해야 하는 값에 대해서 충분히 고려한 후에 그에 알맞은 알고리즘을 선택하여 머신러닝 모델을 생성하는 것이 중요하다.

■ 점수 예측 회귀 모델 전체 코드

```python
# 모듈 import
import pandas as pd
import numpy as np
import matplotlib.pyplot as plt
import seaborn as sns
from sklearn.model_selection import train_test_split
from sklearn.neighbors import KNeighborsRegressor
from sklearn.linear_model import LinearRegression
from sklearn.metrics import mean_squared_error, r2_score

# 데이터 가져오기
df = pd.read_csv('Student_Marks.csv')
df.info()

#상관도 분석
df.corr()
sns.regplot(x='number_courses', y='Marks', data=df)
plt.show()
sns.regplot(x='time_study', y='Marks', data=df)
plt.show()
```

```python
#학습 데이터와 테스트 데이터 분리
x = df.iloc[:,:-1]
y = df['Marks']
x_train, x_test, y_train, y_test=train_test_split(x,y,train_size=0.8,
                                                  random_state=0)


#K 최근접 이웃 회귀 모델 생성 학습 예측
KN_model = KNeighborsRegressor()
KN_model.fit(x_train, y_train)
KN_prd = KN_model.predict(x_test)


#K 최근접 이웃 회귀 모델 예측 결과 확인하기
pd.DataFrame({'예측값':KN_prd, '실제값':y_test, '예측-실제':KN_prd-y_test})
plt.scatter(x_test['time_study'],y_test,c='r',label='real values')
plt.scatter(x_test['time_study'],KN_prd,label='predicted values')
plt.legend()
plt.show()


#K 최근접 이웃 회귀 모델 평가하기
mse = mean_squared_error(y_test, KN_prd)
rmse = np.sqrt(mse)
r2 = r2_score(y_test, KN_prd)
score = KN_model.score(x_test, y_test)
print('mse =',mse)
print('rmse =', rmse)
print('r2 score =',r2)
print('score =',score)


#선형 회귀 모델 학습, 예측, 평가
LN_model=LinearRegression()
LN_model.fit(x_train, y_train)
LN_prd = LN_model.predict(x_test)
mse = mean_squared_error(y_test, LN_prd)
rmse = np.sqrt(mse)
r2 = r2_score(y_test, LN_prd)
score = LN_model.score(x_test, y_test)
print('mse =',mse)
print('rmse =', rmse)
print('r2 score =',r2)
print('score =',score)
```

2.3 귤의 당도 예측 회귀 모델 만들기

회귀 알고리즘을 활용하여 귤의 당도를 예측하는 머신러닝 모델을 만들어 보려고 한다. 이 예제에서는 데이터 전처리까지의 단계는 함께 하고, 머신러닝 모델을 생성하고 예측하여 평가하는 부분은 미션으로 수행한다.

 교재 소스 파일 : 12장/머신러닝-지도학습 회귀-3.ipynb

■ 문제 정의

주어진 데이터를 가지고 귤의 당도를 예측할 수 있도록 학습한 모델을 완성하고, 테스트 데이터를 활용하여 학습된 모델을 평가한다.

■ 데이터 수집

귤의 당도 관련 데이터는 농촌진흥청 국립원예특작과학원에서 제공하는 품질정보 자료 (https://fruit.nihhs.go.kr)를 참조하여 구성하였다. 해당 사이트에서 산도, 당도, 과육 비율을 각각 별도로 조회할 수 있고, 파일 형태의 자료를 제공하지 않는다.

조사일자	당도(°Brix)
2022-08-01	6.61
2022-08-15	7.07

이런 형태의 원본 자료를 데이터 분석과 머신러닝 회귀 학습에 용이한 형태로 변형하여 엑셀 파일 '12장/귤품질정보.xlsx'로 다음과 같이 구성하였다. 귤의 당도 예측을 위한 파일은 학습용과 테스트용

	A	B	C	D
1	Date	Sour	Sweet	Flesh
2	2010-08-05	3.41	6.54	57.7
3	2010-08-06	3.75	6.5	60.46
4	2010-08-18	3.34	6.36	68.21
5	2010-08-31	2.92	6.17	73.65
6	2010-09-16	2.29		79.37
7	2010-			

을 별도로 구성하지 않았고, 하나의 데이터셋을 활용하여 학습과 테스트를 수행하게 된다.

■ 데이터 전처리

귤의 당도 관련 데이터인 '12장/귤품질정보.xlsx'에 있는 데이터를 판다스 데이터프레임으로 저장한 뒤에 결측치 처리, 데이터 인코딩 등의 머신러닝 학습을 위한 처리 작업을 수행한다. 또한 데이터의 내용을 분석하여 상관관계를 분석한다.

- **데이터 준비**

데이터를 가져와서 데이터프레임 형태로 저장한다.

```
❶  import pandas as pd
    import numpy as np

❷  df = pd.read_excel('귤품질정보.xlsx')
❸  df.info()
```

실행 결과

```
<class 'pandas.core.frame.DataFrame'>
RangeIndex: 105 entries, 0 to 104
Data columns (total 4 columns):
 #   Column  Non-Null Count  Dtype
---  ------  --------------  -----
 0   Date    105 non-null    datetime64[ns]
 1   Sour    105 non-null    float64
 2   Sweet   105 non-null    float64
 3   Flesh   105 non-null    float64
dtypes: datetime64[ns](1), float64(3)
memory usage: 3.4 KB
```

필드(칼럼)명	설명
Date	조사 일자
Sour	귤의 산도
Sweet	귤의 당도
Flesh	과육 비율

❶ 필요한 모듈을 import한다.
❷ 준비된 파일 '귤품질정보.xlsx'을 읽어 데이터프레임으로 생성하여 df 변수에 저장한다. 코랩의 경우 세션 저장소에 '12장/귤품질정보.xlsx' 파일을 업로드하여 사용한다. (준비된 파일은 엑셀 파일이므로 read_excel( ) 메소드를 사용한다.)
❸ 데이터프레임 df의 정보를 출력하여 파일의 데이터를 확인한다.

4개의 속성(칼럼)을 가진 105개의 데이터가 저장되었고, 칼럼의 이름은 영문으로 지정되어 있다. 'Date' 칼럼은 datetime이라는 날짜시간 값이며, 나머지 칼럼은 숫자형 값을 가지고 있다. 따라서, datetime 형식의 자료를 숫자로 변환하는 작업이 필요하며, 다른 칼럼의 경우 인코딩 작업을 수행할 필요는 없다. Non-Null의 개수와 데이터의 레코드 개수가 일치하므로 결측치를 가진 데이터가 없음을 알 수 있다. 따라서 이 데이터는 결측치 처리 작업이 별도로 필요하지 않다.

• 날짜를 숫자로 분리

datetime 타입인 'Date' 칼럼의 값을 머신러닝 학습에 사용할 수 없다. 따라서 'Date' 칼럼의 값을 연도, 월, 일로 분리하여 정수로 값을 변환해야 한다.

```
df['Year']=df['Date'].dt.year
df['Month']=df['Date'].dt.month
df['Day']=df['Date'].dt.day
df
```

실행 결과

	Date	Sour	Sweet	Flesh	Year	Month	Day
0	2010-08-05	3.41	6.54	57.70	2010	8	5
1	2010-08-06	3.75	6.50	60.46	2010	8	6
2	2010-08-18	3.34	6.36	68.21	2010	8	18
3	2010-08-31	2.92	6.17	73.65	2010	8	31
4	2010-09-16	2.29	6.52	79.37	2010	9	16

datetime 타입인 'Date' 칼럼에서 연도, 월, 일 값을 가져와 각각 데이터프레임 df의 'Year', 'Month', 'Day' 칼럼의 값으로 저장한다.

대상 데이터의 독립 변수와 종속 변수 간의 상관관계를 살펴보자.

```
df.corr()
```

실행 결과

	Sour	Sweet	Flesh	Year	Month	Day
Sour	1.000000	-0.761465	-0.829606	-0.148696	-0.927995	-0.251077
Sweet	-0.761465	1.000000	0.526759	0.055484	0.830212	0.192191
Flesh	-0.829606	0.526759	1.000000	0.102154	0.681480	0.193823
Year	-0.148696	0.055484	0.102154	1.000000	0.127384	-0.279312
Month	-0.927995	0.830212	0.681480	0.127384	1.000000	0.085079
Day	-0.251077	0.192191	0.193823	-0.279312	0.085079	1.000000

데이터프레임 df에 있는 칼럼들끼리의 상관도를 확인한다. 'Sweet'(당도)와 'Sour'(산도)의 상관도는 −0.76으로 −1에 가깝다. 이는 산도가 높아질수록 당도는 낮아지고, 산도가

낮아지면 당도가 높아지는 반비례의 상관관계가 있음을 의미한다. 'Flesh' 칼럼과 'Month' 칼럼도 'Sweet'(당도)와 상관관계가 있는 것으로 해석할 수 있다. 'Year' 칼럼의 경우 상관도가 0에 가까우므로 학습 데이터에서 제외할 필요가 있다.

- **그래프로 살펴보기**

```
❶  import matplotlib.pyplot as plt
    import seaborn as sns

❷  sns.regplot(x='Sour', y='Sweet', data=df)
    plt.show()
❸  sns.regplot(x='Flesh', y='Sweet', data=df)
    plt.show()
❹  sns.regplot(x='Month', y='Sweet', data=df)
    plt.show()
```

실행 결과

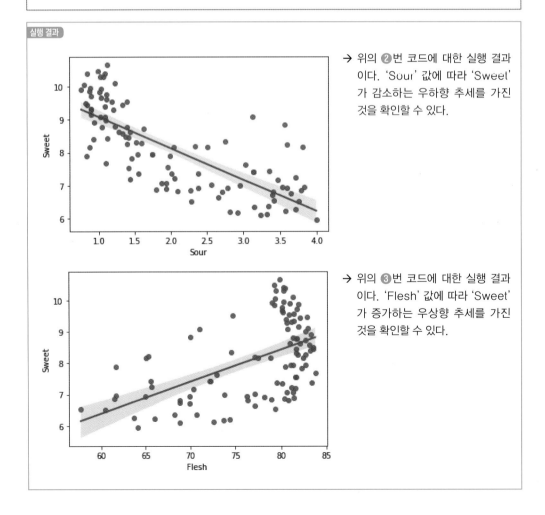

→ 위의 ❷번 코드에 대한 실행 결과이다. 'Sour' 값에 따라 'Sweet'가 감소하는 우하향 추세를 가진 것을 확인할 수 있다.

→ 위의 ❸번 코드에 대한 실행 결과이다. 'Flesh' 값에 따라 'Sweet'가 증가하는 우상향 추세를 가진 것을 확인할 수 있다.

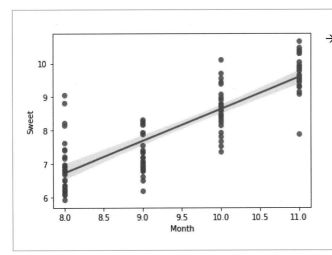

→ 위의 ❹번 코드에 대한 실행 결과
이다. 'Month' 값에 따라 'Sweet'
가 증가하는 우상향 추세를 가진
것을 확인할 수 있다.

❶ 필요한 모듈을 import한다.

❷ regplot( )를 활용하여 'Sour' 칼럼과 'Sweet' 칼럼의 산점도와 추세선을 동시에 그래프로 표현한다. x축은
독립 변수에 해당하는 'Sour' 값으로 하고, y축은 종속 변수에 해당하는 'Sweet' 값으로 한다. 산도에 따른
당도 변화를 살펴볼 수 있다.

❸ regplot( )를 활용하여 'Flesh' 칼럼과 'Sweet' 칼럼의 산점도와 추세선을 동시에 그래프로 표현한다. x축은
독립 변수에 해당하는 'Flesh' 값으로 하고, y축은 종속 변수에 해당하는 'Sweet' 값으로 한다. 과육 비율에
따른 당도 변화를 살펴볼 수 있다.

❹ regplot( )를 활용하여 'Month' 칼럼과 'Sweet' 칼럼의 산점도와 추세선을 동시에 그래프로 표현한다. x축
은 독립 변수에 해당하는 'Month' 값으로 하고, y축은 종속 변수에 해당하는 'Sweet' 값으로 한다. 조사 월
에 따른 당도 변화를 살펴볼 수 있다.

• 학습 데이터와 훈련 데이터의 분리

이 예제에서는 학습 데이터와 테스트 데이터가 별도로 구성되어 있지 않다. 따라서, 하
나의 데이터셋을 학습 데이터와 테스트 데이터로 분리하는 작업을 수행해야 한다.

```
❶ from sklearn.model_selection import train_test_split

❷ x = df[['Sour','Flesh', 'Month','Day']]
   y = df['Sweet']

❸ x_train, x_test, y_train, y_test=train_test_split(x, y, train_size=0.8,
                                                     random_state=0)
```

❶ 필요한 모듈을 import한다.

❷ 데이터프레임 df에서 'Sour'(산도), 'Flesh'(과육 비율), 'Month'(월), 'Day'(일) 칼럼을 가져와 x에 속성값 (독립 변수) 데이터로 저장하고, y에는 'Sweet'(당도) 칼럼의 값들을 종속 변수로 저장한다. 상관도가 적은 'Year'(연도) 칼럼을 속성 데이터에서 제외하였다.

❸ train_test_split( )으로 전체 데이터를 학습을 위한 속성값 데이터 x_train, 테스트를 위한 속성값 데이터 x_test, 학습 속성값의 정답인 y_train, 테스트 속성값의 정답인 y_test로 분리한다. train_size를 0.8로 설정하여 학습용 데이터의 비율이 전체 데이터의 80%가 되도록 한다. 프로그램이 실행될 때마다 분리된 데이터의 결과가 같아질 수 있도록 random_state를 0으로 설정한다.

굴 당도를 예측하기 위한 데이터 전처리의 단계를 완료하였다. 굴의 당도를 예측하기 위한 데이터 전처리 과정에서 특징적인 것은 '연도' 데이터를 제거한 것이다. 이는 머신러닝 모델이 학습하는 과정에서 불필요한 데이터로 잘못된 학습을 하는 것을 방지하기 위해서 이다. 성능이 우수한 머신러닝 모델을 만들기 위해서는 데이터 전처리 과정에서 어떤 데이터를 선택하고, 선택한 데이터를 어떤 방식으로 가공하는지가 중요하다.

📋 MISSION

굴 당도를 예측하기 위한 데이터 처리 과정을 완료했으므로 이 데이터를 기반으로 머신러닝 회귀 모델을 생성하여 학습하고 평가하는 과정을 미션으로 수행해 보자.

1. 모델 생성

모델 객체를 생성하여 학습을 수행한다. 선형 회귀 모델과 K 최근접 이웃 회귀 모델 중 하나를 선택하여 모델을 생성하거나, 두 개의 모델을 모두 생성한다.

2. 모델 평가

생성한 모델을 MSE, RMSE, R2 Score로 평가해 보자.

1.   선형 회귀 알고리즘에 대한 설명으로 바르지 못한 것은?

 ① 추세선의 함수식을 구하여 결과를 예측한다.
 ② 정확한 값을 예측하는 것을 목표로 한다.
 ③ 연속된 숫자값을 예측한다.
 ④ 독립 변수가 여러 개인 경우 다중 선형 회귀라고 한다.

2.   독립 변수 x와 종속 변수 y로 선형 회귀 모델 객체를 생성하고 학습하여 새로운 값인 5, 6, 11에 대한 결과를 예측하려고 한다. 아래의 빈 칸을 채워 넣으시오.

```
from sklearn.linear_model import LinearRegression
model = [          ]
model.fit(x, y)
prd = model.predict( [          ] )
```

3.   다음 그림과 같이 데이터의 위치와 값이 표현되어 있다. K 최근접 이웃 회귀 알고리즘을 적용해서 K가 3인 경우 별표(★)의 값을 예측해 보자.

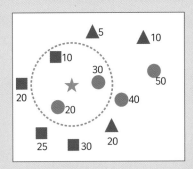

4.   데이터프레임 df의 칼럼들끼리의 상관도를 확인하기 위한 코드는?

 ① df.info( )   ② df.head( )
 ③ df.corr( )   ④ df.describe( )

5. model1, model2라는 두 가지 머신러닝 회귀 모델을 생성하고 다음과 같은 평가 결과를 얻었다. 평가 결과에 대한 설명으로 바른 것은?

구분	model1	model2
MSE	0.710	0.850
RMSE	0.843	0.922
R2 Score	0.435	0.324

① MSE와 RMSE 값으로 두 모델을 비교하면 값이 더 작은 model1을 더 우수한 모델로 평가할 수 있다.

② MSE와 RMSE가 1보다 작은 값이므로 두 모델 모두 우수하다.

③ model2의 R2 Score가 model1보다 작으므로 model2가 더 우수한 모델이다.

④ R2 Score가 0에 가까울수록 모델의 성능이 더 우수한 것으로 해석할 수 있다.

머신러닝
- 비지도 학습 (군집화)

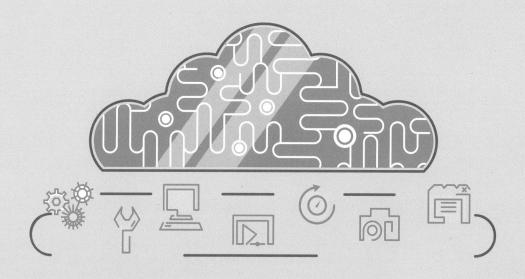

CONTENTS

① ▸▸ 비지도 학습 군집화 소개

1.1 비지도 학습의 개념

비지도 학습은 정답 없이 입력 데이터만을 가지고 데이터에 존재하는 특징을 찾아낸다. 데이터가 어떤 패턴으로 어떻게 구성되어 있고, 어떤 상관관계와 규칙을 가지고 있는지를 컴퓨터가 스스로 찾아서 학습하여 결과를 도출하고, 그 결과들을 분석하여 데이터의 의미를 찾는데 목적이 있다. 비지도 학습은 사용자가 파악하기 어려운 패턴을 발견하고 싶거나, 처리하기에 너무 많은 특성을 가진 데이터일 경우 데이터의 구성과 특징을 파악하기 위해 사용한다.

1.2 비지도 학습의 군집화(clustering)란?

군집 분류는 머신러닝에서 비지도 학습의 유형 중 하나이며, 데이터의 특성에 따라 유사 데이터들의 묶음을 만들어 내는 방법이다. 이 유사 데이터들의 묶음을 군집(cluster)이라고 하고, 그룹이라고 하기도 한다. 군집 분류가 지도 학습의 분류(Classification)와 다른 점은 미리 정의해 놓은 특성에 대한 정보가 없고, 묶여지는 군집에 정답이 없다는 점이다. 데이터의 유사도에 따라 군집을 묶는 군집 분류의 과정을 군집화라고 표현한다. 군집화에서는 데이터 각각의 특성을 속성(feature)이라고 부르기도 하는데, 데이터의 속성에 대한 이해가 있어야 군집화 결과에 대한 분석과 정보 도출이 가능하다.

실제로 군집화를 활용하여 그 결과를 적용한 다양한 사례들이 있다. 마케팅 분야에서는 고객 세분화를 군집화로 수행하여 고객별 맞춤 서비스를 제공할 수 있다. 기존의 방식에서 고객 세분화는 마케팅 담당자의 직관과 짐작에 따라 고객을 분류하였다. 이럴 경우 직관과 짐작을 벗어난 분류를 찾아내기 어렵다는 문제점이 있다. 반면 머신러닝 군집화를 활용하여 분류하면 새로운 마케팅 대상과 새로운 마케팅 방법을 찾아낼 수 있다. 일부 카드사에서는 군집화 분석을 통해 혜택이 다른 각종 카드들을 출시하기도 한다. 추천시스템도 군집화를 활용하는 또 다른 사례인데, 사용자들 사이의 구매 유사도를 특성으로 하는 군집화를 수행하여 추천시스템을 구성할 수도 있고, 사용자의 프로필과 선호도를 바탕으로 군집화를 수행하여 추천할 수도 있다. 또 이미지 데이터를 군집화를 활용하여 분류하는 사례들도 있다.

② ▸▸ ● 머신러닝 모델 만들기 - 군집화

2.1 K 평균 군집화(K-Means Clustering) 알고리즘

(1) K 평균 군집화 알고리즘 소개

K 평균 군집화 알고리즘은 대표적인 군집화 알고리즘 중 하나로 그 개념이 이해하기 쉽고 간결하여 일반적인 군집화에 가장 많이 사용된다. K 평균 군집화 알고리즘은 군집의 중심점에 집중해서 이해하면 쉽게 이해할 수 있다. 여러 군집이 있을 경우 각 군집별로 군집의 중심이 되는 중심점이 있고, 이 중심점과 가까운 데이터들을 모아서 하나의 군집으로 분류하는 것이 K 평균 군집화 알고리즘의 기본 개념이다.

군집화를 실행할 때 각각의 데이터와 군집의 중심점이 얼마나 가까운지는 거리 기반 알고리즘을 활용하여 측정한다. 또한, 군집의 중심점을 기준으로 학습이 수행되므로 군집을 구성하기 전에 몇 개의 군집으로 분류할지 정하여 중심점의 개수를 지정해야 학습을 수행할 수 있다. 따라서, 데이터에 대한 이해가 부족한 경우 군집의 개수를 지정하는데 어려움이 있을 수 있고, 군집 개수를 몇 개로 지정하는가에 따라 다른 군집화 결과를 얻을 수 있다.

군집화의 결과를 얻고 나면 군집을 얼마나 합리적으로 분류했는가를 평가하는 작업을 하게 된다. 군집별 데이터의 속성에 따른 유사도를 분석하고, 유사도에 따라 군집화에 많은 기여를 한 속성이 어떤 것인지 알아보는 과정이 필요하다. 이런 과정 속에서 같은 군집으로 묶인 데이터에서 활용 가능한 유용한 정보를 도출해 낼 수 있다. 군집화의 수치적인 평가는 군집의 중심점과 해당 군집에 소속된 데이터와의 거리로 확인하는데, 군집의 중심점을 기준으로 군집을 이룬 데이터들이 가깝게 모여 있을수록 군집화가 잘 수행된 것으로 보고, 군집의 중심점과 멀리 있는 데이터가 많을수록 군집화 결과가 좋지 않은 것으로 평가할 수 있다.

(2) K 평균 군집화 알고리즘의 수행

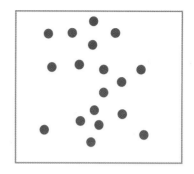

　K평균 알고리즘을 이용한 군집화 과정을 그림을 통해서 좀 더 쉽게 알아보려고 한다. 오른쪽 그림은 데이터를 검은색 점으로 표현한 것으로, K 평균 알고리즘을 이용한 군집화 작업을 통하여 데이터들을 2 개의 그룹으로 구분해 보자.

- 먼저 2개의 그룹으로 군집화를 수행하기로 했으므로 **군집의 개수를 2개로 지정한다.** 군집 개수를 임의로 정한다는 점은 K 평균 군집화 알고리즘의 한계점이 될 수 있는데, 군집 개수에 따라 결과가 달라질 수 있기 때문이다. 군집 개수를 정하는 방법으로 여러 방식이 제시되고 있다. 데이터의 수가 n개일 때 $\sqrt{n/2}$ 을 계산한 결과를 군집 개수로 지정하기도 한다. 또는 더 좋은 결과가 나오지 않을 때까지 군집의 개수를 하나씩 늘려가면서 결과를 확인하는 방법도 있다. 또 다른 방법으로 군집의 가능도를 계산하여 군집 개수를 지정하기도 하는데, 어떤 방식을 선택하더라도 군집 개수를 지정하는데 정답은 없다. 데이터의 속성과 데이터의 수, 또는 군집화를 수행하는 환경에 따라 적정한 방식을 선택하는 것이 바람직하다.

- 군집 개수를 2개로 지정했으므로 **군집의 초기 중심점도 2개로 설정한다.** 그런데, 초기 중심점으로 어떤

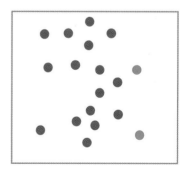

값을 선택하는가에 따라 알고리즘의 전체 성능이 달라지기 때문에 초기 중심점을 어떻게 지정할 수 있을까도 고민해야 한다. 초기 중심점이 최종 군집 결과에 가까울 때 더 빠른 성능을 얻을 수 있다. 초기 중심점이 최종 군집 결과와 많이 상이한 경우 중심점 재설정과 재군집화 작업이 여러 번 수행되어 알고리즘의 성능이 떨어진다. 초기 중심점을 지정하는 방법도 여러 방식이 제시되고 있다. 생각하기 쉬운 방법으로 데이터 중에 임의로 지정하거나 사람이 직관적으로 지정하는 방식이 있다. 최근의 머신러닝에서는 k-means++ 라는 방식을 기본으로 초기 중심점을 지정하고 있다. 이 방식은 첫 번째 중심점은 임의로 데이터들 중 하나를 지정하고, 두 번째 중심점은 첫 번째 중심점과 가

장 먼 거리에 있는 데이터를 중심점으로 지정한다. 세 번째 중심점은 첫 번째 중심점과 두 번째 중심점과 거리를 측정하여 가장 멀리 있는 데이터를 중심점으로 지정한다. 그 다음 중심점들도 이전의 존재하는 중심점들과 거리를 고려하여 가장 멀리 있을 수 있도록 지정한다. k-means++ 방식은 머신러닝 과정에서 자동으로 계산해서 중심점을 지정하므로 직접 계산할 필요는 없다. 지금의 예제에서는 임의로 두 개의 점을 중심점으로 지정하고 파란색으로 표현하였다.

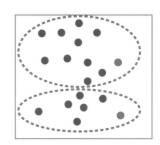

- **가까운 중심점에 데이터를 할당하여 군집을 형성한다.** 데이터에 해당하는 검은색 점과 중심이 되는 파란색 점과의 거리를 측정하여 검은색 점이 더 가까운 중심점(파란색 점)과 같은 군집이 되도록 한다. 중심점과 데이터 사이의 거리를 계산하기 위해 각 데이터를 벡터로 생각하여 거리를 계산한다. 일반적으로 데이터는 여러 개의 속성을 가지므로 각 속성이 갖는 값을 모두 반영하여 이 거리를 계산해야 한다.

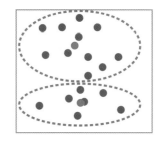

- **중심점을 각 군집의 평균 중심으로 변경한다.** 중심점에 따라 군집화를 수행한 후에는 중심점을 새롭게 지정한다. 초기 중심점이 데이터와 일치하도록 지정했다면, 새롭게 지정하는 중심점의 값은 특정 데이터 값과 일치하지 않을 수 있다. 각 군집에 소속된 데이터의 평균 중심을 새로운 중심점으로 지정하기 때문이다. K 평균 군집화란 명칭은 각 군집의 중심점을 구할 때 각 군집에 소속된 데이터의 평균값을 사용하기 때문에 붙여진 명칭이다. 새로 설정되는 중심점은 군집에 소속된 데이터와의 거리를 모두 계산하여 설정하게 된다.

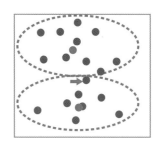

- **데이터를 가까운 중심점에 재할당하여 군집화를 다시 수행한다.** 새롭게 설정된 중심점을 기준으로 데이터와 중심점 간의 거리를 측정하여 가까운 중심점에 속할 수 있도록 군집화를 다시 수행한다. 재군집화 과정에서 데이터의 소속 군집이 변경될 수 있다. 그림에 화살표가 가리키고 있는 검은색 점은 이번 재군집화 과정에서 군집이 변경된 데이터이다.

- **중심점의 변경이 일어나지 않을 때까지 군집 중심점 설정과 군집화 작업을 반복하여 수행한다.** 중심점의 변경이 일어나지 않는다는 것은 군집화 작업을 다시 하더라도 기존의 군집 결과가 그대로 유지된다는 의미이다. 따라서 중심점 변경이 일어나지 않으면, 군집화 작업을 종료한다.

(3) 사과 무게에 따른 군집화

속성을 1개만 갖는 아주 단순한 데이터로 군집화 과정을 조금 더 구체적으로 살펴보려고 한다.

	무게
1	300
2	350
3	180
4	160
5	370

5개의 사과가 있고, 각 사과의 무게 데이터가 있다. 무게는 데이터의 속성이며, 이것은 하나의 속성을 갖는 데이터가 5개 있다는 의미이다. 직관적인 방식으로 이 데이터를 2개의 군집으로 분류해 보았다.

무게라는 속성 하나만 갖는 데이터이므로 무게를 기준으로 그룹을 나눌 수 있다. '가벼운'이라는 군집과 '무거운'이라는 2개의 군집으로 데이터를 나누어 보자.

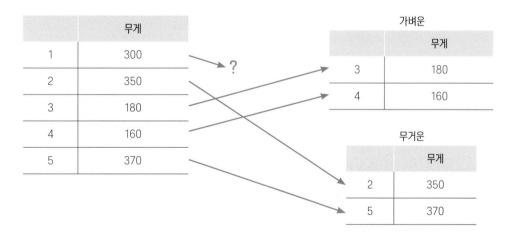

무게 160과 무게 180은 '가벼운' 군집으로 분류하고, 무게 350과 무게 370은 '무거운' 군집으로 분류한다. 이렇게 군집을 형성했을 때 무게 300이 '가벼운' 군집에 속해야 할 데이

터인지 '무거운' 그룹에 속해야 할 데이터인지를 생각해 보려고 한다. '가벼운' 군집의 데이터는 180과 160으로 무게 300과의 차이를 계산하면 각각 120과 140이 된다. '무거운' 군집의 데이터는 350과 370으로 무게 300과의 차이를 계산하면 50과 70이다. '무거운' 군집의 데이터들과 무게 300의 차이가 '가벼운' 군집의 데이터들과 무게 300의 차이보다 훨씬 적다. 따라서 무게 300은 '무거운' 군집으로 분류하는 것이 타당해 보인다.

<가벼운>

	무게
3	180
4	160

<무거운>

	무게
1	300
2	350
5	370

(4) K 평균 군집화 알고리즘을 활용한 군집화

사과 무게에 따른 군집화를 K평균 군집화 알고리즘을 따라서 수행해 보려고 한다.

- 군집 개수를 2로 설정한다.
- 군집을 2개로 설정했으므로 초기 중심점을 2개로 설정한다. 여기서는 초기 중심점을 300과 350으로 임의로 설정한다.

설명의 편의를 위해 무게 300을 초기 중심점으로 하는 군집을 그룹0이라고 하고, 무게 350을 중심점으로 하는 군집을 그룹1이라고 명칭을 붙이겠다. 실제적으로는 군집화를 수행할 때 데이터의 어떤 속성에 따라 군집이 분류될 지 알 수 없으므로 군집에 명칭을 따로 지정하지 않고, 군집 번호로 군집을 분류한다.

데이터를 가까운 중심점에 할당하여 군집을 형성한다. 데이터와 중심점의 차로 거리를 계산하고, 차가 적은 중심점의 군집에 해당 데이터가 소속되도록 한다.

	무게	그룹0 중심점 300과의 차(거리)	그룹1 중심점 350과의 차(거리)	
1	300	(300-300) 0	(350-300) 50	그룹0
2	350	(350-300) 50	(350-350) 0	그룹1
3	180	(300-180) 120	(350-180) 170	그룹0
4	160	(300-160) 140	(350-160) 190	그룹0
5	370	(370-300) 70	(370-350) 20	그룹1

1번 데이터는 값이 300이고 그룹0의 중심점과 그룹1의 중심점과의 차를 구하면 0과 50 이라는 거리를 얻는다. 50보다 0이 더 가까운 거리이므로 1번 데이터는 그룹0에 속한다. 2 번 데이터의 값은 350이고 두 그룹의 중심점과의 차를 구하면 50, 0의 거리를 계산할 수 있다. 0이 더 가까운 거리이므로 2번 데이터는 그룹1에 속한다. 3번과 4번, 5번 데이터도 같은 과정을 거쳐서 각 그룹에 할당하여 군집을 형성한다. 이런 계산 결과로 데이터 1번, 3 번, 4번은 그룹0에 할당되고, 데이터 2번, 5번은 그룹1에 할당된다.

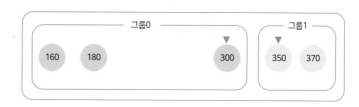

중심점을 각 군집의 평균 중심으로 변경한다. 군집에 소속된 값의 평균이 해당 군집의 새로운 중심점이 된다.

그룹	무게	중심점
그룹0	300 180 160	(300 + 180 + 160) / 3 = 213.33 약 213
그룹1	350 370	(350 + 370) / 2 = 360

그룹0에 속한 데이터는 300, 180, 160이다. 세 값의 평균을 계산하면 약 213.33이라는 결과를 얻고, 여기서는 단순화를 위해 그룹0의 새로운 중심점을 213으로 한다. 그룹1에 속한 데이터는 350, 370이고, 평균을 계산하면 결과는 360이다. 그룹1의 새로운 중심점은

360이 된다. 중심점은 그룹 내에서 가운데 값이라는 의미를 가지므로 새롭게 지정된 중심점은 데이터 값과 정확히 일치하지 않는 경우가 많다.

데이터를 가까운 중심점에 재할당하여 군집화를 다시 수행한다.

	무게	그룹0 중심점 213과의 차(거리)	그룹1 중심점 360과의 차(거리)	
1	300	87	60	그룹0 → 그룹1
2	350	137	10	그룹1
3	180	33	180	그룹0
4	160	53	200	그룹0
5	370	157	10	그룹1

1번 데이터는 값이 300이고 그룹0의 중심점 213과 그룹1의 중심점 360과의 차를 구하면 87과 60이라는 거리를 얻는다. 60이 87보다 더 가까운 거리이므로 1번 데이터의 군집은 그룹0에서 그룹1로 변경된다. 2번부터 5번까지의 데이터로 각 중심점과의 차를 계산하면 계산 결과는 앞서 계산한 결과와 다르지만 군집이 변경되는 데이터는 없다.

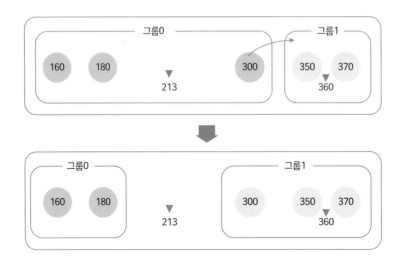

- 앞서 수행한 것처럼 군집을 구성하고 있는 데이터의 평균값을 군집의 새로운 중심점으로 설정한다.

그룹	무게	중심점
그룹0	180 160	(180 + 160) / 2 = 170
그룹1	300 350 370	(300 + 350 + 370) / 3 = 340

그룹0에서는 300이 빠지고 180, 160만을 가지고 평균을 계산하여 170이라는 중심점 값을 얻는다. 그룹1은 300이라는 데이터를 추가하여 평균을 계산하여 새로운 중심점을 340으로 지정한다.

새로운 중심점이 지정되었으면, 다시 중심점과 데이터 사이의 거리를 계산하여 데이터들을 군집에 재할당한다.

	무게	그룹0 중심점 170과의 차(거리)	그룹1 중심점 340과의 차(거리)	
1	300	130	40	그룹1
2	350	180	10	그룹1
3	180	10	160	그룹0
4	160	10	180	그룹0
5	370	200	30	그룹1

각 거리를 계산한 결과 군집을 구성하는 데이터의 변화가 없다. 군집이 변경되는 데이터가 없기 때문에 중심점을 다시 계산해도 중심점의 변화도 없다. 따라서 K평균 알고리즘의 모든 과정이 종료되고, 군집화가 완료된다.

(5) K 평균 군집화 중심점 재설정

K 평균 군집화 알고리즘의 핵심은 중심점이다. 속성을 하나만 가지고 있는 2개의 데이터가 있을 경우 중심점은 두 값의 평균으로 계산할 수 있다. 그림으로 표현하면 아래와 같다.

속성을 하나만 가지고 있고 3개의 데이터가 있다면, 세 값의 평균을 중심점으로 지정한다.

지금까지 설명한 것은 속성을 하나만 가지고 있는 데이터의 경우이다. 이렇게 속성이 하나일 때는 단순히 값들의 평균을 구하는 것이므로 중심점이라는 개념이 어렵지 않다. 그런데 만약 데이터의 속성이 2개로 늘어나면 중심점은 어떻게 계산할 수 있을까? 속성이 2개이고, 데이터가 2개 있을 경우 2차원에 데이터를 표현할 수 있다. 중심점은 두 점의 x좌표의 평균, y좌표의 평균을 구해서 가운데 위치를 계산할 수 있다. 두 점, 즉 두 데이터의 가운데 위치가 새로운 중심점이 된다.

속성이 2개라는 조건은 같고, 데이터의 개수가 3개로 늘어나면 계산은 조금 더 복잡하다. 세 점의 x 좌표의 평균, y좌표의 평균을 구해서 중심점을 계산하게 된다. 이렇게 설정된 중심점은 삼각형의 무게 중심점이기도 한다.

속성이 3개 이상이 되면, 데이터의 표현은 3차원 이상이 되고, 각 데이터들의 속성별로 평균을 계산하여 그 중심점을 재설정하는 작업이 이루어진다. 속성의 개수와 데이터의 개수가 늘어날수록 중심점을 구하는 계산이 복잡해지고, 계산량이 많아져서 알고리즘의 효율이 떨어지게 된다.

(6) K 평균 군집화 결과 평가하기

군집화를 완료했을 때 군집화가 얼마나 잘 되었는가를 평가해야 한다. 지도 학습 분류의 경우 정답과 비교하여 정확도, 정밀도, 재현율 등이 높으면 학습이 잘 수행되었다고 평

가할 수 있다. 그러나 군집 분류는 비지도 학습으로 정답이 없다. 따라서 군집이 잘 구성
되었다는 평가를 어떤 기준으로 할 것인가부터 고민해야 한다.

군집화는 데이터 속성의 유사도에 따라 각각의 군집으로 묶어주는 것이다. 그래서 완성
된 각 군집에 속한 데이터들의 속성이 비슷할수록 군집화를 잘 수행한 것으로 볼 수 있다.
의미 있는 정보를 도출하기 위해서는 서로 다른 군집 간의 속성이 명확하게 구분되어야 한
다. 즉, 군집과 군집 사이의 거리는 멀고, 같은 군집에 소속된 데이터들 사이의 거리가 가
깝다면 군집화가 잘 수행되었다고 평가할 수 있다.

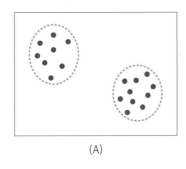 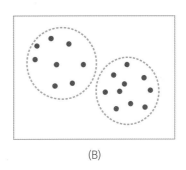

(A)   (B)

위의 그림과 같은 군집화 결과를 얻었다고 하자. (A)의 경우 같은 군집을 구성하고 있는
데이터들이 다른 군집을 구성하고 있는 데이터와 멀리 떨어져 있고, 같은 군집에 소속된
데이터들 사이의 거리가 가깝다. 반면, (B)의 경우는 속해 있는 군집에 있는 데이터보다 다
른 군집의 데이터와 더 가까워 보이는 데이터들이 보인다. (A)가 (B)보다 군집화를 더 잘
수행했다고 평가할 수 있다.

실루엣 분석은 군집 사이의 거리, 군집 내 데이터들의 거리를 계산하여 군집화 결과를
수치적으로 평가하는 대표적인 방법으로 실루엣 계수를 기반으로 구성된다. 실루엣 계수
는 해당 데이터가 같은 군집 내에 있는 다른 데이터들과 얼마나 가까이 위치해 있고, 다른
군집에 있는 데이터들과는 얼마나 멀리 위치해 있는지를 나타낸다. 개별 데이터의 실루엣
계수는 다음과 같은 식으로 표현할 수 있다.

$$\text{개별 데이터의 실루엣 계수} = \frac{\text{D 거리} - \text{d 거리}}{\text{D거리와 d거리 중에서 큰 값}}$$

d거리는 같은 군집 내에서 속한 다른 데이터들과의 모든 거리를 계산하여 평균을 구한
값이다. D거리는 다른 군집 중에 가장 가까운 군집과의 거리 평균이다. (D거리 – d거리)

는 개별 데이터가 속한 군집과 가장 가까이 있는 다른 군집 간의 거리를 의미하게 된다. 개별 데이터의 실루엣 계수는 −1에서 1 사이의 값을 갖게 된다. 실루엣 계수가 1에 가까울수록 해당 데이터의 군집화가 잘 이루어졌다고 평가할 수 있다. 실루엣 계수가 0에 가까운 경우는 (D거리 − d거리)가 0에 가까울 때 얻을 수 있는 값이며, 두 군집 간의 거리가 거의 비슷해 군집 간 구분이 어렵다는 의미를 갖는다. 군집 내 데이터와의 거리가 이웃 군집과의 거리보다 더 큰 경우는 (D거리 − d거리) 값이 음수로 계산되고 실루엣 계수가 −1에 가까워진다. 소속된 군집보다 이웃 군집으로 할당하는 것이 더 합리적인 경우이다. 이런 경우는 일반적인 군집화 결과에서는 거의 나타나지 않으며, 발생한 경우 군집화가 합리적으로 이루어지지 않은 것으로 판단해 다른 방식의 군집화를 수행하는 것이 바람직하다.

앞서 제시된 사과의 무게 데이터로 K 평균 군집화 알고리즘을 수행한 결과를 가지고 각 데이터별 실루엣 계수를 구해 보자. 무게 160 데이터의 실루엣 계수를 구하기 위해 무게 160과 그룹0 군집 안에 있는 다른 데이터인 180과의 거리를 구한다. 그룹0 군집과 가장 가까운 군집은 그룹1 군집이므로 160과 그룹1 군집 내의 다른 데이터와의 거리도 구한다.

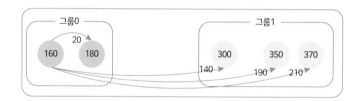

모든 거리를 구한 후 실루엣 계수를 다음의 식과 같이 계산한다.

$$S\left(무게\,160\right) = \frac{(140 + 190 + 210)/3 - 20/1}{\max\left((140 + 190 + 210)/3, 20/1\right)} = \frac{180 - 20}{\max(180, 20)} = \frac{160}{180}$$
$$= 0.888889$$

실루엣 계수가 약 0.89의 값을 갖는다. 1에 가까운 값으로 무게 160 데이터는 군집이 잘 이루어진 데이터이다. 이와 같은 과정을 거쳐서 모든 데이터들의 실루엣 계수를 다음과 같이 계산하였다.

군집	무게	d거리	D거리	실루엣 계수
그룹1	300	60	130	0.538462
그룹1	350	30	180	0.833333
그룹0	180	20	160	0.875000
그룹0	160	20	180	0.888889
그룹1	370	45	200	0.775000

모든 실루엣 계수를 계산한 결과를 살펴보면 무게 300인 데이터의 실루엣 계수가 1과 가장 먼 것을 알 수 있다. 무게 300이 그룹0 군집과 그룹1 군집의 경계에 가깝게 위치해 있기 때문이다. 하나의 데이터의 실루엣 계수 값이 좋지 않다고 해서 전체 데이터의 군집화가 잘 되지 않았다고 평가할 수는 없다. 군집화 전체를 평가하기 위해 전체 데이터의 실루엣 계수의 평균을 구하고, 각 군집별 평균을 구해 군집화 결과를 평가한다.

전체 데이터 실루엣 계수 평균	0.782137
그룹0 군집 실루엣 계수 평균	0.854167
그룹1 군집 실루엣 계수 평균	0.734117

모든 평균이 1에 가까우므로 군집화가 잘 이루어졌다고 평가할 수 있다. 일반적으로 각 군집별로 데이터 수가 고르게 분포하면서 각 군집별 실루엣 계수의 평균이 전체 실루엣 계수 평균과 차이가 크지 않을 때 군집화가 잘 이루어진 것으로 본다.

이 실루엣 분석을 통해 적정한 군집의 개수를 찾기도 하고, 더 좋은 군집화 기법을 선택하기 위해 활용하기도 한다. 그러나 계산 과정에서 알 수 있는 것처럼 데이터 양이 많아질수록 계산 시간이 오래 걸릴 수 있으며, 전체 평균, 군집별 평균, 데이터의 분포 등을 함께 고려한 평가가 이루어져야 하기 때문에 평가 결과에 도달하는 과정이 어렵고 복잡하다.

2.2 군집화 머신러닝 모델 만들기

파이썬 사이킷런의 KMeans를 활용하여 K 평균 군집화 알고리즘으로 군집화를 수행하는 머신러닝 모델을 만들어 보려고 한다. 군집화 대상 데이터는 사과 데이터로 사과 품종, 재배 지역, 무게 등의 여러 속성을 가지고 있다. 군집화 머신러닝 모델을 만드는 과정은 앞서 서술된 머신러닝의 분류와 회귀 모델을 만드는 과정과 크게 다르지 않다.

 교재 소스 파일 : 13장/머신러닝-비지도학습 군집화.ipynb

■ 문제 정의

군집화 머신러닝 모델을 만들기 위해서 어떤 군집화 알고리즘을 활용하여 어떤 데이터의 군집화를 수행할 것인지를 결정해야 한다. 알고리즘은 앞서 개념을 설명한 K 평균 군집화 알고리즘을 적용하고, 군집 대상 데이터는 사과 데이터이다.

■ 데이터 수집

사과 데이터는 농촌진흥청 국립원예특작과학원에서 제공하는 사과 품질정보 자료를 참조하여 구성하였다. 해당 사이트에서 제공하는 자료는 다음과 같은 형태를 가지고 있고, 파일 형태의 자료를 제공하지 않는다.

지역	조사일자	과중 (g)	종경 (mm)	횡경 (mm)	L/D 비율	경도1 (N/ ø11mm)	경도2 (N/ ø11mm)	경도평균 (N/ ø11mm)	당도 (°Brix)	산도 (%)	착색 (Hunter L)	착색 (Hunter a)	착색 (Hunter b)
포천	2021-10-29	314.3	77.3	91.1	0.85	34.2	34.0	34.1	12.9	0.35	45.7	16.9	15.8
화성	2021-10-28	273.7	76.7	85.6	0.9	41.8	40.5	41.2	12.6				

이런 형태의 원본 자료를 데이터 분석이 용이한 형태로 변형하여 엑셀 파일 '13장/사과–군집화.xlsx'로 다음과 같이 구성하였다.

	A	B	C	D	E	F	G
1	kind	region	weight	height	width	sugar	sour
2	후지	거창	283.6	78.3	87	13	0.39
3	홍로	거창	229	73.9	81.6	11.4	0.29
4	후지	거창	266.5	73.9	86.1	12.3	0.37
5	홍로	거창	176.7	66.8	73.7	11	0.31
6	홍로	군위	308.6	83.3	90.7	15.2	0.19
7	홍로	군위	272.6	78.1	86	15.6	0.23
8	후지	군위	341.6	79	95.2	14.6	0.43
9	홍로	군위	248	74.3	85.2	14	0.23
10	후지	군위	292.7	75			
11	홍로	군위	208.2				

프로그램 작성 순서

- 군집화 대상의 사과 데이터 가져오기
- 사이킷런에서 제공하는 K평균 군집화 알고리즘 객체를 생성
- 사과 데이터를 전달하여 K평균 군집화 알고리즘 객체의 fit( ) 메소드를 실행해서 군집화
- 군집화 결과를 확인하고 평가

■ 데이터 전처리

'13장/사과–군집화.xlsx'에 있는 데이터를 판다스 데이터프레임으로 저장한 후 결측치를 확인하여 처리하고 문자형 데이터를 수치형 데이터로 전환하는 인코딩 작업을 수행한다. 데이터의 내용을 분석하여 데이터의 기본 구성과 특성을 파악하고 머신러닝을 위한 추가적인 데이터 변환 작업을 수행한다.

• **데이터 준비**

```
❶  import numpy as np
    import pandas as pd

❷  df = pd.read_excel("사과-군집화.xlsx")
❸  df.info()
```

실행 결과

```
<class 'pandas.core.frame.DataFrame'>
RangeIndex: 76 entries, 0 to 75
Data columns (total 7 columns):
 #   Column  Non-Null Count  Dtype
---  ------  --------------  -----
 0   kind    76 non-null     object
 1   region  76 non-null     object
 2   weight  76 non-null     float64
 3   height  76 non-null     float64
 4   width   76 non-null     float64
 5   sugar   76 non-null     float64
 6   sour    76 non-null     float64
dtypes: float64(5), object(2)
memory usage: 4.3+ KB
```

필드(칼럼)명	설명
kind	품종
region	지역
weight	과실의 무게
height	세로 길이
width	가로 길이
sugar	당도
sour	산도

❶ 필요한 모듈을 import한다.
❷ 준비된 파일 '사과-군집화.xlsx'을 읽어 데이터프레임으로 생성하여 df 변수에 저장한다. 코랩의 경우 세션 저장소에 '13장/사과-군집화.xlsx' 파일을 업로드하여 사용한다.
❸ 데이터프레임 df를 출력하여 파일의 데이터를 확인한다.
　7개의 속성(칼럼)을 가진 76개의 데이터가 저장되었고, 칼럼의 이름은 영문으로 지정되어 있다. 'kind', 'region' 칼럼의 항목값은 문자형 데이터이고, 다른 칼럼의 항목값은 실수형 데이터이다. Non-Null의 개수와 데이터의 레코드 개수가 일치하므로 결측치를 가진 데이터가 없음을 알 수 있다.

문자형 자료를 숫자형 자료로 변환하는 인코딩 작업이 필요하다. 숫자형이 아닌 칼럼은 'kind'와 'region'이므로 두 칼럼의 값을 숫자형으로 변환해 주어야 한다.

- **'kind' 칼럼의 항목값별 개수 세기**

```
df['kind'].value_counts()
```

실행 결과

```
홍로    39
후지    37
Name: kind, dtype: int64
```

'kind' 칼럼은 '홍로', '후지'라는 두 종류의 문자형 값을 가지고 있으며, '홍로' 값을 가진 데이터는 39개, '후지' 값을 가진 데이터는 37개이다.

- **'kind' 칼럼의 값 변환**

```
❶ df.replace({'kind':{'홍로':1, '후지':2}},inplace=True)
❷ df
```

실행 결과

	kind	region	weight	height	width	sugar	sour
0	2	거창	283.6	78.3	87.0	13.0	0.39
1	1	거창	229.0	73.9	81.6	11.4	0.29
2	2	거창	266.5	73.9	86.1	12.3	0.37
3	1	거창	176.7	66.8	73.7	11.0	0.31
4	1	군위	308.6	83.3	90.7	15.2	0.19
...	...	...	...	...	...	...	...
71	2	화성	384.2	85.9	96.4	14.1	0.51
72	1	화성	311.3	82.9	90.5	12.7	0.25
73	2	화성	284.3	78.2	88.0	13.6	0.36
74	1	화성	324.0	88.4	92.1	12.6	0.22
75	2	화성	273.7	76.7	85.6	12.6	0.29

❶ 데이터프레임의 replace( ) 메소드를 활용하여 '홍로'는 1로, '후지'는 2로 변환한다.
❷ df를 출력하여 'kind' 칼럼의 값이 변경된 것을 확인한다.

- 'region' 칼럼의 항목값별 개수 세기

```
df['region'].value_counts()
```

실행 결과

```
포천        10
화성        10
김제         8
군위         7
충주         7
완주         6
영주         5
장수         5
청송         5
거창         4
남해         4
춘천         4
완주2        1
Name: region, dtype: int64
```

- 'region' 칼럼의 값 변환

'region' 칼럼은 다양한 문자형 값을 가지고 있다. 'region' 칼럼의 값은 특별하게 구분하여 특정 숫자로 의미를 부여할 필요가 없고, 각 값이 다른 숫자형 값으로 표현되는 것으로 충분하다. 'kind' 칼럼의 값을 변경하기 위해 사용했던 replace( ) 메소드를 사용할 경우 많은 종류의 값에 숫자값을 하나하나 대응시켜 주어야 하는 번거로움이 있다. 따라서, 자동으로 값을 변환할 수 있는 사이킷런의 레이블인코딩 모듈을 사용한다.

```
❶  from sklearn.preprocessing import LabelEncoder

❷  encoder = LabelEncoder()
❸  df['region'] = encoder.fit_transform(df['region'])
❹  print(encoder.classes_)
❺  df
```

실행 결과

['거창' '군위' '김제' '남해' '영주' '완주' '완주2' '장수' '청송' '춘천' '충주' '포천' '화성']

	kind	region	weight	height	width	sugar	sour
0	2	0	283.6	78.3	87.0	13.0	0.39
1	1	0	229.0	73.9	81.6	11.4	0.29
2	2	0	266.5	73.9	86.1	12.3	0.37
3	1	0	176.7	66.8	73.7	11.0	0.31
4	1	1	308.6	83.3	90.7	15.2	0.19
...	...	...	...	...	...	...	...
71	2	12	384.2	85.9	96.4	14.1	0.51
72	1	12	311.3	82.9	90.5	12.7	0.25
73	2	12	284.3	78.2	88.0	13.6	0.36
74	1	12	324.0	88.4	92.1	12.6	0.22
75	2	12	273.7	76.7	85.6	12.6	0.29

76 rows × 7 columns

❶ 문자형 자료를 숫자형으로 변환하는 기능을 사용하기 위해 LabelEncoder 모듈을 import 한다.

❷ LebelEncoder( )를 호출하여 변환을 위한 객체를 생성한다. 이렇게 생성된 객체가 encoder가 된다. encoder의 메소드로 값을 변환하고, 변환 정보들이 encoder에 담기게 된다.

❸ encoder의 fit_transform( ) 메소드로 문자형 값을 숫자형 값으로 변환한다. fit_transform( ) 메소드이 인수는 변환 대상이 되는 값이다. 'region' 칼럼의 모든 값을 변환해야 하므로 df의 'region' 칼럼 전체를 인수로 전달한다. fit_transform( ) 메소드는 인수로 받은 값을 숫자형 값으로 변환한 결과를 리턴 한다. 리턴 받은 값으로 df의 'region' 칼럼의 값을 갱신한다.

❹ encoder.classes_에는 fit_transform( ) 메소드에 의해서 값이 바뀐 목록이 저장되어 있다. 이 목록의 각 항목들이 숫자값으로 변환된 것이다. 변환 작업 대상을 확인하기 위해 encoder.classes_를 출력한다.

❺ df를 출력하여 'region' 칼럼의 값이 변경된 것을 확인한다.

■ 모델 생성

머신러닝 학습을 수행할 학습 데이터 준비가 완료되면, K 평균 군집화 알고리즘 모델 객체를 생성하고 학습을 수행한다.

국립 농산물 품질관리원이 지정한 농산물 표준 규격에서는 사과를 무게별로 6종류로 구분하는 기준을 다음과 같이 제시하고 있다.

	구분	무게
1	2S	167g 이상 ~ 188g 미만
2	S	188g 이상 ~ 214g 미만
3	M	214g 이상 ~ 250g 미만
4	L	250g 이상 ~ 300g 미만
5	2L	300g 이상 ~ 375g 미만
6	3L	375g 이상

이 기준처럼 사과 데이터를 6개의 군집으로 군집화를 수행하고, 군집 결과와 표준 규격을 비교하여 어떤 차이를 보이는지 확인해 보자.

● **모델 생성**

```
❶ from sklearn.cluster import KMeans

❷ model1 = KMeans(n_clusters=6, random_state=0)
❸ model1.fit(df)
❹ print(model1.labels_)
❺ print(np.unique(model1.labels_, return_counts=True))
```

실행 결과

```
[0 4 4 2 3 0 3 4 0 2 4 0 3 0 1 5 1 5 0 1 2 5 2 0 3 1 0 3 2 0 4 0 0 4 4 0 4
 4 0 0 4 0 4 4 0 4 4 4 4 0 3 4 4 3 1 4 3 1 0 3 4 3 4 4 3 3 3 1 0 0 5 1 3 0
 3 0]
(array([0, 1, 2, 3, 4, 5]), array([22,  8,  5, 15, 22,  4], dtype=int64))
```

❶ K 평균 군집화 알고리즘을 수행하기 위해 필요한 라이브러리를 import 한다.

❷ KMeans( )를 호출하여 K 평균 군집화 알고리즘 모델의 객체를 생성하고, 그 이름을 model1으로 한다. 군집이 6개가 생성될 수 있도록 n_clusters를 6으로 설정한다. 모델이 항상 같은 임의의 값(random value)으로 학습을 진행할 수 있도록 random_state를 0으로 고정한다.

❸ model1의 fit( ) 메소드를 호출하여 학습을 수행한다. 전처리 과정을 모두 마친 데이터 df를 훈련 데이터로 사용한다.

❹ model1의 훈련이 완료되면, model1.labels_에는 각 데이터의 군집 번호가 저장된다. 이 군집 결과를 출력하여 각 데이터별 군집 번호를 확인할 수 있다.

❺ 넘파이의 unique( )를 호출하여 군집 번호와 군집 번호별 데이터의 개수를 출력하여 확인한다.

■ 모델 평가 - 결과 데이터 분석

군집화 학습을 완료한 후 해당 모델의 결과를 평가해야 한다. 지도 학습의 경우 정답과 비교하여 모델을 평가하지만, 군집화의 경우 정답이 없기 때문에 군집화 결과를 훈련 데이터와 결합하여 군집의 구성에 대해 살펴보고 군집의 결과가 갖는 의미에 대한 분석이 별도로 이루어져야 한다.

• 훈련 데이터와 군집 번호 결합

```
❶  df_c1 = df.copy()
❷  df_c1['cluster'] = model1.labels_
❸  df_c1
```

실행 결과

	kind	region	weight	height	width	sugar	sour	cluster
0	2	0	283.6	78.3	87.0	13.0	0.39	0
1	1	0	229.0	73.9	81.6	11.4	0.29	4
2	2	0	266.5	73.9	86.1	12.3	0.37	4
3	1	0	176.7	66.8	73.7	11.0	0.31	2
4	1	1	308.6	83.3	90.7	15.2	0.19	3
...	...	...	...	...	...	...	...	...
71	2	12	384.2	85.9	96.4	14.1	0.51	1
72	1	12	311.3	82.9	90.5	12.7	0.25	3
73	2	12	284.3	78.2	88.0	13.6	0.36	0
74	1	12	324.0	88.4	92.1	12.6	0.22	3
75	2	12	273.7	76.7	85.6	12.6	0.29	0

76 rows × 8 columns

❶ 훈련 데이터 df를 새로운 데이터프레임 df_c1으로 복사한다.
❷ df_c1에 새로운 칼럼 'cluster'를 생성하고, 그 값으로 model1 학습 결과인 군집 번호를 할당한다.
❸ df_c1을 출력하여 'cluster' 칼럼의 내용을 확인한다.

• 군집별 평균을 확인

```
df_c1.groupby('cluster').mean()
```

실행 결과

cluster	kind	region	weight	height	width	sugar	sour
0	1.500000	6.227273	288.659091	79.572727	88.336364	13.709091	0.304545
1	1.875000	7.000000	366.712500	85.612500	95.425000	14.075000	0.358750
2	1.000000	2.400000	182.100000	67.700000	74.480000	13.940000	0.256000
3	1.533333	8.200000	324.413333	82.900000	92.093333	14.053333	0.318000
4	1.454545	7.045455	250.027273	74.554545	84.400000	13.686364	0.319091
5	1.250000	4.750000	420.500000	90.300000	96.475000	14.900000	0.307500

'cluster' 칼럼을 기준으로 groupby( )를 수행하고, mean( )으로 각 군집번호별 평균을 확인한다.

군집별 평균값을 칼럼 순서대로 살펴보면 'kind', 'region' 칼럼의 경우 군집에 따른 뚜렷한 구분을 확인하기 어렵지만, 'weight' 칼럼의 경우 군집별로 평균의 차이를 확인할 수 있다. 'height', 'width' 칼럼의 경우도 군집별로 평균이 구분되어 분포된 것으로 보인다. 나머지 'sugar', 'sour' 칼럼의 경우 군집별로 평균의 차이가 명확하지 않다. (실제 사과 데이터에서는 'weight'(무게) 칼럼값의 1의 차와 'sugar'(당도) 칼럼값의 1의 차는 다른 의미를 갖지만, 여기서는 이를 고려하지 않는다.)

- 'weight' 칼럼 데이터 살펴보기

```
df_c1.groupby('cluster')['weight'].describe()
```

실행 결과

cluster	count	mean	std	min	25%	50%	75%	max
0	22.0	288.659091	10.969250	270.4	281.000	286.75	298.250	305.8
1	8.0	366.712500	15.358519	348.6	352.850	366.50	379.475	384.4
2	5.0	182.100000	29.155703	134.3	176.700	191.40	199.800	208.3
3	15.0	324.413333	10.115184	308.6	317.100	324.00	331.300	341.6
4	22.0	250.027273	11.804163	221.3	246.650	250.90	259.650	266.5
5	4.0	420.500000	23.839603	402.8	404.075	412.50	428.925	454.2

'cluster' 칼럼을 기준으로 groupby( )를 수행하고, 그 결과에서 'weight' 칼럼의 구체적인 정보를 describe( ) 메소드로 확인한다.

'weight' 칼럼의 군집별 min과 max를 보면 'weight' 칼럼의 값이 군집에 겹쳐서 나타나는 경우가 없는 것을 확인할 수 있다. 예를 들어 2번 군집의 max는 208.3이고, 그 다음으로 작은 값을 갖는 4번 군집의 min은 221.3이다. 이렇게 'weight' 속성에 따라 군집이 뚜렷하게 구분되어 분포되어 있는 걸로 봤을 때 'weight'가 사과 데이터의 군집화에 주요 특성 중 하나였음을 짐작할 수 있다.

군집번호별 데이터 분포를 그래프로 표현하면 군집화의 결과를 더 쉽게 파악할 수 있다.

- **'weight'값에 따른 군집 분포 그래프**

```
❶    import matplotlib.pyplot as plt

❷    plt.scatter(df_c1['cluster'],df_c1['weight'])
     plt.show()
```

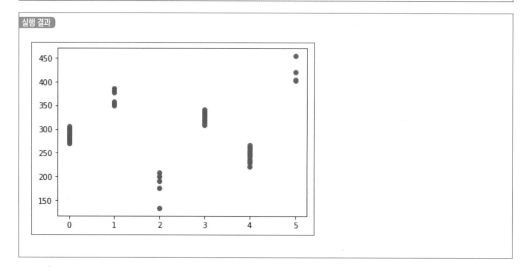

실행 결과

❶ 그래프를 그리기 위해 필요한 모듈을 import 한다.
❷ scatter( ) 메소드를 활용하여 x축은 군집 번호로, y축은 'weight' 칼럼값을 갖는 산점도 그래프를 그린다.
❸ 그래프로 확인하면 군집별로 'weight' 칼럼이 분명하게 구분됨을 확인할 수 있다.

● 'width', 'height' 값에 따른 군집 분포 그래프

```
❶  import seaborn as sns

❷  sns.scatterplot(data = df_c1, x='height',y='width', hue='cluster',palette='deep')
    plt.show()
```

실행 결과

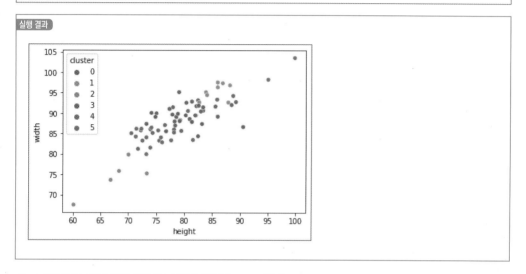

❶ 그래프를 그리기 위해 필요한 라이브러리를 import 한다.
❷ scatterplot( ) 메소드를 활용하여 x축은 'height' 칼럼의 값으로, y축은 'width' 칼럼값을 갖는 산점도 그
　래프를 그린다. 군집번호인 'cluster' 칼럼의 값에 따라 데이터의 색을 다르게 표현한다.
　그래프 상에서 'width', 'height' 두 칼럼의 값에 따라 군집이 구분되는 것을 확인할 수 있다. 그러나 'weight'
　칼럼의 구성과 비교하면, 군집의 구분이 'weight' 칼럼의 경우보다 더 분명해 보이지는 않는다.

● 'grade' 칼럼을 추가하고 표준 규격 정보를 기준으로 값을 할당

　앞서 제시했던 농산물 표준 규격과 군집화 결과를 비교해 보기 위해 농산물 표준 규격
정보를 데이터와 결합시킨다.

```
❶  df_c1['grade'] = 0
❷  df_c1.loc[(df_c1['weight']>=375),'grade'] = 6
    df_c1.loc[(df_c1['weight']<375)&(df_c1['weight']>=300),'grade'] = 5
    df_c1.loc[(df_c1['weight']<300)&(df_c1['weight']>=250),'grade'] = 4
    df_c1.loc[(df_c1['weight']<250)&(df_c1['weight']>=214),'grade'] = 3
    df_c1.loc[(df_c1['weight']<214)&(df_c1['weight']>=188),'grade'] = 2
    df_c1.loc[(df_c1['weight']<188)&(df_c1['weight']>=167),'grade'] = 1
    df_c1
```

실행 결과

	kind	region	weight	height	width	sugar	sour	cluster	grade
0	2	0	283.6	78.3	87.0	13.0	0.39	0	4
1	1	0	229.0	73.9	81.6	11.4	0.29	4	3
2	2	0	266.5	73.9	86.1	12.3	0.37	4	4
3	1	0	176.7	66.8	73.7	11.0	0.31	2	1
4	1	1	308.6	83.3	90.7	15.2	0.19	3	5
...	...	...	...	...					

❶ 'grade' 칼럼을 추가한다.

❷ 판다스의 loc을 활용하여 'weight' 칼럼의 값이 지정된 범위 안에 있을 때 해당 표준 규격을 번호로 표현하여 갱신한다.

• 'grade', 'weight'에 따른 군집 분포 그래프

```
sns.scatterplot(data=df_c2, x='grade',y='weight', hue='cluster', palette='deep')
plt.show()
```

실행 결과

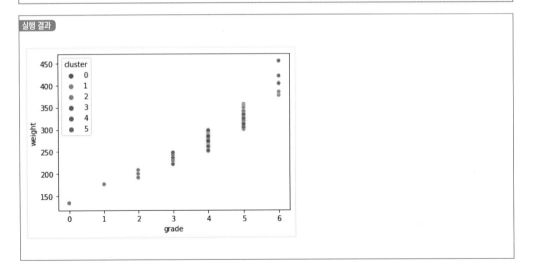

scatterplot( )을 활용하여 x축은 'grade' 칼럼의 값으로, y축은 'weight' 칼럼값을 갖는 산점도 그래프를 그린다. 군집번호인 'cluster' 칼럼의 값에 따라 데이터의 색을 다르게 표현한다. 'weight' 속성을 기준으로 농산물 표준 규격과 군집 결과를 비교한 결과를 확인할 수 있다.

농산물 표준 규격과 군집화 결과가 정확하게 일치하는 것은 아니지만, 대략적으로 일치한다는 것을 확인할 수 있다.

2.3 군집화 모델의 평가

군집화 데이터를 분석하여 군집화의 의미를 평가하는 것과 별개로 얼마나 군집화가 잘 이루어졌는가를 실루엣 계수를 구하는 실루엣 분석을 통해 모델을 수치적으로 평가할 수 있다.

🔍 사용법

- silhouette_samples(군집화에 사용한 데이터, 군집 중심 레이블)
- silhouette_score(군집화에 사용한 데이터, 군집 중심 레이블)

- 군집화 결과에 대해서 전체 실루엣 계수 평균과 개별 데이터의 실루엣 계수 계산

```
❶  from sklearn.metrics import silhouette_samples, silhouette_score

❷  avg_score = silhouette_score(df, model1.labels_)
   print('평균 실루엣 계수 =',avg_score)

❸  samples = silhouette_samples(df, model1.labels_)
❹  score_df = pd.DataFrame({'cluster':model1.labels_, 'silhouette':samples})
❺  score_df.groupby('cluster')['silhouette'].mean()
```

실행 결과

```
평균 실루엣 계수 = 0.47734050567848396

cluster
0    0.425892
1    0.397315
2    0.464979
3    0.498906
4    0.569654
5    0.347217
Name: silhouette, dtype: float64
```

→ 실루엣 계수는 1에 가까우면 군집화가 잘 이루어졌다고 평가할 수 있다. 전체 평균 실루엣 계수가 약 0.48의 값을 가지므로 군집화가 잘 이루어졌다고 평가하는 데는 무리가 있다. 1번과 5번 군집의 경우 실루엣 계수가 0.4에 이르지 못했다.

❶ 실루엣 계수를 산출하기 위해 필요한 라이브러리를 import 한다.
❷ 전체 데이터에 대한 평균 실루엣 계수를 계산해서 변수 avg_score에 저장하고, 출력하여 확인한다.
❸ 개별 데이터별 실루엣 계수를 산출해서 변수 samples에 저장한다.
❹ 개별 데이터의 군집 번호와 실루엣 계수를 칼럼으로 갖는 데이터프레임을 생성하여 score_df에 저장한다.
❺ 군집번호별 실루엣 계수의 평균을 출력한다.

- K평균 군집화 모델의 전체 코드

```python
import warnings
warnings.filterwarnings('ignore') #출력창에서 경고문구 무시

#필요한 모듈 import
import numpy as np
import pandas as pd
from sklearn.preprocessing import LabelEncoder
from sklearn.cluster import KMeans
import matplotlib.pyplot as plt
import seaborn as sns
from sklearn.metrics import silhouette_samples,silhouette_score
np.random.seed(0)

# 데이터 가져오기
df = pd.read_excel("사과-군집화.xlsx")
df.info()# 구성된 항목 보기
df.isna().sum() # 결측 데이터 확인

#품종 데이터를 숫자형으로 변환 (홍로 -> 1, 후지 -> 2)
df['kind'].value_counts()
df.replace({'kind':{'홍로':1, '후지':2}},inplace=True)

#지역 데이터를 숫자형으로 변환
df['region'].value_counts()
encoder = LabelEncoder()
df['region'] = encoder.fit_transform(df['region'])
print(encoder.classes_)

#모델을 선언, 학습
model1 = KMeans(n_clusters=6, random_state=0)
model1.fit(df)

#결과 확인
print(model1.labels_)
print(np.unique(model1.labels_, return_counts=True))

#기존의 데이터에 군집 분류한 labels을 붙여주기
df_c1 = df.copy()
df_c1['cluster'] = model1.labels_
```

```
# 군집 분류 데이터 확인
df_c1.groupby('cluster').mean()
df_c1.groupby('cluster')['weight'].describe()

# 산점도 그래프 그리기
plt.scatter(df_c1['cluster'],df_c1['weight'])
plt.show()
sns.scatterplot(data = df_c1, x='height',y='width',hue='cluster', palette='deep')
plt.show()

#농산물 표준 규격에 맞는 크기에 대한 정보를 군집한 결과와 결합하기
df_c1['grade'] = 0
df_c1.loc[(df_c1['weight']>=375),'grade'] = 6
df_c1.loc[(df_c1['weight']<375)&(df_c1['weight']>=300),'grade'] = 5
df_c1.loc[(df_c1['weight']<300)&(df_c1['weight']>=250),'grade'] = 4
df_c1.loc[(df_c1['weight']<250)&(df_c1['weight']>=214),'grade'] = 3
df_c1.loc[(df_c1['weight']<214)&(df_c1['weight']>=188),'grade'] = 2
df_c1.loc[(df_c1['weight']<188)&(df_c1['weight']>=167),'grade'] = 1

# 산점도 그래프 그리기
sns.scatterplot(data=df_c1, x='grade',y='weight', hue='cluster', palette='deep')
plt.show()

#실루엣 분석
avg_score = silhouette_score(df, model1.labels_)
print('평균 실루엣 계수 =',avg_score)

samples = silhouette_samples(df, model1.labels_)
score_df = pd.DataFrame({'cluster':model1.labels_, 'silhouette':samples})
score_df.groupby('cluster')['silhouette'].mean()
```

1. 비지도 학습에 대한 설명 중 잘못된 것은?

　① 정답이 없다.

　② 비지도 학습에 주로 사용되는 방법으로 군집 분류가 있다.

　③ 비지도 학습을 통해 데이터의 구성 특징을 찾아낼 수 있다.

　④ 학습 데이터와 정답 데이터를 함께 제공받아 학습한다.

2. K 평균 군집화 알고리즘의 특징이 아닌 것은?

　① 대표적인 군집화 알고리즘 중 하나로 군집화에 많이 사용한다.

　② 항상 최적의 군집을 구성할 수 있다.

　③ 거리 기반 알고리즘을 활용한다.

　④ 군집의 개수를 지정해야 한다.

3. 다음과 같이 K 평균 군집화 알고리즘 머신러닝 모델을 만들고 학습을 수행했다. 군집이 5개가 되도록 ㉠을 채우시오.

```python
from sklearn.cluster import KMeans

model1 = KMeans(㉠, random_state=0)
model1.fit(df)
```

4. 머신러닝 군집화 모델인 model1의 학습을 완료한 후 훈련 데이터로 사용된 데이터프레임 df와 군집 번호를 'cluster' 칼럼으로 결합하여 df_c1이라는 데이터프레임을 만들려고 한다. ㉠에 들어갈 코드로 바른 것은?

```python
df_c1 = df.copy()
df_c1['cluster'] = ㉠
df_c1
```

　① model1.classes_　　　　　　　② model1.cluster_

　③ model1.labels_　　　　　　　　④ model1.group_

5. 다음과 같은 산점도 그래프를 그리는 코드로 바른 것은?

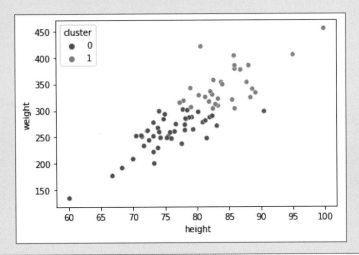

①
```
sns.scatterplot(data = df_c1, x='height', y='weight', hue='cluster',
                palette='deep')
```

②
```
sns.scatterplot(data = df_c1, x='weight', y='height', hue='cluster',
                palette='deep')
```

③
```
sns.scatter(data = df_c1, x='height', y='weight', hue='cluster',
            palette='deep')
```

④
```
sns.scatter(data = df_c1, x='weight', y='height', hue='cluster',
            palette='deep')
```

6. 다음 중 데이터프레임 df를 훈련 데이터로 하여 군집화 모델 model1을 학습시켰을 때 전체 실루엣 평균을 구하는 코드로 바른 것은?

① silhouette_scores(df, model1.labels_)
② silhouette_score(df, model1.labels_)
③ silhouette_samples(df, model1.labels_)
④ silhouette_sample(df, model1.labels_)

7. 머신러닝 군집화 모델인 model1의 학습을 완료한 후 실루엣 분석을 수행하여 다음과 같은 출력
    결과를 얻었다. 이 출력 결과를 해석한 것으로 바른 것은?

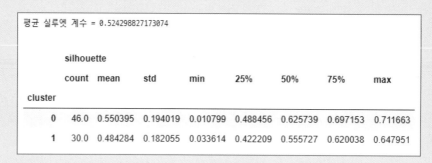

평균 실루엣 계수 = 0.524298827173074

| | | silhouette | | | | | | |
cluster	count	mean	std	min	25%	50%	75%	max
0	46.0	0.550395	0.194019	0.010799	0.488456	0.625739	0.697153	0.711663
1	30.0	0.484284	0.182055	0.033614	0.422209	0.555727	0.620038	0.647951

① 군집의 개수는 2개이다.
② 평균 실루엣 계수가 0.5 이상이므로 최적의 군집을 구성한 것으로 평가할 수 있다.
③ 군집0과 비교하여 군집1의 데이터 개수가 작기 때문에 군집1의 평균 실루엣 계수도 작게 계산된다.
④ 군집0과 비교하여 군집1을 이루고 있는 데이터들이 더 잘 군집화되어 있다.

딥러닝 맛보기

CONTENTS

① ▸▸● 딥러닝 소개

1.1 딥러닝이란?

딥러닝이란 사람의 신경망 원리를 모방해서 만든 머신러닝 방법 중의 하나이다. 사람의 생물학적 신경망에서 아이디어를 얻어 구성한 인공 신경망을 여러 개(수십~수백 개)의 층으로 쌓아 학습을 수행하기 때문에 '딥러닝'이라고 부른다. 앞장에서 배웠던 머신러닝 방식은 학습 데이터에서 중요한 특징(feature)을 사람이 선별해서 제공해야 하는 경우가 많지만, 딥러닝의 경우 중요한 특징들을 딥러닝 학습 과정 중에 신경망층에서 자동으로 지정한다. 데이터의 양이 많고 입력 데이터와 출력값 간의 관계가 복잡할 때는 딥러닝을 적용하는 것이 유리할 수 있다.

1.2 인공 신경망

인공 신경망은 여러 개의 퍼셉트론을 모아 구성하는데, 퍼셉트론은 인공 신경망을 구성하는 기본 단위로 생물학적 신경망에서 뉴런이 하는 역할과 같은 역할을 인공 신경망 내에서 수행한다. 인공 신경망은 하나의 입력층, 여러 개의 은닉층, 하나의 출력층으로 구성된다. 입력층은 학습 데이터셋이 입력되는 층으로 학습 데이터 형태를 입력층

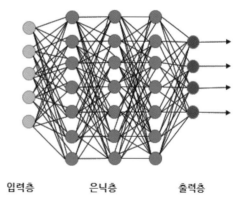

입력층   은닉층   출력층

에서 지정한다. 은닉층은 입력층에서 받은 데이터를 내부적인 수식이나 규칙에 따라 변환하여 출력층까지 전달한다. 출력층은 신경망의 마지막 층으로 은닉층에서 전달받은 결괏값을 출력한다. 출력값의 형태에 따라 출력 노드의 개수가 정해지는데, 참(1), 거짓(0)의 두 가지 결과일 경우는 출력층의 출력 노드가 한 개이지만, 3가지 종류 이상의 출력값이 필요한 경우 출력 노드의 개수는 이에 맞춘다. 예를 들어, 0부터 9까지의 결과를 출력하는 경우라면 출력 노드의 개수는 10개가 된다.

1.3 딥러닝 종류

딥러닝의 몇 가지 알고리즘을 소개하면 다음과 같다. 여기에서 소개하지 않은 알고리즘도 많고, 새로운 알고리즘들이 계속 개발되고 있다.

종류	특징
심층 신경망 (DNN: Deep Neural Network)	• 은닉층을 2개 이상 쌓아서 만든 인공 신경망 • 여러 개의 은닉층 사용으로 계산량이 많음
합성곱 신경망 (CNN: Convolution Neural Network)	• 이미지 인식과 처리에 많이 사용되는 기술로 사람의 시신경 구조를 모방한 형태 • 이미지를 작은 부분으로 나누고, 각각의 부분에서 특징을 추출 • 이미지의 특징을 추출하기 위해 이미지 행렬에 합성곱 연산 수행
순환 신경망 (RNN: Recurrent Neural Network)	• 자연어/동영상/음악 등 순서가 있는 데이터를 다루기 위해 많이 사용되는 기술 • 현재 계층의 출력을 다음 순서의 입력으로 재사용하기 때문에 이전 데이터가 다음 데이터에 영향을 주는 경우에 적합

② ▸▸ ● 딥러닝 모델 만들기

2.1 텐서플로우(TensorFlow)

(1) 텐서플로우(TensorFlow)와 케라스(Keras)

텐서플로우는 구글에서 개발하여 공개한 딥러닝/머신러닝 라이브러리로 케라스 라이브러리와 함께 사용하면 비교적 쉽게 딥러닝 모델을 만들어 낼 수 있다. 계산 수행은 텐서플로우가 담당하고 케라스는 텐서플로우의 복잡한 부분을 쉽게 코드로 작성할 수 있도록 인터페이스 역할을 수행한다.

코랩의 경우 코랩 서버에서 텐서플로우를 제공하므로 별도의 설치가 필요하지 않지만, 아나콘다를 설치해서 사용하는 경우이거나 파이썬 기본 패키지만 설치해서 사용하는 경우에는 텐서플로우를 설치해야 한다. 텐서플로우를 설치하면 케라스도 함께 설치된다. 텐서플로우를 설치하려면 다음과 같은 명령을 입력해서 실행해야 한다.

```
pip install tensorflow
```

(2) 케라스를 이용한 딥러닝 모델 생성 절차

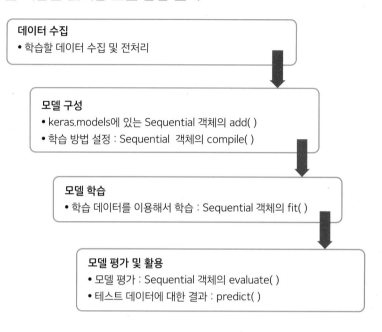

2.2   첫 번째 딥러닝 모델 만들기

사과와 배에 관련된 데이터를 가지고 사과와 배를 분류해 내는 딥러닝 모델을 만들어 보려고 한다. 딥러닝 모델을 만들기 위해 사용하게 되는 데이터 예제 파일로 교재의 '14장/사과배-학습.xlsx', '14장/사과배-테스트.xlsx' 파일을 준비한다. 이 데이터를 이용하여 사과, 배를 구분하는 딥러닝 모델을 만들어 본다. 이 딥러닝 모델은 3개의 신경망층을 쌓아서 구성한다.

 교재 소스 파일 : 14장/딥러닝1.ipynb

■ 데이터 수집

학습을 위한 사과,배 데이터는 농촌진흥청 국립원예특작과학원에서 제공하는 품질정보 자료(https://fruit.nihhs.go.kr)를 참조하여 구성하였다. 해당 사이트에서 제공하는 자료는 다음과 같은 형태를 가지고 있고, 파일 형태의 자료를 제공하지 않는다.

지역	조사일자	과중 (g)	종경 (mm)	횡경 (mm)	L/D 비율	경도1 (N/ ø11mm)	경도2 (N/ ø11mm)	경도평균 (N/ ø11mm)	당도 (°Brix)	산도 (%)	착색 (Hunter L)	착색 (Hunter a)	착색 (Hunter b)
포천	2021-10-29	314.3	77.3	91.1	0.85	34.2	34.0	34.1	12.9	0.35	45.7	16.9	15.8
화성	2021-10-28	273.7	76.7	85.6	0.9	41.8	40.5	41.2	13.6	0.30			

이런 형태의 원본 자료를 데이터 분석과 딥러닝 학습에 용이한 형태로 변형하여 엑셀 파일 '14장/사과배-학습.xlsx', '14장/사과배-테스트.xlsx'로 다음과 같이 구성하였다. '14장/사과배-학습.xlsx'은 딥러닝 모델의 학습을 위한 데이터 파일이고, '14장/사과배-테스트.xlsx'은 학습한 모델을 평가하기 위해 사용할 테스트 데이터 파일이다.

	A	B	C	D	E	F	G	H
1	fruit	weight	height	width	hardness	sweet	sour	color
2	배	302.6	102.5	55.1	18.7	9.6	0.3	
3	배	369	92.8	73.4	26.2	9.7	0.2	
4	배	599.6	104.1	86.7	31.5	10.1	0.2	
5	배	522.2	102.5	83.1	27.1	10.2	0.3	
6	배	428.3	95.8	80.9	28.5	10.3	0.3	
7	사과	221.3	73.2	80	55.8	10.5	0.31	43.6
8	배	528.6	104.8	92.1	25.2	10.7	0.1	
9	사과	176.7	66.8	73.7	56.2	11	0.31	57
10	배	588.7	105.7	85.1	29.3	11	0.2	

딥러닝 학습을 위해 데이터 전처리 과정을 수행해야 한다. 학습 데이터를 가져와서 데이터프레임 형태로 저장하고, 모든 결측치를 0으로 대체한다. 그런 다음에 과일 종류를 숫자형으로 변환하는 인코딩을 수행한다. 그리고 학습에 사용할 속성 데이터와 정답값 데이터를 분리하여 저장한다. 이런 모든 데이터 준비 과정은 앞서 학습한 머신러닝 지도학습의 분류에서 수행한 데이터 전처리 과정과 동일하다.

```
❶ import pandas as pd

❷ df = pd.read_excel('사과배-학습.xlsx')
❸ df.fillna(0, inplace=True)
❹ df.replace({'fruit':{'사과':0, '배':1}}, inplace=True)
❺ x_train = df.iloc[:,1:]
   y_train = df.iloc[:,0]
```

❶ 필요한 모듈을 import한다.

❷ 준비된 파일 '사과배-학습.xlsx'을 읽어 데이터프레임으로 생성하여 df 변수에 저장한다. 코랩의 경우 세션 저장소에 '14장/사과배-학습.xlsx' 파일을 업로드하여 사용한다.

❸ 결측치를 모두 0으로 대체한다.

❹ 'fruit' 칼럼의 '사과'는 0으로 변환하고, '배'는 1로 변환한다.

❺ 학습을 위한 데이터를 준비한다. x_train 변수에는 과일의 종류를 분류하기 위해 사용할 속성 데이터인 두 번째 칼럼부터 마지막 칼럼까지의 데이터를 저장하고, y_train에는 속성 데이터에 대응되는 정답값(레이블, target)인 첫 번째 칼럼 즉 'fruit' 칼럼의 값을 저장한다.

■ 모델 구성

딥러닝 학습을 수행할 학습 데이터 준비가 완료되면, 모델의 객체를 생성하고 인공 신경 망층을 쌓아서 딥러닝 모델을 구성한다. 신경망층을 쌓은 후 학습을 어떤 방식으로 수행할 지 설정한다. 이 딥러닝 모델은 사과와 배를 분류해 내는 이항 분류라는 것을 기억하고 딥러닝 모델을 구성하자.

• **딥러닝 모델 구성**

🔍 **사용법**

```
변수명 = Sequential( )
```

• keras.models 모듈 안에 있는 Sequential 클래스는 신경망에 층을 순서대로 쌓는 모델 객체를 생성하기 때문에 keras.models로부터 Sequential를 import

```
Dense(출력 노드의 수, input_shape=입력 데이터의 형태)
```

• keras.layers 모듈 안에 있는 Dense( )를 이용해서 신경망층 객체를 생성하기 때문에 keras.layers로부터 Dense 를 import

```
모델 객체명.add(생성한 층 객체)
```

• 생성한 층 객체를 모델 객체에 추가

```
❶  import tensorflow as tf
    from tensorflow import keras
    from keras.models import Sequential
    from keras.layers import Dense
    tf.random.set_seed(0)

❷  model = Sequential()

❸  model.add(Dense(units=6,input_shape=(7,),activation='relu'))
❹  model.add(Dense(units=3,activation='relu'))
❺  model.add(Dense(units=1,activation='sigmoid'))
```

❶ 필요한 모듈을 import 한다. tf.random.set_seed(0)을 실행하여 프로그램을 수행할 때마다 항상 같은 난수 체계를 사용하도록 한다.

❷ Sequential( )을 호출하여 딥러닝을 위한 모델 객체를 생성한다. 이렇게 생성된 딥러닝 모델 객체의 이름을 model로 한다. model은 신경망층이 없는 비어 있는 상태로 생성된다.

❸ Dense( )를 호출해서 신경망층을 하나 생성한다. 첫 번째 신경망층으로 입력층에 대한 정보를 담고 있어야 한다. 학습 데이터가 1차원이면서 속성이 7개인 데이터이므로 input_shape값을 (7,)으로 설정하고, 이 층을 거쳐서 얻게 되는 결괏값을 위한 출력 노드의 개수인 units을 6개로 설정한다. 얻어진 결괏값을 다음 층으로 넘기기 위한 활성화 함수로 'relu'를 사용한다. Dense( )로 생성한 신경망층을 딥러닝 모델인 model의 신경망층으로 추가하기 위해 add( ) 메소드를 호출한다.

❹ Dense( )를 호출해서 신경망층을 하나 생성하고 add( ) 메소드로 model의 두 번째 신경망층으로 추가한다. 3개의 출력 노드를 갖고 있으며, 활성화 함수로 'relu'를 사용한다.

❺ 마지막 층을 추가한다. 0 또는 1의 결과를 얻는 이항 분류이므로 출력 노드는 1개이며 활성화 함수로 'sigmoid'를 사용한다.

※ 활성화 함수

신경망층에서 계산된 결괏값을 다음 층으로 전달하는 규칙을 정하는 함수이다.

relu	• 은닉층에서 많이 사용 • 가장 많이 사용되는 활성화 함수
sigmoid	• 0에서 1사이의 값을 반환 • 이항 분류 문제를 해결할 때 출력층에서 많이 사용
softmax	• 각 클래스에 속할 확률을 추정 • 다중 분류 문제를 해결할 때 출력층에서 사용
log_softmax	• softmax에 log를 취한 것 • softmax보다 효과적일 수 있음 • 연산량이 많을 경우 효과적
linear	• 활성화 함수를 지정하지 않으면 기본으로 설정되는 함수 • 출력층의 활성화 함수

• 딥러닝 모델 학습 과정 설정

모델 객체명.compile(loss = 손실함수, optimizer=최적화알고리즘)

- Sequential 클래스의 객체인 모델에 대해서 compile( )을 이용해서 학습 방법 지정
- 매개변수 loss에는 학습하면서 예측값이 얼마나 잘 맞는지를 측정하는 손실 함수를 지정하고, 매개변수 optimizer에는 예측값을 개선하는 알고리즘을 지정하여 학습 진행 방법을 설정

```
❶  model.compile(optimizer = 'Adam', loss = 'binary_crossentropy',
                  metrics=['accuracy'])
❷  model.summary()
```

실행 결과

```
Model: "sequential"
_____
 Layer (type)                Output Shape              Param #
=================================================================
 dense (Dense)               (None, 6)                 48

 dense_1 (Dense)             (None, 3)                 21

 dense_2 (Dense)             (None, 1)                 4

=================================================================
Total params: 73
Trainable params: 73
Non-trainable params: 0
_____
```

❶ compile( )을 호출하여 model의 학습 방법을 설정한다. 이항 분류 문제이므로 손실 함수(loss)로 'binary_crossentropy'를 설정하고, 최적화 알고리즘(optimizer)으로 가장 많이 사용되는 'Adam'을 지정한다. 또 학습 진행 과정을 평가하는 지표를 설정하는 매개변수인 metrics 값을 'accuracy' 하나만 지정한다.

❷ summary( )를 호출하여 학습 모델의 구조와 매개변수에 대한 정보를 출력한다. 모델의 구조를 확인하는 작업이 딥러닝 모델을 완성하는 필수 과정은 아니지만, 인공 신경망의 층이 많아지고, 구성이 다양할 경우 summary( )를 통해 모델의 최종 구조를 확인하는 것이 바람직하다.

총 3개의 층으로 구성되어 있음을 쉽게 확인할 수 있고, 각 층별로 출력 노드의 개수가 각각 6개, 3개, 1개인 것도 보여주고 있다.

※ 손실 함수

정답과 예측한 값의 차이를 계산하는 함수이다. 딥러닝 학습을 진행할 때 손실 함수의 결과를 다음 학습에 반영하여 학습한다.

mse (Mean Squared Error)	• 예측과 정답 사이의 평균 제곱 오차 • 회귀 문제를 해결할 때 많이 사용 • 데이터가 평균으로부터 얼마나 떨어져 있는가를 보여주는 함수
binary_crossentropy	• 이항 교차 엔트로피 • 이항 분류 문제를 해결할 때 많이 사용 • 예측값과 정답이 같을 경우 0에 수렴
categorical_crossentropy	• 범주형 교차 엔트로피 • 다중 분류 문제를 해결할 때 많이 사용 • 출력값이 one-hot encoding된 형태로 제공될 때 사용 가능
sparse_categorical_crossentropy	• 다중 분류 문제 해결을 위한 손실 함수 • 다중 분류에 대해서 정답이 하나의 정수 값으로 제공될 때 사용 • 출력값이 one-hot encoding된 형태가 아닐 때도 사용 가능

※ 최적화 알고리즘(옵티마이저, Optimizer)

학습을 진행하면서 손실 함수로 계산한 손실값을 줄이기 위해 적용할 알고리즘이다.

GD(Gradient Descent)	• 경사하강법 • 전체 데이터에 대한 손실값을 구함 • 정확한 값을 찾기 위해 실행하는 계산량이 많아 시간이 오래 걸림
SGD(Stochastic Gradient Descent)	• 확률적 경사하강법 • 임의로 추출한 샘플 데이터에 대한 손실값을 구함 • 경사하강법보다 속도가 빠르고 최적의 근사값을 찾음
Adagrad	• 각 변수별로 손실 함수의 기울기가 클수록 학습률(한 번에 진행하는 학습량)을 감소시키고, 손실 함수의 기울기가 작을수록 학습률을 증가시키며 학습을 진행
RMSProp	• Adagrad에서 발전시킨 것으로 학습률이 0이 되는 지점이 나오는 것을 보완하기 위해 최근의 기울기 정보에 가중치를 주어 학습률을 조정 • 순환 신경망(RNN)의 옵티마이저로 많이 사용됨
Adam	• 현재 가장 많이 사용되는 옵티마이저 • 기울기에 따라 학습률을 조정하면서 현재 학습 진행 방향으로 일정 비율 학습이 더 진행되도록 가중치를 조정

■ 모델 학습

구성한 딥러닝 모델에 학습 데이터를 적용하여 학습을 수행한다. 딥러닝은 하나의 데이터로 여러 번 반복적으로 학습을 수행하고, 반복적인 학습을 통해 예측값이 정답에 가까워질 수 있는 방법을 찾는다. 학습을 반복하는 횟수가 너무 적을 경우 충분한 학습이 이루어지지 않을 수 있고, 반복 횟수가 너무 많을 경우는 불필요한 학습을 하는데 시간과 자원이 낭비될 수 있을 뿐만 아니라 예측력이 떨어지는 결과가 발생하기도 한다. 따라서, 딥러닝 모델을 학습할 때는 적정한 반복 횟수를 찾아서 지정하는 것도 중요하다.

🔍 사용법

> 모델 객체명.fit(학습 피처 데이터 , 학습 target, epochs=반복 학습 횟수)

- Sequential 클래스의 객체인 모델에 대해서 fit( )을 이용해서 학습 실행
- 학습 진행을 위해 입력 데이터로 학습 피처 데이터와 학습 target을 전달하고, 전달된 데이터를 이용해서 반복 학습할 횟수를 epochs에 지정

```
history = model.fit(x_train,y_train,epochs=50)
```

실행 결과

```
Epoch 1/50
3/3 [==============================] - 0s 0s/step - loss: 47.9986 - accuracy: 0.6421
Epoch 2/50
3/3 [==============================] - 0s 8ms/step - loss: 45.8634 - accuracy: 0.6421
Epoch 3/50
3/3 [==============================] - 0s 1ms/step - loss: 43.8419 - accuracy: 0.6421
```

```
3/3 [==============================] - 0s 1ms/step - loss: 0.6861 - accuracy: 0.9474
Epoch 48/50
3/3 [==============================] - 0s 1ms/step - loss: 0.6740 - accuracy: 0.9579
Epoch 49/50
3/3 [==============================] - 0s 1ms/step - loss: 0.6643 - accuracy: 0.9684
Epoch 50/50
3/3 [==============================] - 0s 1ms/step - loss: 0.6529 - accuracy: 0.9789
```

학습 데이터로 x_train, y_train을 전달하고 해당 데이터에 대한 반복 학습 횟수(epochs)를 50으로 지정해서 학습 진행 뒤에 학습 이력 결과를 history에 저장한다. fit( )을 수행하면 수행되는 학습의 진행 상황이 출력된다.

학습이 반복 수행될수록 손실값(loss)이 줄어들고, 정확도(accuracy)가 증가하는 것을 확인할 수 있다.

- **학습 진행 이력 그래프로 확인**

```
    import matplotlib.pyplot as plt
❶   loss = history.history['loss']
    epochs = range(1,len(loss)+1)

❷   plt.title('Training Loss')
    plt.xlabel('Epochs')
    plt.ylabel('Loss')
    plt.plot(epochs, loss)
    plt.show()
```

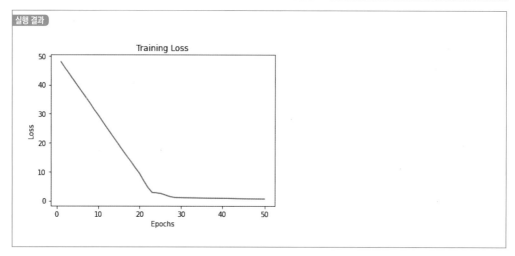

실행 결과

❶ 학습 이력이 저장된 history 변수에서 이력 정보인 history에 담긴 손실값(loss)을 loss 변수에 저장하고, 반복 횟수를 epochs 변수에 저장한다. 앞에서 반복 학습 횟수를 50으로 지정해서 fit( )을 실행했기 때문에 loss 변수에 저장된 데이터의 개수는 50개이므로 epochs 변수에는 1부터 50까지의 정수를 저장한다.

❷ 차트의 제목, x축의 제목, y축의 제목을 설정하고, 반복 횟수 epochs를 x축의 값으로 하고, 손실값 loss를 y축의 값으로 하여 차트를 그린다.

반복 횟수가 증가함에 따라 손실값이 줄어드는 것을 확인할 수 있다. 딥러닝 모델을 완성할 때 반복 횟수에 따른 손실값의 감소 그래프를 그려 적정한 반복 횟수를 찾아야 한다.

■ 모델 평가

완성된 딥러닝 모델을 평가하기 위해 테스트를 위한 데이터를 준비하고, 준비된 테스트 데이터로 모델이 어떻게 예측하는지를 확인하고, 정확도를 측정한다.

테스트 데이터는 '14장/사과배-테스트.xlsx'을 사용한다. 학습했던 데이터와 같은 구조의 데이터로 예측을 수행해야 하기 때문에 학습 데이터에서 작업했던 결측치 처리, 인코딩 등을 동일하게 수행한다.

● **테스트 데이터 준비**

```
❶  df_test = pd.read_excel('사과배-테스트.xlsx')
❷  df_test.fillna(0, inplace=True)
❸  df_test.replace({'fruit':{'사과':0, '배':1}}, inplace=True)
❹  x_test = df_test.iloc[:,1:]
    y_test = df_test.iloc[:,0]
```

❶ 준비된 파일 '사과배-테스트.xlsx'을 읽어 데이터프레임으로 생성하여 df_test 변수에 저장한다. 코랩의 경우 세션 저장소에 '14장/사과배-테스트.xlsx'파일을 업로드하여 사용한다.

❷ df_test 데이터프레임에 있는 모든 결측치를 0으로 대체한다.

❸ 데이터프레임의 replace( ) 메소드를 활용하여 '사과'는 0, '배'는 1로 변환한다.

❹ 예측을 위한 데이터를 준비한다. x_test 변수에는 과일의 종류를 분류하기 위해 사용할 속성 데이터인 두 번째 칼럼부터 마지막 칼럼까지의 데이터를 저장하고, y_test에는 속성 데이터에 대응되는 테스트 데이터의 정답값(레이블, target)인 첫 번째 칼럼 즉 'fruit' 칼럼의 값을 저장한다.

● **예측하기**

```
❶  prd = model.predict(x_test)
❷  prd
```

실행 결과

```
1/1 [==============================] - 0s 56ms/step

array([[9.9995947e-01],
       [9.9942046e-01],
       [9.9909937e-01],
       [7.1917928e-04],
       [3.1241233e-04],
       [1.1045231e-02],
       [9.9873650e-01],
       [2.2729875e-04]], dtype=float32)
```

❶ 딥러닝 모델에 테스트 데이터 x_test를 전달하여 예측 결과를 prd에 저장한다.

❷ prd를 출력하여 예측 결과를 확인한다.

예측 결과는 넘파이 배열인 것을 알 수 있다. 머신러닝 지도학습 분류에서는 예측 결과가 정답과 같은 형태인 0 또는 1로 출력되지만, 딥러닝에서는 예측 결과가 0에 가까운 수, 1에 가까운 수의 형태로 출력된다. 딥러닝에서는 예측값이 정확한 정수의 형태로 출력되지 않고 정답에 가까운 수로 출력된다. 사과와 배를 분류하는 문제는 이항 분류 문제이므로 예측값이 0에 가까우면 사과로 추정하고, 1에 가까우면 배로 추정하게 된다. 따라서, 0.5보다 큰 경우인지 아닌지를 확인하여 결과를 추정해 보자.

• **테스트 데이터와 예측 결과를 결합하여 비교**

```
❶ df_test['prd'] = prd>0.5
❷ df_test
```

실행 결과

	fruit	weight	height	width	hardness	sweet	sour	color	prd
0	1	680.0	100.0	111.6	36.8	12.0	0.10	0.0	True
1	1	640.0	99.0	96.3	30.1	12.0	0.20	0.0	True
2	1	599.6	104.1	86.7	31.5	10.1	0.20	0.0	True
3	0	319.0	87.0	89.2	57.7	13.3	0.21	56.1	False
4	0	350.0	89.0	91.8	35.0	13.6	0.31	57.8	False
5	0	270.0	75.0	85.0	37.0	13.3	0.22	55.6	False
6	1	302.6	102.5	55.1	18.7	9.6	0.30	0.0	True
7	0	454.2	99.8	103.6	31.6	14.2	0.20	54.7	False

❶ 테스트 데이터 df_test에 'prd' 칼럼을 추가하여 예측 결과인 'prd'가 0.5보다 큰 경우 True가 저장되고, 그 이외의 경우에는 False가 저장되도록 한다. True인 경우가 '배'이고, False인 경우가 '사과' 이다.

❷ 예측 결과가 추가된 데이터프레임 df_test를 출력하여 확인한다.

'prd' 칼럼을 확인하면 'fruit' 칼럼이 1이면 'prd' 칼럼의 값이 True가 되어 '배'를 '배'로 올바르게 예측한 것을 확인할 수 있다.

• **예측 정확도 확인**

```
❶ loss_value, accuracy = model.evaluate(x_test,y_test)
❷ print('손실값:',loss_value)
  print('예측 정확도:', accuracy)
```

실행 결과

```
1/1 [==============================] - 0s 102ms/step - loss: 0.0019 - accuracy: 1.0000
손실값: 0.0018939283909276128
예측 정확도: 1.0
```

❶ evaluate( )를 호출하여 테스트 데이터에 대한 예측 정확도를 계산한다.

❷ loss_value와 accuracy 변수에 저장된 손실값과 정확도를 출력한다.

■ 사과와 배를 분류하는 딥러닝 모델을 생성하는 전체 코드

```python
# 데이터 수집
import pandas as pd

df = pd.read_excel('사과배-학습.xlsx')
df.fillna(0, inplace=True)
df.replace({'fruit':{'사과':0, '배':1}}, inplace=True)
x_train = df.iloc[:,1:]
y_train = df.iloc[:,0]

# 딥러닝 모델 구성
import tensorflow as tf
from tensorflow import keras

from keras.models import Sequential
from keras.layers import Dense
tf.random.set_seed(0)

model = Sequential()

model.add(Dense(units=6,input_shape=(7,),activation='relu'))
model.add(Dense(units=3,activation='relu'))
model.add(Dense(units=1,activation='sigmoid'))

model.compile(optimizer = 'Adam', loss = 'binary_crossentropy',
              metrics=['accuracy'])
model.summary()

#학습
history = model.fit(x_train,y_train,epochs=50)
```

```python
# 학습 진행 이력을 그래프로 보기
import matplotlib.pyplot as plt
loss = history.history['loss']
epochs = range(1, len(loss)+1)

plt.title('Training Loss')
plt.xlabel('Epochs')
plt.ylabel('Loss')
plt.plot(epochs, loss)
plt.show()

# 테스트용 데이터 읽어오기
df_test = pd.read_excel('사과배-테스트.xlsx')
df_test.fillna(0, inplace=True)
df_test.replace({'fruit':{'사과':0, '배':1}}, inplace=True)
x_test = df_test.iloc[:,1:]
y_test = df_test.iloc[:,0]

#예측하기
prd = model.predict(x_test)
prd
df_test['prd'] = prd>0.5
df_test

# 테스트 데이터로 예측 정확도를 확인
loss_value, accuracy = model.evaluate(x_test,y_test)
print('손실값:',loss_value)
print('예측 정확도:', accuracy)
```

2.3 합성곱 신경망(CNN) 딥러닝 모델 만들기

앞서 머신러닝을 소개할 때 '티처블 머신'을 소개하였다. '티처블 머신'에서 개와 고양이
이미지를 학습시키고 새로운 사진이 개인지 고양이인지를 분류해 내도록 하였다. 제공되
는 '티처블 머신'을 사용하면 간단한 이미지 분류 모델을 생성할 수 있다. '티처블 머신'을
이용하지 않고, 합성곱 신경망(CNN) 기술을 이용하여 이미지를 학습하여 이미지에 대한
분류를 수행할 수 있는 모델을 만들어 보려고 한다. 합성곱 신경망에 대한 기본적인 이론

을 이해하지 않더라도 텐서플로우와 케라스에서 제공하는 기능을 사용하면 비교적 간단하게 합성곱 신경망 모델을 구현해 낼 수 있다.

합성곱 신경망(CNN)이란 컨볼루션층과 풀링층을 차례대로 쌓아서 구성한다. 컨볼루션층과 풀링층을 통과하여 얻은 결과를 1차원으로 변환하고, 그것을 다시 심층 신경망에 통과시켜 분류 학습을 수행하면 이미지를 분류하는 모델을 생성할 수 있다. 컨볼루션층에서는 이미지의 고유한 특징들을 찾아낸다. 합성곱 신경망이라는 이름은 컨볼루션층에서 이미지의 고유 특징을 찾아내기 위해 합성곱 연산을 하기 때문에 붙여졌다. 풀링층에서는 컨볼루션층에서 찾아낸 이미지 특징을 부각시키고, 불필요한 정보들을 배제하여 이미지의 크기를 줄인다. 풀링은 맥스풀링(최대 풀링, Max Pooling)과 평균풀링(Average Pooling)이 있는데, 일반적으로 맥스풀링을 많이 사용한다.

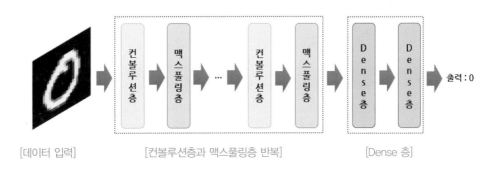

[데이터 입력]   [컨볼루션층과 맥스풀링층 반복]   [Dense 층]

■ 데이터 수집

앞서 학습에서 엑셀 데이터를 받아 사과와 배를 분류해 내는 딥러닝 모델을 만들었다. 합성곱 신경망 모델에서는 이미지 데이터를 받아 학습하여 사과, 바나나, 오렌지 이미지를 분류하는 모델을 만들어 보려고 한다. 세 개의 과일을 분류하는 모델이므로 다중 분류 모델이 된다. 이미지 학습을 위해 합성곱 신경망 모델을 구성해야 하고, 합성곱 신경망 모델을 만들기 위해서는 학습할 이미지 데이터와 테스트할 이미지 데이터가 필요하다. 예제 파일로 교재 '14장/train/' 폴더 하위의 모든 이미지 파일과 '14장/test/' 폴더 하위의 모든 이미지 파일을 준비한다. train 폴더와 test 폴더가 프로그램 소스와 같은 폴더에 저장되어 있도록 한다. 코랩의 경우에는 train, test 폴더 자체를 업로드하여 사용한다. 폴더와 데이터는 다음과 같이 구성되어 있다.

이 이미지는 캐글(https://www.kaggle.com/datasets/afridi10/fruit-dataset)에서 제공하는 데이터 중에 사과, 바나나, 오렌지 이미지만을 선별하여 구성하였다.

엑셀 데이터를 읽어 와서 변수에 저장해서 사용했던 것처럼 이미지 데이터를 사용하기 위해서는 이미지 데이터를 읽어 와서 변수에 저장할 수 있어야 한다. 또, 이미지의 크기, 색깔을 표현하는 방식 등이 다를 수 있기 때문에 크기와 색깔 표현 방식을 통일시키는 작업이 필요하다. 이런 작업을 쉽게 할 수 있도록 도와주는 라이브러리가 OpenCV 라이브러리이다. OpenCV 라이브러리가 설치되어 있지 않다면 다음과 같은 명령을 입력하고 실행하여 설치한다.

```
pip install opencv-python
```

• **이미지 데이터를 리스트 변수에 담는 함수를 작성**

딥러닝 학습을 위해 이미지 파일을 읽어 들여 크기와 색 표현을 통일시킨 후 딥러닝 학습 또는 테스트를 위한 형태로 저장하여 리턴하는 사용자 정의 함수를 작성해 보려고 한다.

```
❶   import cv2

❷   def load_images(path):
❸       fruits = {'apple':0, 'banana':1, 'orange':2}
         images = []
         labels = []

❹       for fruit in fruits:
             print("loading:", path, fruit, fruits[fruit])
             path_dir = path+'/'+fruit
             file_list = os.listdir(path_dir)
```

```
❺          for file_name in file_list:
               img_path = path_dir+'/'+file_name
               image = cv2.imread(img_path)
               image = cv2.cvtColor(image, cv2.COLOR_BGR2RGB)
               image = cv2.resize(image, (150, 150))
               images.append(image)
               labels.append(fruits[fruit])

       print("image count:", len(images))
❻      return images, labels
```

❶ 이미지 데이터를 다루기 위해 필요한 cv2 모듈을 import한다.

❷ 이미지 데이터를 읽어서 이미지 속성 데이터와 해당 이미지의 레이블(정답)을 리턴해 주는 함수를 정의한다. 함수의 이름은 load_images로 하고, 이미지 파일의 경로를 path라는 매개변수로 전달받는다. path는 학습 데이터가 저장되어 있는 폴더의 경로이거나 테스트 데이터가 저장되어 있는 폴더의 경로이다.

❸ fruits라는 딕셔너리 변수를 선언한다. 사용하게 될 이미지는 사과, 바나나, 오렌지이다. 해당 과일 이미지 파일이 저장된 폴더 이름이 딕셔너리의 키가 된다. 사과 이미지 파일이 저장된 폴더 이름이 apple, 바나나 이미지 파일이 저장되어 있는 폴더 이름이 banana, 오렌지 이미지 파일이 저장되어 있는 폴더 이름이 orange이므로 fruits 딕셔너리 변수의 키는 apple, banana, orange가 된다. 각 과일의 레이블(정답)이 딕셔너리 변수의 값(value)이 된다. 사과의 레이블은 0, 바나나는 1, 오렌지는 2로 정답값을 설정한다.

images 리스트 변수에는 학습에 사용할 이미지 데이터가 저장되고, labels 리스트 변수에는 해당 이미지의 레이블(정답)이 저장된다.

❹ 폴더 안에 있는 이미지 파일을 읽어 들이는 반복문을 수행한다. fruits의 키인 apple, banana, orange가 fruit 변수에 할당되면서 반복되고, 이미지의 파일명이 file_list에 저장된다. 예를 들어 학습을 위한 사과 이미지 파일들일 경우 path_dir에는 './train/apple'이라는 폴더명이 할당되고, './train/apple' 폴더 안의 모든 파일들의 이름이 file_list에 저장된다.

❺ file_list에 저장되어 있는 파일 이름을 file_name에 받아서 해당 이름의 파일을 cv2.imread( )를 호출하여 읽어 들인다. 읽어 들인 이미지를 컴퓨터에서 사용하는 RGB형태의 색 표현으로 변환하기 위해 cv2.cvtColor( )를 호출한다. 딥러닝은 같은 크기의 이미지로 학습해야 하기 때문에 cv2.resize( )로 이미지의 크기를 통일한다. 여기서는 (150, 150) 크기로 설정하였다. 변환된 이미지 데이터는 images 변수에 담는다. 해당 이미지의 레이블(정답)을 labels에 담는다.

❻ 모든 작업이 완료되면 images와 labels를 리턴한다.

• 학습 데이터 준비

이미지 파일을 처리하기 위해 작성한 load_images( ) 함수를 활용하여 학습을 위한 데이터를 준비하려고 한다.

```
❶  import numpy as np
    import os
    import matplotlib.pyplot as plt
    import seaborn as sns
    from sklearn.utils import shuffle
    import tensorflow as tf
    from tensorflow import keras
    from keras.models import Sequential
    from keras.layers import Dense, Conv2D, MaxPooling2D, Flatten

❷  np.random.seed(0)
    tf.random.set_seed(0)

❸  train_dir = './train'
    test_dir = './test'

❹  x_train, y_train = load_images(train_dir)
❺  x_train = np.array(x_train)
    y_train = np.array(y_train)
    x_train = x_train / 255.0
❻  x_train, y_train = shufflc(x_train, y_train, random_statc=0)
```

실행 결과

```
loading: ./train apple 0
loading: ./train banana 1
loading: ./train orange 2
image count: 900
```

❶ 필요한 모듈을 import한다.

❷ 프로그램이 실행될 때마다 같은 난수 체계가 사용되도록 random 관련 값들을 지정하여 고정한다.

❸ 학습을 위한 이미지 파일과 테스트를 위한 이미지 파일의 폴더 경로를 train_dir, test_dir 변수에 지정한다.

❹ 앞서 작성했던 load_images( ) 함수를 호출한다. 학습을 위한 이미지 파일이 필요하므로 학습 이미지 파일이 저장되어 있는 폴더인 train_dir을 전달한다. load_images에서 리턴받은 이미지 데이터는 x_train에 담고, y_train에는 레이블(정답)을 저장한다.

❺ load_images에서 리턴받은 값은 리스트 타입이다. 컨볼루션층에 전달하는 값은 넘파이 배열 형태이어야 하므로 x_train, y_train의 타입을 넘파이 배열로 변환한다.
  x_train에 저장된 이미지 데이터는 0부터 255사이의 값으로 이미지를 표현하고 있다. 케라스는 데이터가 0부터 1사이의 값일 때 최적의 성능을 보인다. 따라서 x_train에 저장되어 있는 값들을 0부터 1사이의 값으로 변환하기 위해 모든 값을 255.0이라는 실수로 나누어 준다.

❻ 이미지 데이터가 과일 순서대로 저장되어 있다는 것이 딥러닝 학습에 영향을 미칠 수 있으므로 shuffle( )을 호출하여 이미지의 순서를 섞어준다.

■ 모델 구성 및 학습

딥러닝 학습을 수행할 학습 데이터가 준비되었다면 모델 객체를 생성하고 컨볼루션층과 맥스풀링층을 쌓아 학습을 수행한다.

• 데이터의 형태 확인

```
x_train.shape
```

실행 결과

```
(900, 150, 150, 3)
```

입력 데이터의 형태를 확인한다. 앞서 다루었던 사과와 배를 분류하는 모델에서 입력 데이터는 1차원이었다. 따라서 데이터 속성의 개수로 입력 데이터의 형태를 설정할 수 있었다. 이미지 데이터는 1차원 데이터가 아니므로 학습을 위한 입력 데이터의 형태를 shape로 확인하여 입력층에서 활용한다.

900은 이미지 데이터의 개수를 의미하고 (150, 150, 3)가 입력 데이터의 형태이다.

• 모델 생성

사용법

```
Conv2D(커널 개수, kernel_size=(커널 행 크기, 커널 열 크기) , input_shape = (이미지 행 크기, 이미지 열 크기, 1 or 3), activation = 활성화함수 )
```

• keras.layers 모듈 안에 있는 Conv2D 클래스를 이용해서 컨볼루션층 객체를 생성하기 때문에 keras.layers로부터 Conv2D를 import

```
MaxPooling2D( (윈도우 행 크기, 윈도우 열 크기) )
```

• keras.layers 모듈 안에 있는 MaxPooling2D 클래스를 이용해서 맥스풀링층 객체를 생성하기 때문에 keras.layers로부터 MaxPooling2D를 import

```
Flatten( )
```

• Dense 층을 이용해 분류를 수행하려면 keras.layers 모듈 안에 있는 Flatten 클래스를 이용해서 데이터를 1차원 형태로 변환해야 하므로 keras.layers로부터 Flatten을 import

```
❶  model = Sequential()

❷  model.add(Conv2D(32, (3, 3), activation = 'relu', input_shape = (150, 150, 3)))
❸  model.add(MaxPooling2D(2,2))
❹  model.add(Conv2D(32, (3, 3), activation = 'relu'))
    model.add(MaxPooling2D(2,2))
❺  model.add(Flatten())
❻  model.add(Dense(128, activation='relu'))
❼  model.add(Dense(3, activation='softmax'))

❽  model.compile(optimizer = 'adam',
                  loss = 'sparse_categorical_crossentropy',
                  metrics=['accuracy'])

❾  history = model.fit(x_train, y_train, epochs=10)
```

실행 결과

```
Epoch 1/10
29/29 [==============================] - 5s 164ms/step - loss: 1.6153 - accuracy: 0.3378
Epoch 2/10
29/29 [==============================] - 5s 166ms/step - loss: 1.0406 - accuracy: 0.4533
Epoch 3/10
29/29 [==============================] - 5s 164ms/step - loss: 0.9372 - accuracy: 0.5511
Epoch 4/10
29/29 [==============================] - 5s 165ms/s↑              ↑uracy: 0.6378
Epoch 5/10
29/29 [==============================
↑och 6/10
```

❶ 딥러닝을 위한 모델 객체를 생성하여 이름을 model로 한다.

❷ 생성한 모델에 Conv2D( )로 컨볼루션층을 생성하여 추가한다. 커널의 개수를 32개로 지정한다. 커널의 개수는 컨볼루션층에서 찾아내는 이미지의 특징의 개수를 의미하는데, 이 커널의 개수만큼 합성곱 연산을 수행한다. 모델의 성능 향상을 위해 커널의 개수를 조정해 주어야 한다. 이 예제에서는 커널 사이즈를 (3,3)으로 설정하였는데, 일반적으로 (3,3), (5,5)를 많이 사용한다. 활성화 함수는 은닉층에 사용되는 relu로 지정하고, input_shape는 앞서 확인한 입력 형태인 (150, 150, 3)을 그대로 지정한다.

❸ MaxPooling2D( )를 호출하여 맥스풀링층을 추가한다. 풀링을 위한 윈도우는 (2,2)를 많이 사용한다.

❹ 컨볼루션층과 맥스풀링층을 한 번 더 추가한다. 이 예제에서는 커널의 개수를 첫 번째 층과 같이 32로 설정하였는데, 더 좋은 성능을 위해 커널의 개수를 첫 번째 층과 다르게 지정하는 경우도 많고, 더 많은 컨볼루션층과 풀링층을 쌓기도 한다.

❺ Dense층을 이용하여 분류 학습을 실행하기 위해서는 1차원 배열의 데이터가 필요하다. 따라서 Flatten( )으로 데이터의 형태를 1차원으로 변환한다.

❻ 분류 학습을 위한 Dense층을 추가한다. 출력 노드는 128개, 활성화 함수는 relu를 사용한다.

❼ 딥러닝 모델의 마지막 층을 추가한다. 사과, 바나나, 오렌지를 각각 0, 1, 2인 세 가지로 분류하므로 출력 노드의 개수를 3으로 지정한다. 출력층 활성화 함수는 다중 분류를 위한 softmax를 사용한다.

❽ compile( )을 호출하여 model의 학습 방법을 설정한다. 최적화 알고리즘(optimizer)으로 가장 많이 사용되는 'Adam'을 지정하고, 다중 분류 문제이므로 손실 함수(loss)로 'sparse_categorical_crossentropy'를 설정한다.

❾ 모델 학습을 수행한다. 이미지 데이터는 크기가 크고, 합성곱 연산은 많은 연산 횟수가 필요하기 때문에 1회 학습에 비교적 많은 시간이 소요될 수도 있다.

• 학습 진행 이력 그래프로 확인

```
❶ loss = history.history['loss']
   epochs = range(1,len(loss)+1)

❷ plt.title('Training Loss')
   plt.xlabel('Epochs')
   plt.ylabel('Loss')
   plt.plot(epochs, loss)
   plt.show()
```

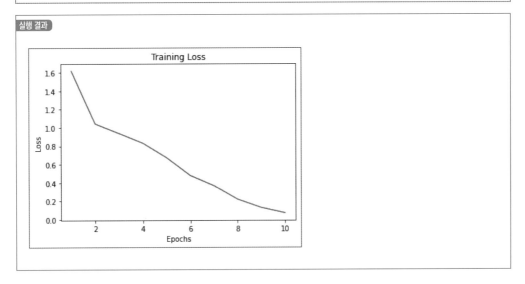

실행 결과

❶ 학습 이력이 저장된 history에서 이력 정보인 history에 담긴 손실값(loss)을 loss 변수에 저장하고, 반복 횟수를 epochs 변수에 저장한다.

❷ 차트의 제목, x축의 제목, y축의 제목을 설정하고, 반복 횟수 epochs를 x축의 값으로 하고, 손실값 loss를 y축의 값으로 하여 차트를 그린다.

■ 모델 평가

완성된 딥러닝 모델을 평가하기 위해 테스트 데이터를 준비한다. 준비하는 과정은 학습 데이터를 준비하는 과정과 동일하고, '14장/test/' 폴더 하위의 이미지 파일을 활용한다.

- 테스트 데이터 준비

```
❶  x_test, y_test = load_images(test_dir)
❷  x_test = np.array(x_test)
    x_test = x_test / 255.0
    y_test = np.array(y_test)
```

```
실행 결과

loading: ./test apple 0
loading: ./test banana 1
loading: ./test orange 2
image count: 300
```

❶ load_images( ) 함수를 호출한다. 테스트를 위한 이미지 폴더인 test_dir을 전달한다. 리턴 받은 이미지 데 이터는 x_test에 담고, y_test에는 레이블(정답)을 저장한다.

❷ x_test와 y_test를 학습 데이터와 같은 형태로 변환한다.

- 정확도 확인

```
loss_value, accuracy = model.evaluate(x_test,y_test)
print('손실값:',loss_value)
print('예측 정확도:', accuracy)
```

```
실행 결과

10/10 [==============================] - 0s 35ms/step - loss: 1.3593 - accuracy: 0.6900
손실값: 1.3593090772628784
예측 정확도: 0.6899999976158142
```

evaluate( )를 호출하여 테스트 데이터에 대한 예측 정확도를 계산한다.

정확도가 0.69 정도로 높지 않다는 것을 확인할 수 있다. 이미지 파일의 개수가 많을수

록 정확도가 향상되고, 컨볼루션층 맥스풀링층의 변화, Dense층의 조정으로 정확도를 향
상시킬 수 있다.

- **예측하고 결과 확인하기**

```
❶ prd = model.predict(x_test).argmax(axis=1)

❷ label = y_test[30]
   image = x_test[30]
   print('정답:',label)
❸ print('예측:',prd[30])
❹ plt.figure()
   plt.imshow(image)
   plt.axis('off')
   plt.show()
```

실행 결과

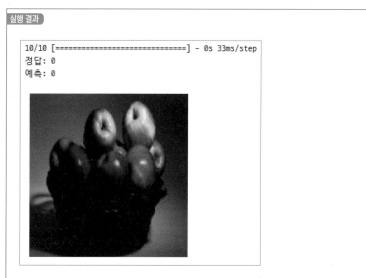

```
10/10 [==============================] - 0s 33ms/step
정답: 0
예측: 0
```

❶ 딥러닝 모델에 x_test를 전달하여 예측 결과를 prd에 저장한다. 다중 분류 모델의 예측 결과는 각 분
류에 해당하는 확률 형태로 출력된다. 따라서 가장 높은 확률을 갖는 인덱스 번호가 예측 결과가 되므로
argmax(axis=1)로 확률값이 가장 높은 인덱스 번호를 가져와 예측 결과로 저장한다.

❷ 구체적인 결과를 확인해 보기 위해 30번 데이터를 가져와 정답을 출력한다.

❸ 30번 이미지의 예측 결과를 출력한다.

❹ 이미지를 출력한다. '사과'를 '사과'로 잘 예측한 것을 확인할 수 있다.

■ CNN 딥러닝 모델의 전체 코드

```python
# 이미지 데이터를 준비 함수
import cv2    #pip install opencv-python

def load_images(path):
    fruits = {'apple':0, 'banana':1, 'orange':2}
    images = []
    labels = []

    for fruit in fruits:
        print("loading:", path, fruit, fruits[fruit])
        path_dir = path+'/'+fruit
        file_list = os.listdir(path_dir)
        for file_name in file_list:
            img_path = path_dir+'/'+file_name
            image = cv2.imread(img_path)
            image = cv2.cvtColor(image, cv2.COLOR_BGR2RGB)
            image = cv2.resize(image, (150, 150))
            images.append(image)
            labels.append(fruits[fruit])

    print("image count:", len(images))
    return images, labels


# 필요한 라이브러리 import
import numpy as np
import os
import matplotlib.pyplot as plt
import seaborn as sns
from sklearn.utils import shuffle
import tensorflow as tf
from tensorflow import keras
from keras.models import Sequential
from keras.layers import Dense, Conv2D, MaxPooling2D, Flatten

np.random.seed(0)
tf.random.set_seed(0)
```

```
train_dir = './train'
test_dir = './test'

x_train, y_train = load_images(train_dir)

x_train = np.array(x_train)
y_train = np.array(y_train)
x_train = x_train / 255.0
x_train, y_train = shuffle(x_train, y_train, random_state=0)

# 입력 데이터의 형태 확인
x_train.shape

model = Sequential()

model.add(Conv2D(32, (3, 3), activation = 'relu', input_shape = (150, 150, 3)))
model.add(MaxPooling2D(2,2))
model.add(Conv2D(32, (3, 3), activation = 'relu'))
model.add(MaxPooling2D(2,2))
model.add(Flatten())
model.add(Dense(128, activation='relu'))
model.add(Dense(3, activation='softmax'))

model.compile(optimizer = 'Adam',
              loss = 'sparse_categorical_crossentropy',
              metrics=['accuracy'])

history = model.fit(x_train, y_train, epochs=10)

# 테스트 데이터 준비
x_test, y_test = load_images(test_dir)
x_test = np.array(x_test)
x_test = x_test / 255.0
y_test = np.array(y_test)

# 정확도를 확인
loss_value, accuracy = model.evaluate(x_test,y_test)
print('손실값:',loss_value)
print('예측 정확도:', accuracy)
```

```python
# 예측하고 확인하기
prd = model.predict(x_test).argmax(axis=1)

label = y_test[30]
image = x_test[30]
print('정답:',label)
print('예측:',prd[30])
plt.figure()
plt.imshow(image)
plt.axis('off')
plt.show()
```

1. 딥러닝에 대한 설명 중 바른 것은?

   ① 딥러닝은 머신러닝과 전혀 다른 개념의 AI 기술이다.

   ② 딥러닝은 사람의 생물학적 신경망과 동일한 형태로 구현되어 있다.

   ③ 딥러닝이 머신러닝의 지도학습보다 항상 뛰어난 성능을 보인다.

   ④ 딥러닝은 입력층, 은닉층, 출력층으로 구성되어 있다.

2. 이미지 인식과 처리에 많이 사용되는 딥러닝 기술은?

3. 구글에서 개발하여 공개한 딥러닝/머신러닝 라이브러리로 케라스와 함께 사용하여 쉽게 딥러닝 모델을 구성할 수 있도록 하는 것은?

4. 딥러닝 모델 객체인 model을 생성하여 첫 번째 신경망층을 추가하려고 한다. 다음 빈 칸에 알맞은 코드를 채우시오.

```
import tensorflow as tf
from tensorflow import keras
from keras.models import Sequential
from keras.layers import Dense
tf.random.set_seed(0)

model = [          ]

model.add([       ](units=6,input_shape=(7,),activation='relu'))
```

5. 은닉층에 많이 사용되는 활성화 함수는?

6. 심층 신경망 딥러닝에서 가장 많이 사용되는 옵티마이저는?

INDEX

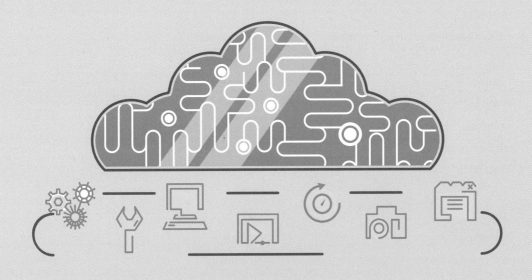